EIGHT KEYS TO

Leadership

领导力八讲

蔡礼强 等 ○ 编著

中国社会科学出版社

图书在版编目（CIP）数据

领导力八讲 / 蔡礼强等编著 . -- 北京 : 中国社会科学出版社，2018.1
（领导力丛书）
ISBN 978-7-5203-1667-5

Ⅰ . ①领… Ⅱ . ①蔡… Ⅲ . ①领导学－研究 Ⅳ . ① C933

中国版本图书馆 CIP 数据核字 (2017) 第 299460 号

出 版 人	赵剑英	
责任编辑	黄　山	
责任校对	张文池	
责任印制	李寡寡	

出　　版	中国社会科学出版社	
社　　址	北京鼓楼西大街甲 158 号	
邮　　编	100720	
网　　址	http://www.csspw.cn	
发 行 部	010 - 84083685	
门 市 部	010 - 84029450	
经　　销	新华书店及其他书店	

印　　刷	北京明恒达印务有限公司	
装　　订	廊坊市广阳区广增装订厂	
版　　次	2018 年 1 月第 1 版	
印　　次	2018 年 1 月第 1 次印刷	

开　　本	710×1000 1 / 16	
印　　张	21.25	
字　　数	277 千字	
定　　价	49.00 元	

凡购买中国社会科学出版社图书，如有质量问题请与本社营销中心联系调换
电话：010 - 84083683

中国社会科学院"领导力研习营"

一、领导力研习营的定位与使命

1. 定位

　　领导力研习营是由中国社会科学院十余位学者共同发起组织的一个跨学科的领导力理论研究与实训交流平台，以领导力研究中心的雄厚学术团队为理论研究和学术支撑，以 MPA 教育中心开展的公共管理硕士教育和党政干部培训为理论运用和实战检验，致力于领导力的学术研究、教学培训、知识生产与媒体传播。

2. 使命

　　借助专家团队强大的哲学社会科学研究成果和研究能力，构建融汇东西、具有中国本土特色的领导力理论框架与知识体系，打造领导力研究和实战化培训的国家级高端学术研究与传播平台。

二、领导力研习营的工作机制与工作重点

1. 开放灵活的工作机制

　　搭建一个跨学科、综合性的领导力交流研讨平台，定期组织不同学科专家理论研讨、经验交流、对话分享。把理论研究与实践运用相结合、学术分享与课程研发相统一、研习主题与高端培训相转化、研习成果与市场开发相促进。

2. 工作重点

　　学术研讨，通过定期研讨推动本土化领导力知识和理论体系构建；

　　精品课程，推动研讨成果上课堂转化为领导力系列专题讲座；

　　高端培训，以领导力培训为主线设计系列高端培训专题；

　　系列生产，推动领导力学术研究、培训教材、本土案例等多类型成果出版。

三、领导力研习营的创始团队与工作体系

1. 创始团队

领导力研习营的专家团队以中国社会科学院优秀中青年学者为主体，都是在公共管理研究生学位教育以及高端干部培训课堂上的优秀老师。为保证领导力研习营的活力和研究水平，领导力专家团队采取动态开放机制，会不断扩充遴选具有高超理论水平和丰富实践经验的专家学者加入。

2. 工作体系

领导力研习营学术专家团队

不同学科的专家团队定期举办领导力研习活动，并将研习成果转化为领导力系列专题讲座和学术成果，主要发挥理论研究和学术引领作用。

领导力研习营实务专家团队

来自中央部委和地方政府的司局级领导干部，发挥自身领导经验丰富的优势，结合对领导力理论的思考，开设领导力系列实务讲座，主要发挥经验总结与跨界交流作用。

领导力研习营实训教练团队

在领导力专家团队的理论探索和授课指导下，由管理团队骨干组成的领导力实训教练团队，通过领导力实训专题对学员进行教和练，主要发挥理论验证与督促推动作用。

领导力研习营实战检验团队

在公共管理硕士和党政干部培训中采用参与式、行动式、团队式和研究式学习方法，通过领导力专家团队的授课指导和领导力教练团队的陪伴引领，在学习中思考领导力，在行动中提升领导力，用个人和团队的学习成效检验和完善领导力理论。

中国社会科学院 "领导力研习营" 创始团队专家

蔡礼强
历史学博士、
法学博士后

研究机构： 中国社会科学院研究生院

学术职位： 公共政策与管理学院常务副院长、MPA教育中心主任、领导力研究中心主任、教授

研究专长： 公共政策分析、社会组织与公共治理、领导力与决策艺术

高文书
经济学博士

研究机构： 中国社会科学院人口与劳动经济研究所

学术职位： 人力资源研究室主任、研究员

研究专长： 人力资源管理、就业与社会保障

王　钦
管理学博士

研究机构： 中国社会科学院工业经济研究所

学术职位： 企业管理研究室主任、中国企业管理研究会常务副理事长、研究员

研究专长： 战略管理、创新管理、跨国经营

贠　杰
经济学博士

研究机构： 中国社会科学院政治学研究所

学术职位： 行政管理研究室主任、公共管理模拟实验室首席专家、研究员

研究专长： 行政管理与政府改革、公共政策分析、政府绩效评估

黄楚新
新闻学博士

研究机构： 中国社会科学院新闻与传播研究所

学术职位： 传媒发展研究中心主任、新闻学研究室主任、研究员

研究专长： 新媒体、品牌传播、媒体经营管理

何　辉
经济学博士

研究机构： 中国社会科学院研究生院

学术职位： 工商管理学院副院长、社会组织与公共治理研究中心秘书长、副教授

研究专长： 政府规制、社会组织

樊 鹏

政治学博士

研究机构： 中国社会科学院政治学研究所

学术职位： 副研究员

研究专长： 行政制度、行政组织、中国政府与政治、比较政治与政府研究、行政体制改革、欧洲研究

何代欣

经济学博士后

研究机构： 中国社会科学院财经战略研究院

学术职位： 全国专业标准化技术委员会委员、副研究员

研究专长： 宏观经济管理、财税理论与政策、金融改革

刘剑雄

经济学博士

研究机构： 中国社会科学院经济研究所

学术职位： 副研究员

研究专长： 新政治经济学与国家治理、金融与发展、数字经济

栗燕杰

法学博士、
社会学博士后

研究机构： 中国社会科学院法学研究所

学术职位： 副研究员

研究专长： 行政法、社会法

开启本土化领导力研究的新时代

蔡礼强 [①]

领导力的两大主体和五大本质属性

领导力就像"美",很难给出一个精准的定义,不同的人有不同的感受和理解。领导力比"美"还难以描述,因为它看不见、摸不着,并非人人都能感受和理解。领导力虽然不可见,但它却系真实存在的力量,它无所不在的"身影"影响着人们的行为、塑造着社会的发展。

领导力借用了物理学名词"力",就具有和符合力的性质。从力的物质性来看,力不能摆脱物体(物质)而独立存在。从力的相互性来看,力是相互作用产生的,是互动过程的结果。从力的矢量性来看,力既有大小又有方向。

具有和符合一般力学规律的领导力,当然可以向自然界和动物群体借鉴和学习。一些西方学者在领导特质分析中借用老虎、孔雀等不同动物特质来形容不同的领导者风格类型,中国先哲老子 2000 多年前就指出,"人法地,地法天,天法道,道法自然",告诫人类尤其是领导者应该遵循和借鉴自然运行规律。人类群体需要从自然界和动物群体借鉴

---

① 蔡礼强,中国社会科学院研究生院公共政策与管理学院常务副院长、MPA 教育中心主任、领导力研究中心主任,跨学科领导力研习营创办人兼主持人,教授。

力的运行规律，但不应该把自然界和动物群体中存在的力学规律等同于人类群体的领导力。

领导力符合力学规律，同时还有一个重要的前缀"领导"。领导主要有两个含义：一是处于领导岗位的人；二是担负领导职责或发挥领导作用的人。也就是说，领导力不能发生在人类之外的主体，领导力只能是人类群体之间互动的结果。领导力的互动主体有时是单个的人，有时是多个人组成的正式或非正式组织，个人和组织就构成领导力的两大主体。所有人类组织都是由个人构成的，个人可以说是领导力的核心主体。

个人和组织两大领导力主体在相互作用时会产生不同大小的领导力，会遵循一定的基本规律，具有一些独特的本质属性。

领导力具有内生性，不管是什么身份和地位的人，提升个人领导力的途径也必须从自我管理、自身修炼做起，只能靠自我提升、内在发展，无法靠外在的遗传、赠送和购买。

领导力具有实践性，不管是处在什么职位层级，提升个人领导力的方法都离不开与其他主体之间的互动实践活动，必须在领导实践活动中提升和发展。

领导力具有进阶性，不管是什么样的资质条件，提升个人领导力的途径都遵循一定的路径和规律，需要从管理自己入手，然后逐步领导他人。

领导力具有持续循环性，不管已经达到什么样的领导力水平，即使处于组织的最高位置，仍然需要进行持续的自我修炼，才能保持和提升领导力。

领导力具有知行合一性，掌握领导力规律会极大地提升领导力实践活动的效果，领导力提升需要理论与实践的结合。

内生性、实践性、进阶性、持续循环性和知行合一性，可以说是领导力的五大本质属性。

领导力研究主要聚焦于三大领域

个人是领导力核心主体的基本特点使以往领导力的研究主要以个人尤其是领导者个人为关注核心，重点关注领导者的领导力提升和作用发挥。譬如，什么样的人能成为领导者，领导者需要具备哪些品德、能力和特质，什么是领导者成长的方法和路径，领导者承担什么样的角色和任务等等。领导力研究领域的领导力特质论、领导力要务论、领导力行动论、领导力技能论、领导力情商论、领导力权变论等代表性领导力理论，都主要以提升个人的领导力为研究重点，可以概括为个人领导力研究。

个人领导力发挥着更基本、更基础的作用，但组织领导力同样不能忽视。任何一个领导者都处在承担不同任务或功能的组织之中，个人领导力是个人与所在的正式或非正式组织相互作用的结果。有的领导者塑造着组织，但更多的领导者是被组织所塑造和影响。组织既是领导者发挥个人领导力的平台和外部环境，同时组织自身也有独立于个人领导力之外的组织领导力，并且同样有强有弱。组织领导力不能脱离个人领导力，与个人领导力互相塑造和影响，并主要由组织主要决策者的个人领导力体现和代表。与个人领导力研究不同，这种重点关注不同组织实现其任务或功能的领导力研究，可以称为组织领导力研究。

组织领导力是组织发展成败的关键，是一个组织承担使命、完成任务的基础。组织领导力来自于个人，但又超越个人，不等于个人领导力的简单相加，而是一个组织中所有个人领导力所形成的整体合力。组织领导力的提升既需要组织成员进行个人领导力的修炼，也需要组织作为一个整体进行组织建设，需要通过制度建设、思想建设、作风建设等自我改进措施来进行持续的组织领导力修炼。组织与个人一样，必须不断地进行领导力提升。

组织领导力和个人领导力提升的起点和基础都来自于组织成员的个

人修炼，但修炼的成效主要取决于对个人成长规律和组织发展规律的遵循和运用。个人领导力和组织领导力的提升需要尊重规律、循序渐进，有的个人和组织是在实践中逐步总结领悟并遵循了规律，而有的是自觉学习运用经验和规律来指导自身的领导力实践。

"自天子以至于庶人，壹是皆以修身为本"，总结了个人领导力修炼都遵循着以自身为主、以修身为本的规律。除了类似这样关于个人领导力提升规律的总结和概括之外，还有很多关于组织建设规律的智慧和经验，关于经济发展规律以及人类社会规律等方面的理论和思想，这些对于领导力规律的总结和探索可以称为思想领导力研究。

个人领导力和组织领导力中包含着思想领导力，因为领导者和组织对思想领导力的掌握和运用决定了个人领导力和组织领导力修炼的成效，思想领导力的高度决定了个人领导力和组织领导力所能达到的高度。思想领导力又超越了单一个体的个人领导力和组织领导力，思想领导力所具有的规律性特点，使思想领导力具有延续性和传播性，可以跨越时代、跨越地域、跨越种族，成为全人类共同的宝贵财富。

个人领导力、组织领导力和思想领导力共同构成了领导力研究的三大主要领域，涵盖了领导力核心主题的所有内容。三大领域的研究主要聚焦于个人和组织两大主体，主要目标都在于如何提升个人和组织两大主体的领导力水平。个人领导力、组织领导力和思想领导力三者之间相对独立、相互作用，三者之间的互动效果决定了个人和组织两大主体的领导力水平。

中国迈入新时代是因为成功回答了三大领导力问题

如何成为一名领导者，如何提升领导者的个人领导力；如何建设一个优秀的组织，如何提升组织的组织领导力；个人领导力和组织领导力的提升遵循什么样的规律，运用什么样的理论和思想能够提升个人领导力和组织领导力，什么样的思想领导力最具有指导性和实用性？对这三大问题的实践和思考，是个人和组织实践和理论的鲜明主题。这个主题是人类开始群居生活后就面临的重要问题，也是一个永恒的难题。对这个主题实践和思考探索的成效，决定了个人领导力的成效和组织领导力的成效，进而决定了国家发展的成效，人民生活的好坏。

正是因为中国共产党对个人领导力、组织领导力和思想领导力的成功探索和伟大实践，经过长期的努力，中国特色社会主义进入了新时代，一个全体中华儿女勠力同心、奋力实现中华民族伟大复兴中国梦的时代，一个中国日益走近世界舞台中央、不断为人类作出更大贡献的时代！

中国迈进这样一个新时代，实现从站起来、富起来到强起来的伟大飞跃，是因为中国以毛泽东、邓小平、习近平等为代表的一代代领导者具有强大的个人领导力；是因为掌舵中国发展航向的中国共产党具有强大的组织领导力；是因为中国对共产党执政规律、社会主义建设规律、人类社会发展规律的认识在不断深化和拓展，在艰辛理论探索中形成了强大的思想领导力。**正因为同时具备了领导者的强大个人领导力，执政党的强大组织领导力，指导理论的强大思想领导力，中国的国力才得以进入世界前列，中国的面貌才发生了前所未有的变化，中华民族才能以崭新的姿态屹立于世界民族之林。**

中国的发展成就不但让科学社会主义在 21 世纪的中国焕发出强大生机活力，在世界上高高举起了中国特色社会主义的伟大旗帜，同时也拓展了发展中国家走向现代化的途径，给世界上既希望加快发展又希望保持自身独立性的国家和民族提供了全新选择，为解决人类问题贡献了中国智慧和中国方案。

中国发展的成功经验中可以为世界贡献的智慧与方案有很多，但从领导力的视角来分析和解读，掌舵发展航向的组织对三大领导力问题的回应至为重要，甚至可以说最为重要。一是如何选拔和培养各级领导者，并通过岗位历练和本领提升让领导者拥有强大的个人领导力；二是如何让执政党承担起国家发展的重任，在执政过程中保持强大的凝聚力、创造力和战斗力，始终保持执政党强大的组织领导力；三是如何从理论和实践结合上系统回答时代课题，使执政党和国家的指导思想与时俱进，通过理论创新始终保持强大的思想领导力。

中国共产党对个人领导力、组织领导力、思想领导力三大领导力的成功探索和伟大实践，是"中国模式"成功的关键，也是中国提供给世界的宝贵财富。中国的成功经验和思想成果，需要中国学者进行全面总结、系统梳理和理论概括，更需要在新时代的征程中进一步传承弘扬和创新发展。

新时代的中国领导力研究要走出"三大陷阱"

新时代要有新气象，更要有新作为。新时代的中国领导力研究要"立足本来、吸收外来、面向未来"，新时代的中国领导力研究学者要以高度的理论自信和文化自信，加快走出以往领导力研究中所存在的"三大陷阱"。

一是脱离领导实践过于理论化、概念化的陷阱。领导力研究的目的在于提升个人和组织的领导力，领导力理论和概念的提出都是为了更好地指导和推动领导力实践。抽象地谈论脱离实践的领导力概念和理论，不仅不能很好地指导实践、应用于实践，甚至会严重误导实践。

二是脱离本土实际过于西方化的陷阱。近代以来中国落后挨打的悲惨历史，改革开放以后中国向西方发达国家学习的现实需求，以及西方在现代管理和领导力研究方面的显著成就，都让中国学者的领导力研究

"杨柳千条尽向西"，国内市场和学界信奉和流行的大多是西方领导力的理论，而基于中国本土实践、中国鲜活经验的领导力研究理论太少、声音太弱，也太没有一个大国的自信和底气。

三是脱离复杂现实过于狭窄化、学科单一化的陷阱。领导力研究要关注个人领导力、组织领导力和思想领导力三大领域，要回应个人和组织领导力提升所面临的理论和实践课题，狭窄的研究视角和单一的学科背景都容易导致"盲人摸象"的弊端，无法对领导力进行全方位、多层次、立体化的深度研究。领导力问题的综合性和复杂性要求采取多视角、多学科的研究，过于单一的视野和单一的学科很难拿出有分量的成果。

新时代的中国领导力研究必须坚持"三大取向"

今后中国的领导力研究要走出现实中的"三大陷阱"，必须在学习借鉴外国经验和研究成果的基础上，加大领导力研究的本土化、实战化和跨学科"三大取向"。

一是坚持本土化取向。中国的领导力研究要体现继承性、民族性和时代性，必须强化本土领导力研究。本土化领导力研究不是封闭起来搞研究，也不是不关注西方，更不是抵制西方，而是在本土化的基础上，立足时代发展实际，汲取一切可以借鉴的资源，对西方的领导力成果进行创造性借鉴、超越性学习。最终，做到本土的也是世界的。

西方领导力的"本本"是要学习的，但是必须同我国的实际情况相结合，必须是立足于中国实际的再创造。不能照搬照抄照转，不分青红皂白地奉为圭臬、拿来就用。目前有一些领导力研究学者，奉为至宝、视为经典的领导力著作，全部是西方学者的领导力研究作品。以至于有学者感慨我们某些学科领域的研究几乎全部被西方的思想占领，奉行的学术思想和评价系统甚至比西方还西方。脱离本土化的领导力研究不但无法有效指导实践，也注定走不远、行不通。

二是坚持实战化取向。领导力研究的根本目的在于应用，主要目的不是单纯创造新理论、新概念和新名词，而是在各类领导实践活动的基础上总结出符合实践的理论，通过对领导力理论的研究更好地指导和服务于领导力实践。领导力研究不能空谈脱离实践的理论，不能为理论而理论，需要的是基于实践并能运用于实践的理论，是能把理论转变为指导领导行动的领导力理论。

领导力实战化需要把领导力研究和领导力实训结合起来，运用领导力理论指导领导力实训活动，在领导力实训活动中对领导力理论进行检验和完善。领导力提升是每个领导者和每个组织都要面对的重大问题，是每个时代都要回答的重大时代课题，必须从理论和实践结合上回答如何提升个人领导力和组织领导力。中国的领导力研究要体现时代性、原创性，必须是基于实战化运用的研究，采取理论与实践相结合的实证研究，是来自于实践并能指导实践的研究。

三是坚持跨学科取向。与其他研究领域相比，领导行为的复杂性，使得领导力研究不应该局限在单一视角和单一学科，多视角、跨学科研究的重要性无论如何强调都不会过分。领导力问题的复杂性需要跨越单一学科的界限，需要多种学科从多种视角对领导力的不同侧面展开立体化的研究，需要运用多学科知识、多学科理论、多学科技能、多学科思维对领导力问题进行跨学科的综合性研究。跨学科研究有助于领导力问题的深度挖掘和纵深推进，有助于对普遍性、共同性的领导力问题进行整体思考和建立共识。

目前领导力研究领域的一些著作已经开始从多学科的角度对领导者和领导行为进行了跨学科、跨文化、跨时代的理论总结和实证分析。几乎人文社会科学的所有学科都涉及对领导力问题的研究，譬如从政治学角度关注领导者的权力和所在的政府组织；从管理学角度关注领导者的职能角色与管理行为；从历史学角度关注以往领导者的特质和重要领袖人物；从心理学角度关注领导者复杂的情绪和情感变化，以及领导者的人际互动关系；从哲学角度关注领导行为中思想观念的作用；从伦理学角度关注领导者的价值取向和伦理道德等。这样的多学科视角，使领导力研究正日益从单一学科研究发展为跨学科研究，日益从单一个人研究发展为组织化的团队研究。

新时代的中国领导力研究要继承和创新两大领导力资源

领导力研究的本土化、实战化和跨学科研究取向，将会进一步深化和丰富中国的领导力研究。实践是最硬的标准。中国迈入新时代的伟大成就，充分彰显和证明中国领导人具有强大的个人领导力，中国共产党具有强大的组织领导力，我们的国家和民族具有强大的思想领导力。中国的领导力研究需要更加昂扬自信，需要更系统的总结梳理和创新发展中国马克思主义中国化和五千年文明史所形成的两大本土化领导力资源。

马克思主义中国化过程所形成的领导力资源，主要以中国共产党在革命、建设和改革发展过程中所创造的个人领导力、组织领导力和思想领导力建设成果为代表。以毛泽东为代表的党的领袖所拥有的强大个人领导力和思想领导力，以及中国共产党所拥有的强大组织领导力，早已成为国内外政党和企业家学习领导力、研究领导力的思想来源与学习范本。

阿里巴巴和华为公司大量借鉴中国共产党的组织建设经验，譬如借鉴干部选拔培养方式提升管理团队的个人领导力，借鉴民主生活会和设置"政委"等方式来提高组织领导力，借鉴党校培训干部等方式来提高思想领导力。

不仅中国的企业家重视学习借鉴中国共产党的领导力经验，连国外的领导力顶级学者也注意到了中国共产党所拥有的宝贵领导力资源。美国著名领导力学者麦格雷戈·伯恩斯的代表作《领导学》一书被公认为西方领导力研究领域的第一本经典著作，就在这本书的扉页上，作者引用了毛泽东于1934年总结的领导联系群众要注意群众实际需要和群众自愿两大原则的一段话。这两条原则是毛泽东所强调的"领导艺术的基本方法"。伯恩斯高度赞赏这两大原则，并在自己的著作中把毛泽东视为变革型领导者的典型代表，"毛泽东在变化的激流中显示出不同寻常的决断力。……毛泽东的权力源泉并不是魔术，而是他对于中国人民新动机的超凡的洞察力。"

如果说西方学者伯恩斯从理论上认同了群众路线是领导艺术的基本方法，小米的创始人雷军则用公司发展的成功实践证明了群众路线不但是领导艺术的基本方法，而且是适用于新时代所有组织的高明领导艺术。雷军说小米走的是中国式互联网版的群众路线，给用户最大的价值就是参与感，让用户发挥作用。理解了群众路线，就理解了用户思维，就能理解小米商业模式。用户思维本质就是群众路线，企业的产品研发和营销要深入群众、相信群众、依赖群众，从群众中来，到群众中去。把群众路线运用于互动营销的小米获得了极大的商业成功。

西方领导力学者对中国共产党领导经验的研究以及中国企业家的成功借鉴，充分说明中国的本土领导力研究必须高度重视和认真汲取马克思主义中国化过程中所创造的丰富的领导力理论和实践经验。

除了马克思主义中国化过程所形成的最新领导力资源之外，中华民族在几千年发展历程中还形成了丰厚的传统领导力资源。

全世界的民族中保存自己国家民族历史最完整的只有中国人，四大文明古国文化发展没有断流的也只有中国。中国人一贯重视古为今用、以古鉴今，本土领导力的研究不能离开传统文化宝库中领导力资源的汲取和滋养。《道德经》《易经》《论语》等经典对中国人影响深远，让中国人很早就开始重视和遵循人类发展规律、社会变化规律和人际关系规律。《史记》中的本纪、世家、列传对王侯将相盛衰兴亡的总结，其实很多是对领导特质和领导规律的描绘；《货殖列传》里面的生动故事，其实都是在传递管理的道理。"一匡天下、九合诸侯"的管仲，总结提出了政事兴亡的规律，"政之所兴，在顺民心；政之所废，在逆民心"，精辟地指出领导力的基石在于"以民为本"。

一手创造两家世界五百强企业的日本著名企业家稻盛和夫，认为自己年轻时学了孔子孟子这些中国圣人的教导，才造就了他后来的成功。他学了《论语》以后，感叹这些思想的了不起，深信正确的为人之道才是最重要的。不仅稻盛和夫尊崇《论语》，这本书在日本企业界也被尊奉为企业经营的"必读书"。稻盛和夫运用《论语》思想并取得巨大成功的生动实践，说明"半部《论语》治天下"的说法并非虚言，证明了以《论语》为代表的中国传统文化中蕴藏着丰富的管理要义和领导智慧。

西方第一位领导力专业的教授约翰·阿代尔在其《提升你的领导力》一书中，强调领导就是榜样、领导要保持谦虚时引用了老子《道德经》中的一段话，"太上，不知有之；其次，亲而誉之；其次，畏之；其次，侮之。信不足焉，有不信焉。悠兮，其贵言。功成事遂，百姓皆谓我自然。"他引用老子这段话主要用来强调优秀的领导其实是在不知不觉之间发挥着榜样的作用。西方第一本领导力经典著作的作者伯恩斯在《领导学》中不仅仅是关注到马克思主义中国化所形成的领导力资源，也关注到中国传统文化中所蕴藏的丰厚领导力遗产，他在书中感叹道，"早在今天呼唤道德领导和撰写《勇敢人物的画像》之前，儒家的思想者们就能通过他们的道德说教和实例来考察领导的概念。"也就是说早于西方 2000

多年，孔子就明确提出并特别强调了价值和道德在领导力中的重要作用。

儒家传统中的"修身、齐家、治国、平天下"，精辟地揭示了领导力修炼的进阶途径和先后顺序。要想成为一名优秀的领导者，必须先从自身做起，从内而外不断拓展发挥作用的范围。这些对领导者个人自我修炼的重视，对领导者以身作则的强调，都深得领导力的精髓和要义。

中华五千年文明史所孕育的优秀传统文化，马克思主义中国化进程所熔铸创造的中国特色社会主义文化，为中国的领导力伟大实践和理论研究提供了无比丰厚的领导力资源。

为更好地继承发扬两大宝贵的领导力资源，也为了尽快走出领导力研究的"三大陷阱"，以中国社会科学院为主的一批优秀中青年学者，组建了跨学科领导力研习营，坚持本土化、实战化和跨学科三大研究取向。跨学科"领导力研习营"以本土化研究为立足点，以中国波澜壮阔的领导力实践为实证研究的主要来源。以跨学科研究为突破口，来自经济学、管理学、政治学、社会学、法学、历史学、新闻学等多学科的学者汇聚在一起，对领导力开展全方位的深度研究。以实战化为研究落脚点，在MPA学位教育和干部培训中开设领导力讲座与实训课程，采用"参与式、团队式、行动式、研究式"的全新教育模式，与学员一起致力于领导力的真正提升。

新时代的伟大实践，需要全体中华儿女凝聚起同心共筑中国梦的磅礴力量，需要在总结继承两大领导力资源的基础上，更加坚定地立足本来、吸收外来、面向未来，需要加快构建体现中国特色的领导力研究和理论体系。这既是新时代中国哲学社会工作者肩负的历史使命和应有的担当，也是新时代需要深入研究的新课题、可以大有作为的新领域！

目录

第一讲 领导力修炼：实践与超越

·蔡礼强·

● 这个世界变化快，"说吃穿住行玩"，稍微出点差错，就有可能丢官落马。推动这些现象背后的四大深层原因是什么？

● **为什么说"体制内是'深井'，体制外是'江湖'"？**

● 新政治生态重塑时代，如何调整自己、把握机遇？

● **人生就是选择，选择的智慧是什么？**

● 领导力的四大误区，为什么领导力对所有人都至关宝贵和重要？

● **领导力无法买卖、不能速成，只能自我修炼，符合个人成长规律的领导力修炼模式是什么？**

● 个人领导力的六大修炼基石，真的那么管用吗？

内容概要 Content Summary

一、思想反作用于行动

领导力：你认为有用，就一定有用

所有的活动都和领导力有关系，所以，在本讲当中，给大家系统详细地介绍一下我们怎么样去修炼、提升领导力。

不知道大家以前对这个问题（修炼提升领导力）有没有做过系统的思考。可能有的人说，我身边的领导都没有什么领导力，我可能不需要太高的领导力吧；还有的人觉得自己的职位还很初级，好像**领导力离我很遥远，不需要去提升**。

大家有没有这种想法？假如有这种想法的话，请尽快丢掉。**这种想法是很要命的。**因为我们的思想影响我们的行动，反过来行动也影响思想。也就是说，**当我们相信一件事情，天天去做的时候，它带给你的效果是正向的验证；当你不相信一件事情的时候，我们的行动就会处处去证明我们不相信的效果。**

根据以往的经验，凡是认真践行领导力修炼的，个人能力都有大幅度提升，效果非常明显，尤其是有些团队，大家迸发出了巨大的学习热情。

孟母三迁：为了良好的学习生态

我们以前都听说过孟母三迁的故事，为什么要三迁呢？**因为我们每个人都受外在环境的影响，你和什么样的人在一起，你就会变成什么样的人，或者最有可能成为什么样的人。这就是心理学上的同伴效应，同伴效应对于个体发展具有举足轻重的影响作用。**

我们说这个社会要传递正能量，有的时候不仅仅是因为正能量的问题。虽然我们知道肥胖不利于健康，但是经常和肥胖的人在一起，肥胖的概率会大幅度提升，以前很多的研究都证实了这个观点。

孔子曰："益者三友，损者三友。"要交什么样的朋友呢？要交比自己见闻更广博的，比较诚实的，对自己有所帮助的。所以**我们要形成一个群体，形成一个良好的氛围，也就是我们所说的要有一个好的生态，就会产生正向的同伴效应，就可以形成一个"比学赶帮超"的氛围，大家都努力地提升自己，也互相帮助，从而成为一个很积极向上的集体**。这个氛围很关键，所以希望大家高度重视领导力的提升和修炼。

下文将系统给大家介绍：我们这个社会在发生什么变化，**我们处在一个什么样的时代**；在这样一个时代里**我们应该怎么做**，才能最有利于自己的发展。

小 结

※ 领导力：你认为有用，就一定有用

● 当我们相信一件事情，天天去做的时候，它带给你的效果是正向的验证。

※ 孟母三迁：为了良好的学习生态

● 和什么样的人在一起，你就会变成什么样的人，或者最有可能成为什么样的人。

● 要形成一个群体，一个良好的氛围，一个好的生态。

二、社会政治生态重塑的新时代

社会生态环境新变化带来的新挑战

十八大之后，中国的政治环境，或者说整个社会政治生态，和以前不太一样了。很多的公务员，应该有比较直接和深刻的感受。不仅外在政治环境发生了变化，其实**我们内在的很多深层次的变化也很大**，大家都可以感受到。

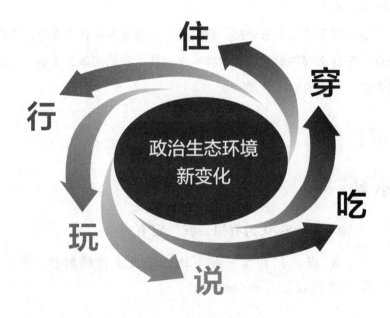

图 1—1 政治生态环境新变化

1. 说：小心"祸从口出"

有些人经常说话说得不恰当，现在非常危险。假如说有群众向你反映一些事情，你说话很粗暴，被人用手机给录下来或拍下来，对你就有可能带来不好的影响。

2. 吃：公款吃喝将吃掉你的政治生涯

中纪委通报、每个月通报、八项规定通报……仅 2016 年就通报了 76 个省部级领导干部。某部委一位司局级领导干部在中央党校学习，几位同学出去吃了一顿饭被举报，导致非常有前途的一个领导干部的政治生命终结了。以前说领导干部吃点、喝点、拿点，不是太大的问题，现在一顿饭，就可以终结一个人的政治生命。

3. 穿：身穿名牌"惹祸上身"

某地商场发生大火，秘书长因为有危机事件直接顶到一线指挥，结果因所穿的羽绒服是名牌，导致舆论一片批评。如果你是一个很重要的领导干部，穿衣服要慎重，不能满身名牌。不少部级领导干部从来不穿带牌子的衣服，当然也不追求名牌。但网上披露的有些"表叔""皮带哥"，很讲究行头，身为重要的领导干部，这样就很危险。当然，就算是一个普通公务员，也不能一身名牌，否则被别人拍下来发到网上，你就需要解释：你作为一个普通公务员，你的工资能不能承担起这么高的消费水平？即使你能承担得起，作为公职人员也不应该追求奢靡行为。

4. 住：当房产被锁定

住也是一个问题，尤其是一些基层领导干部，住房面积大，装修奢侈。2016 年有报道说，有农民跑到县长家门口，把他住的房子拍下来，把假期、中秋节到县长家去送礼的所有车牌全拍下来，到纪委部门去举报。现在领导干部提拔都要经过"四凡四必"把关，其中一项就是"凡提必核"，即财产申报情况必须核查。很多人在提拔过程中，因为财产申报核查被拿下来，从全国范围来讲，已不是一个小数目。

5. 行：公车不能再私用

以前中国校园"开学季"有一道风景线，就是很多领导干部开着公车送子女上学。之前网上有很多这样的照片，现在比较少了，现在到基层，或者到外地去调研，调研单位为了让你看看当地的一些风景名胜，或者感受一下当地的文化，都改用私家车，都不敢用单位的公车，害怕说不清楚。

小和大是相对的，小事情，一旦有人关注你，就变成大事情了。

6. 玩："开会式休假"被终结

以前开会叫"开会式休假"，就是到全国各地开会，肯定要选风景名胜之地，而且是大家不经常去的地方，开一周的会至少四天用来旅游。以前这是常态，某个全国系统，找一个地方开会，全国同行们聚到一起，吃好、玩好，最后走的时候还要拿点当地特产，都是这种模式。十八大之后这种开会模式就被终结了。

社会深层次变革

"社会生态环境的新变化"是我们能够感受到、观察到的外在变化。但是大家有没有想过，为什么会出现这种情况？为什么十八大之后这么严厉？——**深层次的原因是我们的社会出现了深层次变革。**其实十八大之前已经有了相应的发展趋势，但是十八大之后大大加速了。十八大之前，随着网络社会的发展，上文说的这些事件都有一定程度的体现和反映；但是十八大之后，我们形成了制度，并相应进行严肃的处理。

社会深层次变革体现在：**逐渐凸显信息社会、知识社会、组织**

社会、风险社会四大特点。

1. 信息社会："平民化"的信息渠道解构了权威

信息化社会有好处，比如大家学习期间不会耽误工作，可以一边学习、一边同步处理公务。信息社会带来诸如此类的很多方便。

信息社会也有一个巨大的威力。**信息是资源，信息是财富，信息也是权力**。和领导比，以前领导掌握的信息就比我们多，但现在不一样了。比如老师讲课，说"珠穆朗玛峰是世界第一高峰，第二高峰是哪个峰"，话还没有说完，学生就直接用手机上网搜出答案。其实老师想表达的本意是"你一定要当冠军，当第二就没有人知道你"，但现在这其中的寓意就会被弱化很多。

在信息社会以前，有些岗位、职业是依靠掌握更多的信息体现出它们的优势地位。但信息社会改变了这一切，比如上文说到的"说吃穿住行玩"，以前也同样令民众厌恶却能容忍，而为什么现在容忍度就很低？因为信息社会引起的变化，**扭转了信息不对称**，原先是隔离的、不公开的，现在一下子变成透明的了。

一些领导干部说话不注意、穿着不注意，别人以前不知道，现在你到哪个地方调研、考察工作，后边有人专门给你撑伞，一张照片就全民皆知。因为一张照片被拿下岗位的人有很多，这是信息带来的**传统权力和新权力的转换，大家一定要适应这种转换**，适应在这种透明状态下，规范地去工作、履职。

以前很多领导干部很牛，想骂谁就骂谁；现在再像以前这样，要是下属用智能手机录下来，这个领导就可能面临很大的风险。

同时大家也要用好信息化社会里信息获取的工具，因为**信息的确就是资源、财富和权力**。

阿里巴巴为什么这么牛？G20 峰会很多国家领导人都到阿里巴

巴去。马云是靠什么成为中国工商界的领袖？如果没有网络，没有信息社会，是无法成就今天的马云的。

信息社会给人带来巨大的变革，同时也存在弊端。比如开会，领导讲什么不知道，因为大家都在看手机；上课老师讲什么不知道，也在不停地看手机。要明白，**学习是你最重要的任务**，第一要务是要学好。

在信息社会，有人说自己很"勤奋"，天天看朋友圈，天天发很多"鸡汤"，或者其他所谓的"好东西"，但那只是碎片化学习。**坐在课堂里接受教育是系统的、深入的、理论化的学习**，是更有效的学习。大家需要警惕，微信朋友圈一方面给我们带来便利；另一方面让很多人形成依赖。

2. 知识社会：流动性在加速和日益激烈的竞争

不知道大家有没有这样的体会：**信息社会和知识社会是互相影响的**。随着信息社会的到来，知识也在加速更新。以前一个人知识量的增长是倍数的，现在可能是几何级数地增长。传统教育模式是要让大家记住一些东西，现在很多东西不需要记忆了，而是需要学习怎么学。学习能力要提升的是**分析问题、思考问题、解决问题的能力**，而不是僵化的、机械的记忆能力。

知识社会带来一个很大的变化，就是社会的**流动性**在加速。当前很多人都处在加速的流动的状态，**高流动性**也意味着**高竞争性**。为什么现在大家都很重视学习？因为在知识社会，知识更新很快，不努力学习很快就会被这个时代淘汰。

这个社会最重要、最宝贵的资源是什么？知识。知识改变命运，知识就是力量，在很大程度上这些话都是对的。拥有更多的知识，你可能就拥有更多的机会。但是知识不会因为某人是首富，他的后代就一定比别人掌握得多。因为即使你很有钱，也买不到知识；即使你很有权力，也不能利用特权获取一些知识。

知识无法遗传、买卖、赠予，只有靠自己努力获取。这就是让这个社会保持一个流动性和共性的重要原因，并且当前社会是高流动性的。

现在社会的流动在加速，很多地方今后都将进行改革，打破事业单位、高校科研机构、医院等编制的限制。很多领导干部流动也在加快，有从体制内辞职的，甚至是司局级领导干部，到一家民营企业当高管；有省级银行的正厅级行长，在体制内非常有前途，也很能干，但也辞职了。

这样的情况现在已不是孤例，而是一定范围、一定规模的加速流动，**我们要适应这种流动的、而且是一个高竞争性的社会。你拥有的知识资源越多，你的竞争力就越强，你获得的机会就会比别人多。**竞争很激烈，流动性很大，自然而然导致压力也很大。现在抑郁症患者，或者心理疾病患者数量成倍地增长，与压力太大有一定的相关性，所以要学会理解这个社会的特点，经受住这个变化。

20 世纪 80 年代之前，初中生就可能被视为是知识分子，现在大学生都不一定被当作知识分子看。2017 年毕业的大学生近 800 万人。而中国香港的市民总数是 730 多万人、新加坡人口是 500 多万人。90 年代全国的研究生就是 3 万人左右，现在多少？上百万人。

中国高学历人才非常多。高学历人才的特点有以下五点。**参与意识**，比如"你做这个事情的时候没有征求我的意见，这个事情就不行"，比如多个地区出现的环保事件；**权利意识**，以前有些人觉得公职人员拥有公权力就高老百姓一头，现在个人的权利意识空前高涨；**法治意识**，公职部门和公职人员有没有依法行政；**批判意识**和**公平意识**愈发强烈，这些都是这个社会的特点。

那么在知识社会，怎么样才能提升竞争力？就是学习。**我们要重视学习、勤于学习、善于学习，要不断学习，要把学习作为我们生命里最基本的底色。**要想一辈子不被淘汰，确实要学到老，因为这个社会变化太快。时代观念已发生巨大变化，以前有的人觉得60岁应该退休了，现在很多人60岁再创业。**我们要树立这种意识，光重视学习还不行。**不仅要重视学习，还要善于学习，还要**掌握最适合自己的学习方法**，要不断提高自己的学习能力，所以说**学习能力是你的核心竞争力。**现在的职位低、资历浅，没有关系，但只要你学习能力强，就可以不断地超越自己。**在所有的能力中，学习能力是最基础、最重要的能力，**大家一定要重视提升自己的学习能力。

3. 组织社会：以功能为基础的新式组织带来了创新

现在的组织和以前的组织有什么区别？以前的组织完全**以权力作为资源配置的中心。**党政部门、事业单位、国有企业，基本上都是按这个为核心来配置资源。离中心越近，配置资源的能力越大，能够获取的利益就越多。现在社会已开始发生变化，以前中国几乎所有的精英都挤在政府里面，而现在出现了**新组织社会。旧式的组织是以权力为基础；新式的组织是以功能为基础。**你能够给这个社会做出什么贡献、能够满足这个社会什么样的需求，你就可能会获取相应的资源。现在很多企业薪酬非常高，比如华为员工的平均薪酬几十万元，而高管层薪酬上千万元的人比比皆是。

时代在发生深刻的变化，一个新的组织社会，**信息和知识将会成为最重要的资源，**拥有的信息越多、拥有的知识越多，并且能够有效地利用知识和信息，在这个社会就会获得非常多的资源和机会。

马云、任正非、马化腾这些人在商界获得了巨大的成功，为什么？他们有梦想，有追求，而且有些企业家超越了个人利益的追求，不仅仅是为自己口袋里挣多少钱的问题。像马云提出"让天下没有难做的生意"，像任正非的大手笔全球布局。这些人现在已经成长为世界级的企业家，中国今后会涌现出一批世界级的企业家，马云和任正非就是其中杰出的代表。这些人有什么特点？通过他们的传记和资料发现，他们**最大的特点之一正是超强的学习能力**。

马云的很多演讲，不仅体现出很好的演讲技巧，而且讲得有内容、有思想、有高度。任正非是一个非常有思想的人，同时又是一个非常重视学习、善于学习的人。这样的人才能够成长为企业领袖级的人物。

大家都有自己的理想和追求，但有没有不断地提高自己的学习能力？**大家今后拥有无限可能，但是这个无限可能取决于你的思维和实践**，你的努力和你的行为决定你今后会成为一个什么样的人。看看他们的人生轨迹，就能发现他们的成功绝不是偶然。

4. 风险社会：常怀敬畏之心

有人说，在我国，现在当官是高风险职业：吃一顿饭，官丢了；说错一句话，舆论就劈头盖脸砸过来了……很多领导干部不太习惯、不太适应。今后必须要习惯和适应，注意"说吃穿住行玩"。按规则工作，勤勉工作，就不用担心风险。

新政治生态重塑时代

我们要知道自己处在一个什么样的时代环境里，要更好地去适应它，去调整自己、提升自己。刚才说到的"说吃穿住行玩"，这是表象；表象背后，深层次的推动力量，就是我们现在所处的信息社会、知识社会、组织社会和风险社会。它们共同推动着政治生态的重塑。

1. 政治新生态逐步形成的时代

十八大以来，以习近平同志为核心的党中央采取了一系列的措施，重建了整个中国的政治生态。现在有三张清单：负面清单、权力清单、责任清单，和一张政务信息公开网。在未来，所有应该公开的信息都要公开，所有的信息都可以查到。

《焦点访谈》曾经播过，20世纪90年代山东一个县级法院的院长，扬言道"我上管天，下管地，中间还要管空气"，这位很牛气的院长当然被查办了。之所以有些法官很牛，也是因为很多审判信息没有公开，法官这种权力滥用的机会就比较多。现在所有的判决文书全部上网，寻租空间就被极大地压缩了。

2. 考验领导干部领导能力的时代

信息公开对整个中国的推动力量是巨大的，现在的领导干部必须要成为具有真正领导能力的领导干部。目前体制内有一股"辞职潮"，尤其是和市场联系比较紧密、熟悉市场运行规律的部门公职人员，辞职频率更高、辞职的人数更多。像某市场监管部门，厅局级和处级领导干部辞职的加在一起已有几十位。从辞职人员的情况来看，这些想辞职、敢辞职的公职人员几乎都是单位的精英。

3. 体制内是"深井"，体制外是"江湖"

体制内是"深井"，在这个"深井"里边很多人靠关系。尤其是在基层，在县城、在乡镇里边，如果不跳出当地的环境，单凭自身能力寻求职场突破具有很大难度。有位学者对中部地区某县进行了深度调研，发现当地很多重要岗位的领导主要是被当地几大政治家族所主导。当然，现在这种生态正在快速改变，但相对来讲，越是在基层，关系主导的概率越高，而越到高层相对来讲就越好，在晋升提拔上更讲究公平。

体制外是"江湖"，要"仗剑走天涯"靠什么？"江湖"上"混"要靠实力。大家有没有能力和条件敢说："我在单位里边待不下去了，我随时可以走人"，试问有几个人有这种底气、能力和豪情？**我们来学习就是要让自己具有这种底气和能力，放在任何一个组织里，在任何一个单位里，都可以做一个优秀的自己。**现在可能很多人做不到，但是能不能用几年的时间让自己做到？在体制内、在单位里边，能不能做一个优秀的自己？有的人说："领导不重视我，单位环境不好，算了，我就天天混日子……"你混的是你的日子，你浪费的也是你自己的时间，单位领导不重视并不妨碍你把工作做好，不妨碍你不断修炼自己的内功、不断提升自己，这样的话你会有更多的机会走到外面去。很多人，把一切归咎于领导不好、环境不好、这不好那不好，却没有从自己身上找原因。

首先要改变自己，再去改变别人；改变不了别人，改变对别人的态度总是可以的。调整好自己，让自己做一个能够适应社会变化的人。

小 结

※ 社会生态环境新变化带给领导干部的新挑战

- 从"说吃穿住行玩"看内在深层次变化。
- 说:小心"祸从口出"。
- 吃:公款吃喝将吃掉你的政治生涯。
- 穿:"身穿名牌"惹祸上身。
- 住:当房产被锁定。
- 行:公车不敢再私用。
- 玩:"开会式休假"被终结。

※ 社会深层次变革

- 社会深层次变革体现在:逐渐凸显出信息社会、知识社会、组织社会、风险社会四大特点。
- 信息社会:"平民化"的信息渠道解构了权威。
- 知识社会:流动的加速和竞争的日益激烈。
- 组织社会:以功能为基础的新式组织带来了创新。
- 风险社会:常怀敬畏之心。

※ 新政治生态重塑时代

- 十八大以来,以习近平同志为核心的党中央采取了系列的措施,重建了整个中国的政治生态。
- 信息公开对整个中国的推动力量是巨大的,现在的领导干部必须要成为具有真正领导能力的领导干部。

● 体制内是"深井"，在这个"深井"里边很多人靠关系。尤其是在基层，在县城、在乡镇里边，如果不跳出当地的环境，单凭个人能力有很大的难度，因为在基层相当多的升迁发展是由关系决定的。

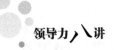

三、新时代的个人选择

这个部分我们谈一谈如何选择，因为这个社会正在发生的变革既不是浅层的，也不是孤立的，而是一个多层次的变革。在这样一个时代里，我们怎么样考虑自己的未来，让自己有什么样的个人成长和职业发展？**你的选择就决定了你的未来。**

选择决定人生

1. 选择塑造人生，选择决定命运

人生就是选择，选择塑造人生，选择决定命运。 选择不容易，做出好的选择更难。比如说跟着马云干的"十八罗汉"，以及那些老员工，绝大多数人的资产现在都在千万级别之上，实现了财务自由，这就是选择。人生的道路很漫长，但关键的只有几步，而这几步是最重要的人生选择。

当然这个选择很难，有的人不愿意当领导，为什么？因为不愿意做选择，**因为决策就是选择，而做选择就要承担责任。**

大家有没有关注过一个叫"高分诅咒"现象？很多高考状元，省级状元、市级状元，最热门的是跑到北大、清华，结果十几年、二十几年以后，大多数曾经无比辉煌的状元却很平庸，成长得特别杰出优秀的人并不多，为什么？这种现象就是"高分诅咒"。一看考了高分就选北大、清华，其他学校不选；到北大、清华一看，最热的专业是什么？北大光华、清华经管，经济金融最热就去学经济金融，结果所选专业不是自己的兴趣，也不是自己的擅长。在这个所谓热门的专业道路上走了很久，才发现并不是特别适合自己，但

很多人因为已经投入很多精力也只能继续走下去。这样很多人就会出现一个现象叫作"职业错配"，**学的不是自己最喜欢的专业，做的不是自己最擅长的事情，这样一来最后的结果肯定不好。**"高分诅咒"现象来自一位北京大学教授对高考状元的跟踪研究，具有很高的可信度。所以大家现在不要说自己起点低、以前上的不是名牌大学、在政府的基层岗位——这些没有关系，今后还有很多次选择的机会。但是，你能否在今后的选择中找到正确的路、能否提升自己的选择能力，这才是关键。

最重要的选择是人生方向的选择。成为一个什么样的人、做一个什么样的职业、选择一个什么样的伴侣都很重要，选择和优秀的人在一起，远离那些充满负能量的人。

2. 自觉限制选择

现在的选择更加多样和自由，会让一些人出现"选择困难"的情况，比如为了买一件衣服，或者买一件东西，不停地焦虑，希望自己做出最佳选择。**但是很多时候"最好的"并不存在，因为一旦你的需求得到满足，就会出现更高的追求。**

还有一个现象叫做"选择焦虑症"，选择越多并不意味着满意度越高，**选择并不是越多越好，没有选择很痛苦，选择太多更痛苦。**

（1）减少选择（简化：做减法）：要让自己知道，不是选择越多越好，要减少选择，简化选择。人的精力是有限的，当你的精力用在很多小事的选择上，大的、重要的、关键性的选择就很难有精力去做了。所以大家首先要学会减少选择，简化，做减法，

（2）接受选择（满意：非最好）：我们说要知足、知不足。知足是什么？生活中的很多事情，在适当的基础上可以追求更好一点儿，但是不要在这方面投入太多精力。对生活、对外在需求要学会

知足，但对提升自己、修炼自己要学会知不足。要简化选择，还要接受选择，满意非最好，最理想的永远只存在于我们的希望里，**现实中没有最理想的。**

（3）学会选择（重要：非全部）：要学会选择，在选择方面有一个"百分之一规则"，就是买东西取决于现在收入的水平。比如马云，他买东西看价格吗？可能很多不需要看价格了，而是主要考虑时间成本和是否需要。有一个段子说，马云让手下去"给我买一个肯德基"，结果这个手下回来告诉他"肯德基我们已经收购完成了"，他就是要吃一个肯德基汉堡，结果把肯德基整个公司给买下来了。为什么马云这些人挣钱多？俗话说：**富了脑袋才能装满口袋**，这些人把精力用在重要的、能带来财富的、能让自己增加资源的这些选择方面。有研究发现，当你的物质基础限制了你的成功，是因为你选择将精力用在应付"生存"上面，而没有去做"发展"上的一些投资。那些成功者，都是选择把精力投入在自我提升上。所以，**我们今后要学会在成长发展方面做出更多选择的投入，在满足自己的生存方面可以减少投入。**

人生就是选择，成功是道选择题，**选择比努力更重要，你选择不了出身，你选择不了起点，但你可以选择你的姿态，你可以选择你的方向。**

聚焦"管理"，助力个人发展

1. 让攻读"社科院MPA"成为人生最重要的选择

我们能不能让坐在社科院学习的选择成为我们人生最重要的选择？有可能是，也有可能不是，有可能成为最重要的，也有可能成为重要的选择之一。大家选择来读书，这是你们这个年龄段做出的最好选择。选择到社科院读书，尤其读 MPA，是更好的选择。我们有自信和底气，全国两百多家院校开设 MPA，我们敢说我们要做中国最好的 MPA。不少学校的 MPA，师资并不符合标准。还有很多学校师资可能不错，但还是按照学术理论学习的那一套授课。专业硕士是需要提高自己的能力，让自己的职业发展，个人成长道路走得更顺利，不一定要走学术研究的道路，当然如果你要走学术研究的道路，你学到的这些东西对学术研究道路有一定的积极作用。

我们能不能让自己的选择成为我们人生当中最重要的选择，或者重要的选择之一，取决于我们的表现：一方面，社科 MPA 有信心、有能力给大家提供优质的教育，引导大家一起去修炼、提升领导力；另一方面，领导力提升是一个实践过程，不是一个听谁说过、看过几本领导力大师的书，领导力就能提升的。**你必须不断地实践、不断地积累、不断地学习，才能够不断地自我超越。**

2. 管理是重要的职业——不论你在哪儿

来学管理，这也是一个非常重要的选择，很多同学都在管理岗位工作。管理是当今社会最重要的职业，没有一个行业、一个领域可以离开管理。它不仅是一种指引，而且是任何一种职业的一个组成部分。

任正非的华为为什么这么厉害，张瑞敏领导的海尔为什么这么牛，马云的阿里巴巴为什么发展这么顺？因为他们几个人都是管理高手。**人与人之间的差距为什么这么大？组织与组织之间的差距为什么这么大？背后的答案是领导者的管理。**

任正非、张瑞敏、马云这些人之所以能成为著名的企业家，最关键的是他们这些人真正懂管理。**管理是当今最重要的职业，管理**

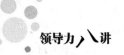

技能是最核心最宝贵的技能。

3. 管理是当今社会的核心竞争力

管理的核心技能都是一样的，关键看能否适应这个时代的高流动性，让管理能力成为核心竞争力。最近几年，很多年轻人一下子成为亿万富翁，年轻的创业团队只要有梦想，能够付出行动，把握住时代的潮流，就有获得成功的可能性。就像雷军说的：在这个互联网时代，站在风口，"猪"也能飞。但马云又说了："猪"飞得越高，就摔得越惨。**前句话是讲，我们只要学会抓住趋势，顺应潮流，就会有更好的发展。后句话讲的是，我们不要做只会借风飞翔的"猪"，还要成为一个既会借风飞翔同时又掌握飞翔技能的"人"。**

4. 管理是一门缺乏培训的职业

管理虽然如此重要，但是它还有一个特点：**缺乏培训**。飞行员需要飞机驾驶资格证书，医生需要医师资格，但在管理上，如何判定单位领导的管理能力、管理水平怎么样？

以前传统的组织社会，层级越高、机会越多，但新组织社会能带来更多机会，只要有梦想、有能力，机会就会越来越多。比如去一些新兴的组织，这些组织只要能够满足社会的需要，找到社会的痛点，提供优质的服务，就能迅速成长，这种例子很多。

在单位里边，如果领导的能力不强，领导水平很差，大家一般还能够接受，为什么？因为管理有一个特点就是**管理效果的滞后性**。一个学校，原先非常好，现在慢慢不好了，不是一任两任校长决定的，这是效果滞后。官场上有一句话叫做："政声人去后"，是说这任领导干部是好还是坏，可能要等他离职了好多年效果才体现出来。管理还有一个特点叫**影响多因素性**，它不是受单一因素的影响，而是受到多种因素的影响。组织自身的发展和具有的惯性、原有的规则，某个领导可能能力并不是很强，但是发展机遇很好，显现出来就以为是管理好。

有两个年轻干部在邻近的两个县分别担任县长，一个县长注重日常工作，平常抓防洪、抓风险防控特别到位，到汛期虽然面临极大考验但没有发生突出险情，县长也不用冲到防洪一线；另一个县长平常疏于风险应对，防洪设施做得很差，结果汛期到来发生了洪灾。灾情爆发后这位平常疏于应对的县长只好冲到一线去救灾，反而被媒体报道为不顾个人安危、亲临一线。汛期结束后，这位平常疏于应对的县长很快就升职了，而平常风险防控做得好的县长却原地不动，没有被提拔。

这样的例子并不少见。有些优秀的、默默在工作的人没有发展，另外那些工作做得不好、但是会表现的人反而升上去了。这种情况的存在会导致对管理技能的忽视。

新组织社会，比如很多大企业的人力资源部非常庞大，专业的猎头在全球范围内寻找真正的优秀人才。在这种情况下，靠幸运升迁的第二个县长可能就没有机会了，而第一个县长会有更多的机会。所以实力体现在你实实在在的管理能力，好的管理能取得好的效果。

5. 走出领导力误区：其实每一个人都需要领导力

对领导力，大家通常有以下一些误区。

职位误区：认为当了领导才需要领导力，不当领导不需要什么领导力，领导力和普通岗位的人没有什么关系。

目的地误区：现在不需要，等我"混"到一个领导岗位之后再去学，现在还用不着。到目的地以后再去学好像也不晚，很多人抱这种心理。但是当你到达目的地以后，发现还有很多其他事情要干。

影响力误区：有的人觉得当上领导了自然而然就会有影响力，你看我们的县长，当上县长以后，怎么当都是一个县长，领导力也不怎么强，好像坐那个位置上就有影响力了。这些人误解了职位权力和影响力的关系。有些人"虽然人已不再江湖，但江湖上还到处流传着他的传说"，这就是影响力的体现，而有些人"人一走茶就凉"，体现为没有了职位，也就没有了影响力。

下属误区：我不会带团队，但只要有几个人跟着我，就能当老大。事实上很多人是不行的，比如历史上著名的刘邦和项羽，论出身、论队伍，项羽都比刘邦有优势，但是手下人却纷纷逃离项羽投奔刘邦。

这四大误区你一定不要有，不管处于什么样的岗位、什么样的生活状态，领导力对你来讲都是至关重要和需要的。

6. 权力是一个变量

很多人以前习惯于当官享受特权，那是特权时代。现在变成了责任时代，领导干部首先是责任，现在因为特权少了、好处少了，很多领导干部不担责，很多组织处于这种慢性自杀状态。

不管处于任何一个岗位上，都要积极进取，做一个敢于承担责任的人。你能承担多大的责任，就能干出多大的事业，你一旦不想承担责任，你的空间就会越来越小。

不要以为职位越高、权力越大，完全不是这样。权力是一个变量，同一个职位上，有的人权力变得很大，有的人权力越来越小。大家可以观察一下，身边的领导有没有这种情况，为什么？因为知识水平、表达能力、个人魅力和人格以及人际关系都会影响权力行使的效果。还有所担任岗位的角色、能够动用的资源、掌握的信息和社交网络声誉，以及个人意志都会对权力的发生效果产生影响，所以权力是一个变量。同样是市长，有的很强势，有的很弱势；有的权力很大，有的权力相对小。

学会管理、学会领导

顺应这个时代，要学会管理，但管理很复杂，它不仅是一些规律、原理、理论和方法，还需要实践和操作。同样的事情，不同的人去做、不同的人去说，效果是不一样的。管理还有很多艺术的成分，有很大的个人创造、施展空间。

1. 不同层级侧重不同管理技能

管理有三个层级，所有的组织都可大致分为三个层级，**基层、中层和高层**。

在一个村里当村委会主任，是这个村、这个组织的高层。大家不要觉得当村委会主任是最基层的管理者，从整个官僚体系上来讲，确实是一个基层的管理者，但是从一个村子本身来讲，村委会主任负责这个村子的定位与发展，在村子这个组织里村委会主任就是高层管理者。

所有的组织都有这三个层级，基层、中层和高层，它们对管理能力的要求是不一样的。

基层最重要的是什么？**技术能力**，就是业务水平。**中层**相对来讲需要对上对下、对左对右，上下左右的协调沟通，所以对**人际能力**有很多要求。

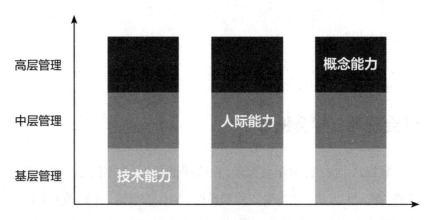

图1—2 不同管理层级管理技能侧重

高层，很多跨国企业的董事长、总经理，原先不是做这个行业，而是高薪挖过来的。从专业技术能力上来讲可能并不强，但是为什么会让他做最高层领导？马云一直说，自己不懂技术，但是为什么能成为杰出的领导呢？因为不同岗位对能力的要求是不一样的，**高层要求概念性的**，就是指方向、提思路、定战略、带队伍这些能力，**概念能力**、思维能力是最核心的。

这些能力不是严格按层级划分的，而是相对来讲的。比如只要是管理工作，人际能力都是需要的，但是，基层对技术能力的要求更高一些，高层对概念能力要求更高一些。这三种能力都需要，不是说高层一点技能都不需要，只是需要的比较少，**岗位的不同对能力的要求是不一样的**。

2. 领导力无法买卖，必须自产

要成为一名优秀的领导，只有靠自我修炼。即便你是一个智商超高的天才，你能成为一名优秀的管理者吗？答案显然是不一定。大家都知道在实际工作中，尤其是和人打交道的工作中，**情商远远**

比智商重要。很多高考状元原先学习很好，最后走上岗位却不行，就是这个原因。

领导力的修炼不能速成。比如现在很多民营企业的富二代接班是一个大问题。不要说100万，如果能够有领导力修炼的速成班，一千万、一个亿的学费都会有一批民营企业家愿意买单。可惜**领导力无法买卖，也无法速成**，必须是靠自己坐在课堂上，或者在实际工作中不断地学习、实践。领导力首先要掌握管理的理论、技能和方法，而且要思考，然后去行动实践，是个不断学习、思考、行动的过程。

3. 阶梯递进循环式领导力修炼模式

领导力修炼模式是什么？这几年我们在领导力实训探索中摸索出来一个叫作**阶梯递进循环式领导力修炼模式**。首先最重要的是**个人领导力**，管好自己，才有资格和能力去管好别人；其次要训练**团队领导力**，学会成为一名优秀的团队成员和团队领导者，必须学习提升沟通、协调、组织、动员等方面的能力；最后是**思想领导力，思想领导力是领导力的内核**，决定着个人领导力和团队领导力的成效。

领导力的修炼成长模式东西方都一样，西方强调自我管理，东方儒家强调"修身齐家治国平天下"，都是从自身修养开始，都强调把个人修炼作为领导力提升的基础。所以可以把**"以自我管理为基础的个人领导力"**，作为领导力修炼的基石。只要从事领导工作，就要带领团队与各种各样的组织和人打交道，因此可以把**"以沟通、协调为重点的团队领导力"**，作为领导力修炼的重点。而随着领导职位层级的提升，需要领导者提思路、定方向、下决断，这种"以思维决断为特征的思想领导力"，就成为领导力修炼的核心。

从个人成长规律来讲，一般会遵循个人领导力、团队领导力、思想领导力这个大致的修炼顺序，但这个顺序不是一个严格的先后顺序，而是会交错进行。这三个阶段也不是一个替代关系，而是一个循环式不断交错提高的关系，正是在这样一个交错循环的过程中，个人的领导能力才能得到不断地提升和发展。

小 结

※ 选择决定人生

● 人生就是选择，选择塑造人生，选择决定命运。

● 在成长发展方面做出更多选择的投入，在满足自己的生存方面可以减少投入。

※ 聚焦"管理"，助力个人发展

● 你必须不断地实践、不断地积累、不断地学习，才能够不断地自我超越。

● 人与人之间的差距为什么这么大？组织与组织之间的差距为什么这么大？背后的答案是管理。

● 我们还是不要做只会借风飞翔的"猪"，要成为一个既会借风飞翔同时又掌握飞翔技能的"人"。

● 管理虽然如此重要，但是它还有一个特点：缺乏培训。

● 对领导力，大家通常存在四大误区：职位误区、目的地误区、影响力误区、下属误区。

※ 学会管理、学会领导

● 所有的组织都有这三个层级，基层、中层和高层，它们对管理能力的要求是不一样的。

● 领导力首先要掌握管理的理论、技能和方法，而且要思考，然后去行动实践，是个不断学习、思考、行动的过程。

● 从个人成长规律来讲，一般会遵循个人领导力、团队领导力、思想领导力这个大致的修炼顺序，但这个顺序不是一个严格的先后顺序，而是会交错进行。这三个阶段也不是一个替代关系，而是一个循环式不断交错提高的关系。

四、个人领导力的六大修炼基石

"以自我管理为基础的个人领导力"是领导力修炼的基石，要想让自己有一个更好的个人成长和职业发展，就必须把重点或者落脚点放在个人领导力提升上面。

知道了个人领导力提升的重要性，但是怎么样才能够更有效地提升自己呢？**以自我管理为核心的个人领导力要怎么去做才能有效提升呢？**我们在长期教学实践中总结了六个方面的自我管理，这六个方面是**目标管理、时间管理、学习管理、情绪管理、效能管理、结果管理**（或者叫**成果管理**）。这六个方面是自我管理最基础、最关键的部分，构成了个人领导力的六大修炼基石。做到了这六个方面的自我管理，个人领导力的提升就夯实了最坚实的基础。这样的经验和心得是我们办学十几年来，不断探索、深入思考总结得出的。通过这六个方面自我管理的提升，就可以不断地实现自我超越，不断提升自己的个人领导力。

知道了个人领导力的六大修炼基石，仅仅通晓理论和熟知方法还远远不够。因为**管理技能和领导力的提升，不仅需要掌握理论、更要付诸行动，在行动过程中还需要不断的思考，才会真正掌握、灵活运用。**"知道"和"悟到"差了很多层次。首先"知道"和"做到"之间有一个鸿沟，很多人知道了但做不到；"做到"和"悟到"又差一个层级，很多人的"做到"是低水平的做。首先要"知道"这些道理，然后"做到"，并且在"做到"过程中不断思考，达到"悟到"这个层次。也就是说，对于目标管理、时间管理、学习管理、情绪管理、效能管理、结果管理，不仅要知道这六大自我管理的基本内容，领悟其核心要义，还需要持续实践、不断总结。

目标管理

1. 没有目标就没有未来

在《爱丽丝漫游奇遇记》中，爱丽丝问猫"我应该走什么路？"，猫反问道"你往哪里走？"，爱丽丝说"我也不知道"，那个猫说"你走什么路就无所谓了"。

很多人觉得时间太宝贵了不够用，也有很多人每天都在消磨时间，人为什么会空虚？就是因为没有目标。

城市快速扩张过程中涌现了很多一夜暴富的拆迁户。比如北京的拆迁户，拥有上千万资产的人很多，但是很多人并不幸福，甚至因为财富的大量增加导致很多人更不幸福。原先资产不多的时候，他的幸福指数可能比现在还要高；而财富的骤增，很多人不知道如何合理设定人生目标，不能够合理有效地运用这些钱财。

如果人生没有目标，就像大海上航行的轮船没有方向。

目标是成长的起点、努力的方向、成功的基石，我们需要给自己设定目标。没有目标就没有未来，未来就是由发展目标通往的方向。我们要好好琢磨自己的人生目标是什么、自己的职业目标是什么，想好了目标、找准了目标，才能够去谈实现目标。

有研究发现成功人士有一个特点：他们都是有目标的人。美国某大学做过调研，在大学时代，学生中有的人有一个笼统的目标，有的人有清晰、具体的目标，而有的人完全没有目标。跟踪调查 20 年之后，发现那些处于社会底层的太多是没有目标的人。最成功的是哪些人呢？是那些有清晰、具体目标的人，而那些有目标但是不清晰的人，有一部分成功了，但大多数不是很成功，中间阶层比较多一些。

所以成功的人背后特点是什么？他一定是个有目标的人，因为目标在前方引领方向、目标在内心提供动力。

2. 找准目标的方法

图1—3 目标确定三环模型

（1）**三环模型**：怎么让自己找到合适的、清晰的目标呢？三环模型（图1—3）可以帮助你确定合理目标。首先找自己**喜欢的**，如果这件事你非常不喜欢，一般不要去选择；其次要**擅长做**，就是要找到自己的长处，能够发挥自身的优势；最后是**能够做**，也就是自己的目标因为受到现实客观条件的制约，必须考虑当下是否**有条件做**。比如很多孩子在一些方面有天赋、有才华，但因为不具备相应的条件，很多孩子的天赋被埋没而没法发展。

找到自己喜欢做、擅长做又具备条件去做的事情，基本上这个目标就错不了。前文讲到的"高分诅咒"和职业错配现象，就是因为这些人背离了这种三环模型。

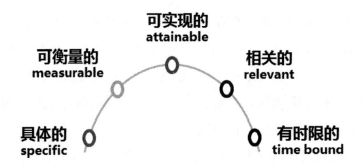

图 1—4 目标检验 SMART 原则

（2）**SMART 原则：** SMART 原则（图 1—4）很流行。比如你给自己定一个目标：要去摘月亮，这个目标显然实现不了。实现不了的目标带来的是空想，随之就是打击和挫败感。不要给自己一个高不可攀的目标，这样的目标不仅不能指引你，而且还会不断地打击你。太简单、太容易实现的也不适合作为自己的目标。什么是合适的目标？摘星星不可以，跳起来摘桃子就可以。**有难度、不那么轻易能够实现的，但是经过努力，找到有效的方法，是可以实现的，就可以设定为自己的目标。**

对成功的企业家来说"一个亿"只是"小目标"，但对你可能就是遥不可及的空想。如果你在做企业，可以先定一个一年挣 10 万元的小目标，下一年给自己定 50 万元、100 万元的目标，也许做到一定程度就可以把"一个亿"当做小目标了。

目标是**阶段性**的，不同阶段需要给自己制定不同的目标。好比你的目的地很遥远，从你现在的出发点到目的地有很长的距离，那么你通过设定近期目标、中期目标、远期目标，一步一步地把它们联结起来。**人生需要连续的正向积累。**当你不能给自己连续正向积累的时候，就会丧失很多发展的机会。

目标可以是不断累积的、进行挑战的，但不要过于笼统，一定要具体。**大家可以现在开始给自己设定一个具体的目标，必须是可衡量的、不笼统的**，比如"我要做一个优秀的人"，那怎么做一个优秀的人？通过什么方法、什么途径、什么措施成为优秀的人？没有途径就很笼统。那就从可衡量、可实现的小目标开始，从读书、锻炼，从培养自己的习惯等小目标开始。

当然，心急吃不了热豆腐，想一下子把自己变成超人是不可能的，所以要积累，从现在开始积累。大家要按照这个方法去给自己设定目标，目标符合阶段发展需求，具有连续性，**也可以根据发展变化不断调整**。

在实践过程中如果发现目标不合适，就应该及时做出调整。这时候需注意不要受到沉没成本的影响，**我们很多人不善于向前看，而是习惯性向后看，向后反思是可以的，但是很多人生活在过去，受制于前期的沉没成本，惋惜而舍不得放弃。**

3. 把骨感的现实变得丰满起来

小目标，首先要和梦想、愿景、未来大的目标充分结合起来。不少人抱怨理想很丰满，现实很骨感。现实在任何时候都是骨感的，**现实就是现实，理想就是理想，抱怨是因为混淆了理想和现实，**即把现实当理想，或者把理想当现实了。我们需要做"理想的现实主义者"，**立足现实，怀揣理想，务实行动。**

理想要立足现实。有的人抱怨自己的人生不好，事实上马云当年也不比你更好。小学读8年、高考考3年，24个人去肯德基找工作，就他一个人没被录用。但是能够怀揣理想、务实行动，不停地去努力，就能够实现自己的发展理想。那些能够**"立足现实，怀揣理想，务实行动"**的人，取得了一个又一个的成功，在奋斗过程中不断地调整着自己的人生高度。

4．用"双能思维"打开成功的序幕

一个人的成功有三个要素。**机遇很重要，比机遇更重要的是什么？能力和态度。个人的能力是最核心的东西，还有一个是人生的态度。因为机遇往往是由能力和态度带来或创造的，或者具备相应的能力和态度才能抓住机遇。可以把成功的人概括为双能的人：有能力的人（能力）、有态度的人（能动）。**

有的人有能力但能动不够，他有能力做好这个工作，就是不想做。很多人工作 30 年，工作经验只有 1 年；有的人工作 1 年，工作经验超过工作 30 年的。能力的弹性巨大，你不断提升自己，你的能力就会不断增长；同时你的态度好、能动性强，机遇就会慢慢增多。

当然，有没有那种能力好、态度好、机遇不好的？有，但很少，假如说被我们摊到了，也没有关系。你能力很强、态度很好，虽然最后没有太大的成就，但人生是丰富的，也是一种成功的人生。

所以，大家要考虑怎样根据目标管理来不断自我提升，同时注意**目标必须聚焦。**那些有成就的人，都是数十年如一日专注做某一件事情的人。**成功的规律是什么？聚焦目标、专注行动。**在聚焦和专注的同时还需要保持**热情和活力，**因为人的意志力是有限的，只有合理有效安排自己的行为，才能够让自己充满激情、保持愉悦。

时间管理

1．用"四象限"法则去搭配你的目标

时间管理是和目标相匹配的，比如你想成为什么样的人，就要把你的时间分配到相应的行动中去；如果天天想着一件事情，时间却分配到另外一个方面，是不可能做好的。

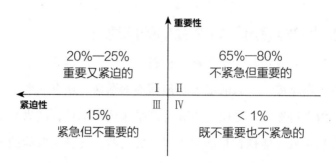

图1—5 时间管理四象限法则

想做什么、想做好什么，就要把时间配置到这方面去。**时间与目标要适应，成功人士共同的一个特点是珍惜时间。不但珍惜时间，时间的利用效率也很高。只有用好自己的时间、珍惜自己的时间，才能够推动自己的目标实现。**

怎么安排自己的时间？常用的方法是时间管理四象限：重要又紧急的、既不重要的也不紧急的、紧急但不重要的、不紧急但重要的。**我们平常做的最多的应该是什么？不紧急但重要的事情。**如果一个领导每天都在应付紧急的事情，绝对不是一个好领导、优秀领导，只要日常把工作做扎实，紧急事情就会减少很多。而有些领导时间管理得好，做事"举重若轻"，就能从容掌控局面，按照自己的意愿去推动局势的发展。

什么事情最重要？健康、个人成长最重要。比如很多人到了医院躺在病床上，才觉得原来健康比什么都重要。原先是削尖脑袋去拼命挣钱，或者削尖脑袋去想爬到某个位置，结果到了以后发现一切都失去了。因为健康是"1"，没有"1"所有的"0"都站不住，身体都不存在了，你所追求的其他东西就都随风而去了。健康就是不紧急但最重要的事情。

什么能带来你的个人成长？制定好合理有效的目标，围绕这个目标去努力、去付出，这才是最重要的。

2. "一万小时"定律和"十年精英"理论

时间管理有两个著名的规律，"一万小时"定律和"十年精英"理论。第一个是"一万小时"定律，做一件事情如果连续投入一万小时，就会在这件事情上做得非常专业。比如你是羽毛球爱好者，如果你能打一万个小时，你的羽毛球水平一定差不了。一万小时是什么概念？按照一天一小时，按一年365天算，共365小时，十年才能打三千多个小时，基本上只有那些专业的运动员才能做到一万小时。所以，**你必须有大量的时间去做，否则要想成为这个领域的精英是绝对不可能的**。这个规律同时也指出，**只要在这个领域连续积累一万小时，想不成功都难**。

第二个是**"十年精英"理论，即做事情要有持续性，不能心猿意马、三心二意**。谈到目标管理时**我们说要有远期目标、中期目标、近期目标**，把近期目标和远期目标连接起来的，就是一万小时和十年时间。没有这些时间，目标就无法连接起来。

菲尔普斯是奥运史上获金牌最多的运动员，但大家知道菲尔普斯是怎么训练的吗？菲尔普斯小时候是一个多动症患者，很小的时候父母就离婚了，但他是一个有天赋的孩子，也很幸运地碰到一位优秀的教练。这些条件不足以能让他如此成功，帮助他成功的最主要因素还是他长期坚持并且科学化的训练。从几岁开始一直到现在，一年365天，菲尔普斯每天下水时间超过6小时。光有优秀的教练、优秀的团队，以及科学的训练，没有他自己数十年如一日的刻苦训练，他所获得的成就是不可想象的。

很多天才其实都很勤奋，就像湖里的鸭子，看着上面没动，其实底下在努力地划着水。不花功夫、不深入地去思考研究，是不可能成功的。当然，天才的确是有，我们要承认天才的存在。但是很多这样的天才不是仅仅因为天赋而成就其伟大，而是通过刻苦的努

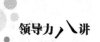

力、持续的坚守并能充分发挥和利用自身的天赋。

学习管理

1. 学习能力是个宝

当年，钱锺书带中国社科院学术访问团到国外去学术交流的时候，参与对话交流的国外学者无不对钱锺书跷大拇指，纷纷自叹弗如。钱锺书赢得敬佩的原因是比这些国外学者还要了解他们国家的相关问题研究，不但知识深厚渊博，还同时掌握多种语言并能自如切换。钱锺书之所以这么杰出，正是因为他几十年如一日持续深入地学习和研究的结果。

家学渊源深厚，自身天纵英才如此的钱锺书都这么的努力，作为普通人的我们就应该更加需要努力。世界上99%的人可以做出来的成就你也可以做得到，但是可能还有0.001%是钱锺书这样的天才，是我们无法企及的高度。天才存在，但绝大多数人都是常人，常人只要找到方法并有效地学习，也能够提升自己、成就自己。

在知识信息时代，**学习能力是最宝贵的能力**。农业时代，读几年书用一辈子完全没有问题；机器时代，读十几年书用一辈子也问题不大；但在信息时代，一年不学习或与外部信息隔离，就会完全落后于时代。

2. 为了气质而学习

有一句诗叫"腹有诗书气自华"。看一个人，40岁以前看容颜，容貌是父母给的，由基因决定。但是40岁以后看气质，你的气质是你自己给的。**读书可以改变气质**，它让你从内到外发生不少变化，而且是不知不觉地改变。有些人看起来面目清秀，但如果没有什么内涵，让人一接触就会觉得很乏味。而有些人初看其貌不扬，但学识渊博、幽默机敏，就让人愿意结交相处，甚至引来不少慕名崇拜者。

读书是为了帮助自己成长，但读书不是为了炫耀。比如有一些人朋友圈里每天发今日读了一本书，这种情况就不是为了真正有效地去提升自己，而是为了让别人看到他在读书，这就违背了读书的本来意义。

要学会学习、拥有学习的意愿、掌握学习的方法，并不断提升自己学习的能力。**学习能力是一个人的动力设置**，就像中国要研制航空发动机，你的学习能力就是你的航空发动机，你今后能飞多高多远，主要就取决于你的学习能力。

情绪管理

1. 管理不好情绪，幸福就是空谈

情绪管理很重要。孔子夸颜回"一箪食，一瓢饮，在陋巷，人不堪其忧，回也不改其乐。贤哉回也！"就是说颜回安贫乐道，别人忍受不了的贫困生活，他却能过得很快乐；而有些人生活条件非常好，却有各种各样的问题。为什么？可能就是情绪管理有问题。**我们的情绪和生活满意度、幸福度高度相关，管理不好情绪，幸福就是空谈。能不能管理好自己的情绪，决定了我们的幸福程度。**

权钱物都有一个边际效益，就是达到一定程度以后，边际收益递减。比如在你没吃饱饭、饿肚子情况下，第一碗饭对你来讲太香了、太好吃了；等你基本吃饱了再吃第二碗饭，就感觉勉强还可以；到第三碗饭、第四碗饭你会是什么感觉？当你经济上很困窘的时候，

第一桶金就十分重要，比如一开始 10 万块钱对你来讲很重要，那时你住地下室，连吃一碗牛肉面都舍不得；但当你的财富达到 100 万元，或满足生存需要已经绰绰有余的时候，再增加这些钱就不会有之前那么强烈的幸福感了。比如马云就说，把企业做这么大，都是在给国家给社会做贡献了，因为他自己并不需要这么多钱。

达到一定层次的物质需求、权力需求之后，人的幸福指数并不一定随之而增加。因为**人的精神在某种程度上比外在的物质、财富、权力更重要**。所以我们要学会了解并管理自己的情绪。

2. 幸福秘诀：管理欲望、提高能力

幸福的秘诀是什么？**是管理自己的欲望。当你的欲望大于能力的时候，你就容易痛苦；比较幸福的状态，是你的能力大于你的欲望**。当你的能力增强的时候，放大欲望是可以的。但现实中恰恰相反：能力越大的人，欲望越小，越容易管理自己的欲望。**欲望是什么？知足，知不足。**"知足"是指外在的、尤其是物质的欲望；"知不足"是指个人的成长、追求更大的事业。有人问"家国情怀"是什么，**家国情怀就是超越了个人利益的追求**。要学会调整自己的欲望。一流的人是什么人？能力大脾气小的人；四流的人是什么人？能力小脾气却很大的人。当然这不是一个完全相关对等的关系，只是一个大致的说法。

效能管理

效能是什么概念？从字面上来讲，首先要有效率，效率要高。效率是投入产出比，比如同样学 1 个小时，你掌握的知识信息比别

人多，那么你的效率就高；同样的生产，别人 1 小时生产 10 件，你 1 小时生产 15 件，你的效率更高。但效率并不是效能，除了效率之外，更主要的是效果。**"效能"就是"高效率实现你想去做的事情"，效率高，效果好，才叫高效能。**

《高效能人士的七个习惯》中提到高效能人士是有共同规律的，选方向一定是正确的，方法一定是适合自己的，最后效果一定是好的，这才能称得上高效能，比效率还高一个层次。也就是说，高效能的人做事**方向要正确，方法要准确，做事效率高，最终结果好。**

结果管理

1. 由量变到质变：积累阶段性成果

结果管理是说，在管理中很多领导交代任务后只看结果、不看过程。就像上山一样，一步一个台阶，走了十个台阶，就提升十个台阶，每个台阶就是一个结果；如果不上台阶、不往上迈，怎么能够提升自己呢？

管理上的"结果主义"，就是只看结果，重在结果。领导交代一个任务，下属需要理清思路，拿出针对性方案实施、完成，最后把结果告诉领导。譬如领导安排下属买票，结果到出发之前，下属告诉领导，昨天半夜我就跑到火车站去排队，但排了一晚队还是没有买到。下属的确很辛苦，但显然没有结果。从领导角度来说，主要是看结果，就是事情办的结果如何。**从管理的角度来讲必须有结果，没有结果就没有发展；**从个人成长角度，要看结果，而且要一个有阶段性的、不断成长的结果。因为只有日积月累的量变，才能逐步积累成长的厚度，且量变到一定阶段后必然会引起质变，带来飞跃和提升。**理想和现实怎么连接起来？就是用"结果"连接**。近期目标的结果实现了，你离远期目标就近了一步。如果说近期目标和远期目标之间没有阶段性的结果把它们一点一点连接起来，那么理想只能还是理想，或者叫空想。

2. 运用正面心理意向培养自信

要有结果，但怎样才能有效地取得好结果呢？**成功的人还有一个特点就是都比较自信**。俞敏洪有一本书叫做《在绝望中寻找希望》，他自己的确也是在绝望之中满怀希望的人，所以才能从一个很低的起点，经过无数磨难挫折，最后成就了事业的辉煌。类似俞敏洪这样的成功故事还有很多，背后的道理告诉我们：**理想什么时候都不能丢，要永远保持正面性的思维，不要停下追逐理想的脚步**。当你觉得自己可以不断去自我超越的时候，你就会努力地去实现这个自我超越。心理学称之为"自我验证理论"。**当你给自己一个正面意向的时候，你就会用很多积极有效的措施去激励自己、支撑自己；当你没有这个正面激励的时候，就可能在绝望中放弃了**。

3. 结果管理也要重视过程

重视结果不代表忽略过程。比如说女排获得冠军后，大家都在谈论女排精神。对于女排比赛来说，结果重要但是过程同样重要。比如说女排打得很烂，但获得了冠军，大家会像现在这样赞扬女排吗？郎平曾经讲过自己以前在日本有一场比赛，因为提前锁定了冠军，大家在比赛中就不是很努力，不但这场球输了还被对手打得场面很难看。虽然球队凭借前期积分获得了冠军，却遭到很多批评。类似这种获得冠军却输了比赛的结果，能总结出来"女排精神"吗？大家之所以推崇女排精神，是因为女排赢得了辉煌的战绩，结果很

领导力修炼：实践与超越

重要，因为结果是证明。但是如果没有一球一球拼命的过程、没有这个劲头、没有这个斗志，大家会认可女排吗？会学习女排精神吗？结果和过程需要辩证地看，结果重要，但绝对不能忽略过程，**没有过程就没有结果**。

如果运动员在一场比赛中，不停地想"我要拿冠军，我要拿冠军"，最后很可能拿不到冠军；但如果他去思考每一个环节、每一个步骤，努力把动作做到极致，最后冠军很可能是他。所以很多比赛过程中，运动员因为想拿冠军负担很重，背着这个包袱往往发挥不好。

重视过程、做好过程，竭尽全力地把每个环节做好，最后结果一般不会差。**过程重要还是结果重要？**成长的过程需要结果，没有结果就没有成长；但是人生需要过程，要学会感受过程、体会过程、享受过程，有的时候过程比结果更重要，有的时候结果比过程更重要，需要辩证地看。

六大自我管理的关系

图1—6 六大自我管理的关系

前面说的这**六大自我管理**（图1—6），首先要有目标，用目标来指引自己的奋斗方向；其次，根据目标分配自己的时间，在日常生活中管理好自己的情绪，通过持续、不断地去学习，使自己成为一个既重视效率又关注效果的高效能人士；最后，实现自己预期的目标，就是得到自己想要的结果。这个始于目标，经过努力，最终获得结果的全过程，就是有效实施六大自我管理的过程，也是六大自我管理相互协作、支持互动的过程。这六大自我管理非常关键，做好了你肯定可以不断地超越自己。**六大自我管理，目标管理、时间管理、学习管理、情绪管理、效能管理、结果管理**，原理很简单但做到很难，尤其是每天都做到，坚持不断深入地去做、做到一定程度，就比较难。而人和人的差距就在于能否持续、持久地去做这些看似简单但其实不易的努力。

小 结

● 对于目标管理、时间管理、学习管理、情绪管理、效能管理、结果管理，不仅要知道这六大自我管理的基本内容，领悟其核心要义，还需要持续实践、不断总结。

※ 目标管理

● 用三环模型、SMART原则找准目标；需要做"理想的现实主义者"，立足现实，怀揣理想，务实行动；成功三要素，机遇、能力、态度。

※ 时间管理

● 时间与目标要适应；时间管理四象限，重要又紧急的、既不重要的也不紧急的、紧急但不重要的、不紧急但重要的；一万小时定律和十年精英理论。

※ 学习管理

● 在知识信息时代，学习能力是最宝贵的能力；读书可以改变气质，它让你从内到外发生不少变化，而且是不知不觉的改变。

※ 情绪管理

● 能不能管理好自己的情绪，决定了我们的幸福程度；比较幸福的状态，是你的能力大于你的欲望。

※ 效能管理

● "效能"就是"高效率实现你想去做的事情"，效率高，效果好，才叫高效能。

※ 结果管理

● 管理上的"结果主义"，就是只看结果，重在结果；成功的人还有一个特点是都比较自信；结果和过程需要辩证地看，结果重要，但绝对不能忽略过程，没有过程就没有结果。

● 这个始于目标，经过努力，最终获得结果的全过程，就是有效实施六大自我管理的过程，也是六大自我管理相互协作、支持互动的过程。

五、开启领导力的系统修炼模式

领导力导向的MPA培养参与体系

1. 领导力课程体系

课程体系学习是领导力提升的载体和基础。领导力修炼不仅是领导力的专题讲座，掌握这些方法还需要一个全方位的培养参与体系。首先是**课程体系**，由社科院在政治学、管理学等相关领域的顶级学者来讲授；其次是**讲座系列**，学术前沿讲座、社会实践导师带来的实践分享讲座，以及校友返校做的经验分享交流；还有**领导力的实训和督导系列**，由教学管理老师来带领大家进行领导力练习的实训课程，由领导力督导员督导每个人的领导力成长情况。

2. 领导力学员参与体系

领导力提升档案。每个人都要给自己做规划、认清自己需要提升哪些方面的能力、设计怎样去做的具体办法、措施，采取具体的行动去提升自己的领导力。

课前演讲。上课前大家轮流站上讲台，用五分钟的时间讲一个主题，**给大家介绍一些宝贵的信息、重要的经验**。当你在课堂上能够很自如地面对几十位同学演讲的时候，相信你回到工作岗位也能做好每一次的讲话。日常工作中没有太多练习的机会，通过这样系统的训练，能够帮助大家掌握演讲技能，提升思想水平，成为优秀的演讲者。

读书分享。组成**学习小组**，互相激励、互相监督，一起来学习，互相分享一些好的图书，传递正能量，给大家一些积极的帮助。阅读和演讲都是非常好的领导力训练方法。

3. 全过程、全方位、全天候训练提升领导力

领导力是全方位的训练，不仅是领导力的讲座是领导力，而且包括班级各种活动在内的所有训练都着眼于领导力。**全过程**，从入学第一天开始，所有的环节全过程渗透领导力思维，以领导力训练和提升为主线；**全方位**，不仅课堂学习围绕领导力，课前演讲、读书分享、学习小组、课后作业也都围绕领导力训练展开；**全天候**，着眼于学习领导力和工作实践的有机结合，学习的这段时间要系统地学习理论方法，回到工作岗位后要进行更多、更好的实践，同时深化拓展阅读更多的书籍。**全过程、全方位、全天候去思考和实践提高自己的领导力**。

以个人领导力为基础的持续修炼

1. 开启自我修炼之旅

以个人领导力为基础开始持续的训练，严格按照教学管理的要求和部署去做，用好领导力提升档案、开始实施六个自我管理、参与系列活动，全面启动、深入推进领导力的修炼。

2. 读书方法

提升自我领导力，读书是很重要的途径，书要怎样读才会更有效果？

书可读三类：**第一，工作、成长需要的书；第二，对发展目标有益处的书；第三，陶冶情操的书**。

怎么去辨别阅读这三类书呢？可以采用"三观"的方法去辨别阅读。有些书可以泛泛、笼统地看一看，这叫**"宏观"**，只看大概

面貌；如果一本书泛览之后不需要从头到尾系统地读，但是又对其中部分章节比较有兴趣，那就可以选读其中的部分章节，这叫**"中观"**；如果对一本书特别有兴趣，不但要从头读到尾，还想对书中细节进行深入具体的研读，这叫**"微观"**。平常读书，尤其是到图书馆去查资料的时候，可以"三观"结合，根据自己的需要去选择最适合自己的书籍以及对自己最有帮助的部分。

图1—7　"三观""三读""三记"读书法

读书要循序渐进，要符合自己的发展需求，不要盲目读书，也不要跨越自己的发展阶段去读书。比如大约20年前我读研究生的时候，看到别人推荐的学术前沿感觉特别牛，就用大量时间追着前沿看，结果一半东西看不懂，浪费了很多时间。不是说不应该接触前沿，更合理的安排应该是在最应该打基础的时候，把主要的时间用来夯实基础，用少量的时间接触前沿。这样更符合自身实际，效果也会更好。所以不要看到其他人说什么书好，就认为这些书同样适合自己。有些书本身是好的，但如果不是特别适合现在的你，或者你现在的能力消化不了，对你来讲它就不是特别好。如果读的书特别适合你并能有效消化，那就一个阶段、一个台阶地去读，就可以有效提升。不要觉得对别人好的就是对你好的；也不是说去年对你好的今年也对你好，你也在发生变化，所以读书首先要有"三观"。

还有"三读"，和"三观"有点相似。在读书的时候首先**泛读**，看看介绍、看看作者，大致翻翻、泛读一下；然后可以**跳读**，就是按自己现在的需求来读书；还有一些书要记录，有些部分、章节要记录，对自己特别有帮助的或特别感兴趣的，要深入系统的**精读**。**这就是读书的"三读"，泛读、跳读和精读。**不要每一本书都是泛读，永远泛读就永远浮在表面上，很难深入下去。要想有专业的深度，必须有大量的精读。

除"三观"和"三读"外，读书还需"三记"。首先是做标记，**做标记**是什么呢？就是在读书时随手在书上用各种符号标示。我喜欢买纸质书不喜欢看电子书，也不喜欢借图书馆的书，这样做的一个好处就是可以在上面做标记。一本书做好标记之后，过一段时间回头看，就不需再从头到尾那样看，可以只看做过标记的部分，标记的部分是自己感兴趣的或者对下一步思考有帮助的。第二是**做笔记**，这是一个长期、连续的积累，当你积累了几十本笔记的时候，还可以经常回头再去看，因为记下的基本都是精华部分，这个时候就会对你的帮助比较大。第三是**做题记**，读书时把你的感想、想法可以随手记在书上，用这种方法可以让你读书的效率比较高，可以慢慢积累。

很多成功的人是很聪明的人，更是能持久努力的人。如果聪明的人又很勤奋，成功的概率会很高。而如果勤奋读书，能让自己更聪明，成功的可能性显然会更大。一个好的习惯需要66天形成，可以坚持66天让自己养成读书的习惯，养成读好书、长期读书的习惯。当你遇到痛苦、不顺的时候，书里有很多人可以给你支招、给你安慰、给你帮助、教你方法。

要学会走进书里，但**不要待在书里**。管理工作是实践，需要干出效果、带好团队。要学会**进入书中，要把书的精华、有益的东西**

汲取、吸收，成为自己的营养，成为自己前进的基石。然后要**跳出书外，要有批判的眼光、超越的眼光**。比如我给大家提炼的六大自我管理，是在大量阅读和多年教学培训实践的基础上，经过理论研究、案例分析、实证检验慢慢总结、概括、提炼出来的。随着想法越来越多，慢慢就能形成一个体系，并且越来越深入。

中国的公共管理是世界上范围最广、最深刻的实践活动。但是现在的公共管理学术界还是停留在西方的理论体系、话语框架里面。我们的计划，是要大家一起参与进来，成为整个领导力体系建设的一部分，今后领导力修炼系列的生产、整个公共管理学科的发展、设计的规划，都会让大家参与进来。

3. "五定"定人生

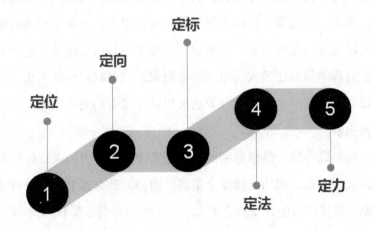

图1—8 "五定"定人生

第一**定位**，定位就是找出自身优势。**找准定位很关键，你要发挥自己的优势、利用自己的优势，成功要靠发挥和利用优势。**大家都知道短板理论，当某项基本技能缺失的时候需要运用短板理论补齐不足。当你达到一定水准，就要开始发挥出自己的特长，运用金刚钻理论，找到优势领域，深入钻研下去才能成功。所有成功的人都是找到自己的优势，发挥自己的优势，持续精进。找准定位，人生道路会越走越宽，**定位确定人生宽度**。

第二**定向，定向就是要找准发展方向**。一个优秀的领导，首先是给这个组织找对发展的方向。这个方向感很重要，找准定向，人生就可以连续正向积累，**定向确定人生厚度**。

第三**定标**，定标就是合理设定发展目标。个人需要设定合理的发展目标，用目标引领人生发展。找准目标，人生就可以不断攀升新的高峰，**定标确定人生高度**。

第四**定法**，定法就是找到最适合自己的方法。方法**没有最好的，只有最合适的**。找到适合自己的方法，事半功倍；方法不对，事倍功半。找准定法，人生就可以高效率地成长发展，**定法确定成长的速度**。

第五**定力，定力就是持续坚持**。伟大是熬出来的。"熬"有两方面理解，做不喜欢、很难受的事是熬，做你喜欢、擅长的事，同样需要时间的积累和积淀。为什么说体育会给人很大帮助？国外像剑桥、牛津这样的一流学校除了重视学习能力的培养，还重视体能的培养。因为体育能够带来耐力，对精神的锻炼非常好，所以大家一定要有定力。**个人发展是耐力的比拼**，定力需要坚守，**定力确定人生的长度**。

修炼永远在路上，只要开始，永远不晚；只要尝试，就有收获；只要活着，永不停步。我们期待大家发生人生蜕变，什么叫蜕变？不是发生一点点的变化，是发生一个凤凰涅槃式的变化。当你毕业的时候让你的家人、同事都觉得眼前一亮，感觉这个人不一样了。从我们十几年的教学经验上来讲，完全可以做得到。我们有些同学真的发生了巨大的变化，从个人外在的精神面貌到内在的力量、能量、心态，都发生了巨大的变化。有的同学在学完以后回去给领导、给同事讲，带动一个团队来做，做得非常好。**我们经过十几年的摸索、总结，找到了领导力修炼的实践规律和成功经验，只要认真实践，并且持续修炼，肯定能不断提升自身的领导力，实现自我超越。**

小 结

※ 领导力导向的 MPA 培养参与体系

● 全过程、全方位、全天候训练提升领导力。

※ 以个人领导力为基础的持续修炼

● 读书需要掌握方法，包括"三观"：宏观、中观、微观；"三读"：精读、泛读、跳读；"三记"：标记、笔记、题记。

● 人生需要"五定"：定位、定向、定标、定法、定力。

第二讲 领导者的资质

·高文书·

● 你想成为领导者吗?

● **你知道领导者应该具有怎样的素质吗?**

● 杰出领导者总结出的关键词,对我们普通人有用吗?

● **素质论,特质论,哪个更有道理?**

● 简单的十句话,说对了就可能成为一个优秀的领导者,

是真的吗?

● 翻开领导者的要义,读下去,你有望成为高段位的领

导者。

内容概要 Content Summary

居高位者，以知人晓事二者为职。

——曾国藩

一、领导者是谁？

领导者：多学科的视角

提高领导力，需要掌握一定的领导理论，因为理论决定了我们能看到什么。举例来说，如果我们没有一些医学理论知识，即使发现自己的体温已经达到了 39 摄氏度，也可能茫然而无动于衷，因为我们不知道它蕴含的危险性；而有了理论的指导，就能判断出我们的身体出比较大的问题了。这就是说，理论能够起到指导的作用，有了理论我们就有了判断的依据。因此，我们有必要探讨下领导理论。

1. 心理学家：领导者追求个人重要性

心理学认为，人都是有内在追求的。这个追求是什么呢？不同的人有不同的回答。有的人说，人们追求的是财富，财富越多越好。确实，财富是很多人所追求的，但似乎又不是人们根本的追求。有的人说，人们追求的是权力，期望影响他人。又有人说，人们追求的是声望，希望自己留下美好的名声……这些都是有代表性的观点，也都有其道理。不管是追求财富，追求权力，还是追求声望，归结为一点，可以理解为人在心理上是追求重要性的。正如曾任美国心理学会主席的心理学家威廉·詹姆斯所指出的那样，人类有这样一种天生的倾向，即希望被同伴注意，希望获得赞同。也就是说，人内在的一种需求就是追求重要性：在某个领域、某个集体当中，我是重要的。**成为一个重要的人，是人内在的心理需求。**我们研究领导者，提升领导力，也是为了满足我们本身的内在需求，即成为一个重要的人。

2. 政治学家：领袖是使者、劝导者

政治学家对领导者有另外一些看法。例如，意大利政治思想家尼可罗·马基雅弗利在他的代表作《君主论》中，认为**领袖是权力的使者，是那些能够利用技巧和手段达到自己目标的人。**他强调领导是手段和技巧，或者是谋略，领导者就是懂得和运用谋略的人。美国政治学家詹姆斯·伯恩斯认为，**领导者是劝导追随者，为实现某些目标而奋斗，这些目标是符合大家的共同价值观和共同利益的。**也就是说，伯恩斯认为领导者是劝导追随者来一起实现目标的人。拥有追随者，劝导追随者共同进取，这是政治学家眼中的领导。

3. 社会学家：领导者就是有魅力的人

马克斯·韦伯认为领导是具有某种精神力量和个人特征，能够对许多人施加影响的人。可见，马克斯·韦伯强调的是魅力，有魅力的人是领导者，他能够对别人施加影响。我们看到，政治学家和社会学家认为，领导者要么懂谋略，要么有追随者，要么有魅力。在他们的这些定义当中，其实已经隐含着领导者应该具备一些资质，只不过没有明确列举，但是他们已经强调了——领导者要么有谋略，要么有魅力，要么有追随者等。

4. 管理学家：职能、决策、仁爱都是领导者的标签

管理学大师彼得·德鲁克认为，领导者就是**能够完成管理职能的人**。也就是说，在一个组织、部门或者团队中，能够执行计划、组织、指挥、协调和控制等管理职能的人，就是领导者。领导力大师**约翰·科特**认为，领导者是**带领人们朝正确方向发展的人**。他强调领导者要能正确决策，把握正确的方向。

被誉为日本"经营四圣"之一的稻盛和夫，总结自身几十年的经营管理和领导实践，**认为真正的领导者应当是以爱为根基的、反映民意的"独裁者"**。也就是说，领导者不可能听从每个人的意见，因为众口难调；但是为了大家的利益，本着爱大家的这种出发点，领导者有时候需要采取一些独断的方式来做事。

领导者素质论：领导者的公约数

不同的人对领导者素质有不同的见解。有人认为，领导者要能够很好地管理自己，能够自我思考，这些都是领导者必备的特点。有人认为，领导者要具有明确的目标，并且为达到目标做出一定的承诺。又有人认为，必须诚实、有勇气、值得信赖，这样才能成为领导者。但是，领导者总有一些共同的特点，比如说比较聪明、能够合作、经得起挫折等。有了这些特点，一个人不一定能够成为领导者；但是要想成为领导者，则必须具备这些特点。这些特点，就是领导者的素质。

不管是心理学家、政治学家、社会学家，还是管理学家，他们在定义领导者的时候，都有一些相同或类似的关键要素。这些关键要素，形成了我们所说的领导者素质，也就是领导者应该具备的基

本条件。成功领导者的共同特点，就是他们的"公约数"。如果我们能够把这些共同点归纳总结出来，然后努力去学习、应用和提升，那我们也可以成为领导者，甚至成为杰出的领导者。

这就是领导者素质理论的涵义，其核心就是找出领导者一些共有的特点，给我们以理论上的指导。

领导者特质论：领导者的核心竞争力

现实的情况是，领导者并不是人人都能当的。有些人天生就是领导，有的人注定做不了领导，这就是领导特质。**领导特质论**早期被称作**伟人论**，也就是说，要成为伟人就必须具备某些特点，但后来领导特质论逐渐淡化了伟人观念，认为只要在某个领域做得杰出，都可以称为是成功的领导者。

1. 七条件论：个子高的人当领导

有一种领导特质论叫**七条件论**，由心理学家吉伯（C.A.Gibb）于1954年提出，认为领导者应该具备七个条件，即善言、英俊潇洒、智力过人、具有自信心、心理健康、有支配他人的倾向、外向而敏感。

第一，善言。 也就是说领导者要善于表达，能使别人心悦诚服地跟随着干。吉伯把善言这种影响他人的能力放在第一位。因为如果你的表达能力不强，那肯定没别人来追随你。

第二，英俊潇洒。 也就是说领导者在形象上要比较好。综观世界各国的领导者，尤其是民众投票选举出的领导者，往往都比较英俊潇洒，比如身高通常都比普通人要高些。有人研究过美国的历届总统，发现身高在总统竞选当中起到了非常大的作用，往往是身高高的候选人胜选。我们对中国城市劳动者的工资与身高的关系进行过实证研究，结果发现，在其他条件相同的情况下，身高每增加一厘米，工资会提高 2% 左右；同样，容貌好的人往往工资更高，职位晋升更快。这些结论不仅在中国成立，在世界上其他国家或地区也都是这样。

第三，**智力过人**。领导者要聪明，反应快。

第四，**具有自信心**。比较自信，有领导魅力。

第五，**心理健康**。光有健康的身体并不足以保证作为一个合格的领导者，领导者还必须有健康的心理状态。

第六，**有支配他人的倾向**。有控制力，有支配他人的欲望。

第七，**外向而敏感**。易于与他人相处，对人际关系和环境变化比较敏感。

当然，吉伯的"七条件论"只是一家之言，比如说现实中有的领导者可能并不一定英俊潇洒却成功了，所以此理论仅资参考。

2. 五特质论：你得是打不死的小强

巴纳德（Chester I. Barnard）提出了领导者五特质论。他提出了五点：一是**活力和耐力**，也就是领导者得比较积极主动，同时又能坚持，具有常性。二是**说服力**，领导者能够劝导别人，其实也就是善言。三是**决策力**，能够果断地决定做正确的事。这点可能不容易做到，我们很多人可能都是优柔寡断的，只有少数人有这种特质，特别果断，特别有决策力。四是**责任心**，对别人、对组织负责。五是**智力和能力**，这一点和吉伯的第三个条件即智力过人，基本上是一样的，都强调智力对领导者的重要性。所以我们看到，领导者的"五特质论"和"七条件论"是不一样的，但是它们之间又有共同或类似的部分，比如说智力、善言、说服等要素都是相同或类似的。

3. 先天特性论：天才气死人

还有一个著名的领导特质理论叫"先天特性论"，由**斯托格蒂尔（R. Stogdill）**提出。他认为领导者应具有 16 种先天特性：有良心；可靠；勇敢；责任心强；有胆略；力求革新进步；直率；自律；有理想；有良好的人际关系；风度优雅；愉快；身体强壮；智力过人；有组织能力；有判断力。当一个人出生的时候，他是否具有这些特点就决定了他能否成为一个优秀的领导者。

4. 现代特性理论：人人都有可能成为领导者

现代特性理论认为，领导者的特性和品质并非全是与生俱来的，而可以在领导实践中形成，也可以通过训练和培养的方式予以造就。例如，美国普林斯顿大学教授**鲍莫尔（William J. Baumol）**针对美国企业界的实际情况，提出了企业领导者应具备的十项条件：合作精神；决策能力；组织能力；精于授权；善于应变；勇于负责；勇于求新；敢担风险；尊重他人；品德超人。

领导者的四个层次：金银铜铁的差异

金牌领导者，员工感觉不到他的存在，但组织却在高效运转，可谓大道无形，就像道家说的"无为而治"的那种状态。虽然"无为"，却达到了"治"的结果。

银牌领导者，受到员工的敬爱和佩服，但私下的批评却不少，这是第二流的领导者。

铜牌领导者，使人畏惧且害怕，员工见到他都发抖，那么这样的领导者是典型的一种控制型领导者，长远来看是没有绩效的。充

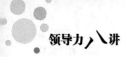

其量只能是三流的领导，自认为高高在上，实际上员工已经把他抛弃了。

废铁领导者，即使拥有权力却被人唾弃。做一些被别人看不起的事情，虽然有职位，有权势，但是被大家从内心里看不起。

理性和判断力是作为一个领导者的基本素质。

——泰西塔斯

二、领导者素质

我们现在来看看领导者到底应该具备什么样的素质，这是对领导力培养的一种理论指导。我们很多人现在就是领导者，将来还有可能成为更高层级的领导者，因此，一定要妥善安排自己的时间，规划自己的职业生涯，尽快地积累相关的素质。因为在较低的领导层级上，我们可以胜任目前的工作，但一旦晋升到一定层级以后，可能就达不到那种职位所提出的要求，这就要求我们必须尽早储备相关能力素质。

马云的领导者素质

马云是一位大家耳熟能详的杰出企业家和商业领导者。从马云的身上可以看到，一个领导者应该具备什么样的素质，一个卓越的领导者应该具备什么样的特质。马云的成长经历表明，作为一个商业领导者应该具备一定的资质，领导者地位不是轻而易举就能得到的，是需要不断地积累、奋斗和提升才能取得的。

我们要是熟悉或者看过相关报道的话，就会知道马云创建阿里巴巴是有一定的智力和知识基础的。如果他不是一个大学英语老师，他可能就没有机会在 1995 年带着一个团到美国去交流访问。当时他见识了美国互联网的神奇，但他对网络并不通晓，就在网络上尝试随意搜索一些词。据说他输入了"啤酒"两个字，结果搜到了德国的啤酒、比利时的啤酒等，但是就没有中国的啤酒。这意味着什么？那就是互联网、网络在中国还是空白。以他的这种智力水平，受过比较好的教育，又是英语翻译，所以他就有机会接触到这些东西。所以说智力，或者说具备一定的学识，是成为领导者的基础。马云还带领了一个团队——所谓的"十八罗汉"，一直跟随他创业多年。这一点也体现了作为一个领导者，马云具有很好的情商，这也是领导者的素质。

五商模型：智、情、逆、财、健，一个都不能少

大家公认的领导者的素质是什么？我们可以将其归结为五个方面，叫"五种商数"，很好记。那么也就是说，领导者素质有五个方面，不仅仅是一个方面，这五个方面是：

1. 智商

我们没有发现哪个领导者智商比较低，除非在封建王朝。封建王朝的领导者如果智商低的话，可能也就被废掉了。所以，成为领导者的首要一个条件，就是要足够聪明。所谓智商，就是通过一系列标准测试测量人在其年龄段的认知能力，即智力的得分。智商表现为多个方面，如观察力、记忆力、想象力、创造力、分析判断能力、思维能力、应变能力、推理能力等。智商主要是跟遗传有关，也受到幼年时期营养状况等的影响。在智商的形成当中，有一个所谓的

"一千天原则"，即人类从胚胎形成到出生、成长的最初 3 年对智商的形成异常重要，如果这个阶段智力发育得比较好，那么成年后的智商就会比较高。

记忆力是智商的重要组成部分。如果你是一个领导者，刚跟别人握完手就忘了人家叫什么名字，那你就不能够成为一个有效的领导者。记忆力，记住别人的名字，是领导者的另一个重要能力。

2. 情商

有一本畅销书书名叫《情商：为什么情商比智商更重要》，作者是丹尼尔·戈尔曼。自该书出版十几年来，"情商"这一术语已成为人们的日常用语。作者利用大脑与行为科学的突破性研究，说明了普通智商的人表现出色的影响因素。这些因素包括自我意识、自律和同理心，它们不是天生固有的，却能为我们提高智力另辟蹊径。情绪智力成形于我们的童年时期，但可在成年时期得到培育和加强——这对我们的健康、人际关系以及工作将会产生直接益处。有的人能轻松地跟别人打成一片，有的人却只能独来独往，这就是典型的情商的差异。

情商包括这样几个内容：**认识自己情绪的能力**，比如说自己要发怒了，这时候要能意识到自己在发怒，这就是情商；**控制自己情绪的能力**，发怒的时候想拍桌子就拍桌子，这是情商低，要是能够有效地控制自己的情绪，然后化解这种压力，那么这样的话情商就高；**自我激励的能力**，遇到逆境的时候，要能够很好地宽慰自己；**控制冲动的能力**，以及**识别别人情绪的能力**，听众们都已经昏昏欲睡了，演讲者还在滔滔不绝地长篇大论，这就是情商低。情商在现代社会中变得更加重要了。2013 年 5 月 14 日，习近平总书记在天津和高校毕业生、失业人员等座谈时，问村官杨代显："情商重要还是智商重要？"杨代显回答："都重要"。习近平说，做实际工作情商很重要，更多需要的是做群众工作和解决问题能力，也就是适应社会能力。①

3. 逆商

逆商是指人们面对逆境时的反应方式，即面对挫折、摆脱困境和超越困境的能力。通俗地讲，就是遇到挫折以后能不能很快地爬起来，并从中吸取教训。逆商可以说是领导者的第三个素质。领导者要能够经受打击，或者说抗击打能力要比较强。苦难有时候是人生最好的教育，经过苦难以后，我们才能够对人生有更深刻的认识。古往今来，没有哪一个成功的领导者，在成长过程中没有遭遇过挫折。在生活上、工作上和事业发展中，经历一定的挫折，又能够从挫折中反省和升华，这样的过程对领导者的成长是非常重要的，甚至可以说是必不可少的。

4. 财商

财商是指个人、集体认识、创造和管理财富的能力。财商包括两方面的能力：一是创造财富及认识财富倍增规律的能力；二是驾驭财富及应用财富的能力。财商是通过精神世界与商业悟性的培养、熏陶和历练出来的。财商是实现成功人生的关键因素之一。在人的一生中，财商、智商、情商形成的最佳时间段是青少年阶段。

财商是谋划财富的神奇杠杆，能够使人们尽早实现所谓的财务自由。如果不能够有很好的财商，领导者怎么能够避免油盐柴米的

---

① 《习近平问情商智商　称做工作情商很重要》，中国新闻网，http://news.ifeng.com/mainland/detail_2013_05/14/25286889_0.shtml，2013 年 5 月 14 日。

纷扰而专注于事业发展呢？怎么能够让团队成员获得比较好的生活保障和有效的物质激励呢？所以，作为领导者，一定得有财商。

5. 健商

健商是指一个人已具备和应具备的健康意识、健康知识和健康能力，这三个方面缺一不可。健商理论认为，一个人的情感、心理状态以及生存环境和生活方式，都可以对他的健康产生直接影响。因此，健商不仅是把健康定义为没有患病，而是更广义地指一个人的良好状态。直白一点儿说，健商就是要求你要健康，这样才能够经得起高强度的工作。如果说你的身体表现不是很好，又没有非常好的健康知识，那你的健商就比较低，就难以保障在未来能够成为更有效的领导者。

以上就是所谓的领导者的"五商模型"，也就是说领导者要具备五种方面的商数。作为领导者，首先必须具备这些基础条件，即智商、情商、逆商、财商和健商。

善于发现人才，团结人才，使用人才，是领导者成熟的主要标志之一。

——邓小平

三、领导者特质

领导者特质可以认为是所谓的"伟人论"，或者说是成功领导者必须具备的素质。刚才我们说的是，要作为一般的领导者，你一定要具备五个商数，也就是智商、情商、逆商、财商和健商。那五个商数都达到一定水平后，是不是就能够成为一个卓有成效的领导者呢？还不一定，还需要做到一些特殊的方面，这些特殊的方面就是所谓的领导者特质。

马文·鲍尔的领导者14种特质论

在领导特质方面，最著名的论者之一是马文·鲍尔（Marvin Bower），他是麦肯锡咨询公司的创始人，现代欧美企业经营哲学的领导者。马文·鲍尔在其名著《领导的意志》（英文版书名：*The Will to Lead*。中文版书名：麦肯锡本色）一书中提出，卓有成效的领导者要具备 14 个标准。我们择其要者说明如下：**值得信赖**，你要成为卓有成效的领导者，第一个要求就是要值得信赖，大家都认可你，愿意跟着你干；**公正**，办事要公正，分配要合理，不是把所有的功劳都装到自己的口袋里；**举止谦逊**，别人愿意跟你交流合作，如果你总是一种盛气凌人的架式，那你就没有追随者；**善于倾听**，要想追求沟通效果，一定是多听少讲；**心胸宽阔**，领导者要包容，所谓"宰相肚里能撑船"；**对人敏锐**，能够看到成员和下属到底追求的是什么；**对形势敏锐**，对人、对社会有敏感性，对整个大的格局有比较好的把握；**进取**，不甘于小富即安，领导者要做一些大事情，要永远保持一种进取的心态；**判断力**，能够果断地在短时期内做出重大决断；**宽宏大量**，就是要有一种宽阔的胸怀，在为人处世中留有余地；**激励人的能力**，能够使团队热血沸腾，勇往直前，这就是激励人的能力。

你是一位包容的领导者吗？

马文·鲍尔提出了领导者特质的 14 条标准，这么多条标准似乎太难记住了。我们可以从中汲取和借鉴，提出一些更核心、更深层次的一些特质。个人认为，可以归结为以下四个方面：

1. 包容

领导者的特质之一，应该是包容。正如俗话说的，"你能容多少人，才能领导多少人"。你能包容三个人，你就可以是三个人的小组长；你能包容班级里的所有人，你才可以成为班长。包容力是领导者的最核心的能力。如果不能包容的话，就跟别人处不好关系，就处理不好自己的心情，就拿捏不准决策的目标，所以领导者一定要有包容性，正如所谓的"容人，容己，容天下"！在领导工作当中，很多时候我们有非常多的烦恼。为什么有烦恼？很多时候其实是我们包容不够，对别人的宽容不够。所以，领导者的第一个挑战就是能不能解决包容性的问题。

2. 敏锐

作为领导者，应该对人、对事感觉灵敏、眼光锐利、反应迅捷。到一个地方去，非常敏锐地发现了一个市场空白，这就是对社会、对市场的敏锐性。具有敏锐性，才能够发现最新的变化，才能够做好应对。跟别人打交道，在短时间内就能够把握对方的根本诉求，而不被表面的现象所蒙蔽。只有敏锐，才能把难事解决于萌芽，做到未雨绸缪，从容应对。敏锐是果断决策的一个基础，领导者不敏锐，怎么能够果断决策呢？敏锐从何而来？是通过学习积累和实践磨炼造就的。知识就是力量，知识使人敏锐。如果缺少必要的知识储备，对一些事情，尤其是比较复杂的事情就看不清、摸不透，大事到来时就会不知所措。在实践中要多察、多看、多想，时刻注意周围的新情况、新问题、新经验，为提高敏锐性打下坚实的根基。例如，普通人看一个人和优秀领导者看一个人，可能会有截然不同的判断，后者往往看得更深刻。为什么呢？那是因为领导看过的人多，经历得多。所以，保持敏锐性需要多历练。

3. 执着

执着是对某一事物或某一信念具有极强的渴望，为达目的永不放弃。一个人很有能力，很能干，但不一定能成为一个领导者。用神话故事来打个比方，在唐僧师徒的团队中，在去西天取经的整个过程里，并不是最有本领的人当领导。孙悟空武功高强，履历辉煌，还做过齐天大圣，但是他为什么不能够当一个领导者呢？那是因为领导者还有一个基本的特质，就是执着。

要成为一个卓有成效的领导者，一定得执着。执着就是在某个领域坚持下去。比如唐僧，他虽然没有功夫，但是他为什么能领导这个团队走向成功呢？就是因为执着。在我们的工作中、生活中，充满着各种诱惑，有金钱的诱惑、权力的诱惑等。如果没有坚强的意志力，不够执着，看这个也好、那个也好，最后可能什么都没有做成。执着的涵义是如果要成为一个成功的领导者，那么必须要执着。如果没有坚强的意志力，可能只能够取得小成功；而如果有坚强的意志力，就可以取得大成功。就执着这一点来说，可能很多人做不到，这也是为什么他们没有成为成功领导者的一个原因。

4. 合作

领导者的特质是合作，而不是"窝里斗"。领导者要富有团队精神。我们都知道楚汉相争的故事：两千多年前楚汉相争，项羽勇猛无比，力能拔山，但最后得天下的不是项羽，而是刘邦。为什么呢？从领导者的能力来讲，项羽武功盖世，受过良好的教育，名门出身，各项素质应该说都要优于刘邦，但是他却失败了，为什么呢？因为刘邦网罗了很多人才——有韩信、张良、萧何、樊哙、夏侯婴、周勃和陈平，这些都是历史上赫赫有名的人物；而项羽生性多疑，不能任人唯贤，连一个范曾都留不了，最后落得个兵败身亡的结局。所以，刘邦的胜利是一个团队对一个人的胜利。我们用这个例子想说明的是，领导者需要合作，而不是单打独斗。作为成功的领导者，必须具备一种团队合作精神。团队合作精神的要义在于，一个人不可能完美，但团队可以。

案例分析：小王提拔了，我该怎么办？

下面是《商业评论》杂志 2012 年第 10 期提供的一个案例，非常有意思，对我们有一定的借鉴意义。案例的大概内容如下：

案例

我在一家国企工作，因为领导的重视，我被委以业务处处长的重任，是很核心的位置，应该说是一个领导者。

经过我的面试，我处招了两位男士，小王和小张。小张比较老实、木讷，但踏实；小王聪明外向，但小气，总之各有优缺点。这两个新人我都给了他们一些施展才华的机会，但是小张有点儿老实，总经理不太满意；小王比较机灵，总经理还比较看好。

一年后，上级派来一位副总担任我们企业的"二把手"，这位副总带来了新的业务，想在我处找一个人配合。我就让这个机灵的小王去配合他，结果小王跟这位副总关系搞得很好。

当我正在规划我处的发展，也是规划小王和小张未来的职业成长的时候，突然接到人事部的通知，决定晋升小王为业务处副处长，做我的副手。其实这个小王由于人太机灵，我有点儿不放心，因此我更希望提拔的是小张。

那么遇到这种情况，怎么办？后来总经理向我透露，提拔小王是那位新来的副总的意思。显然，初来乍到的副总想在关键部门培养自己的势力。

对于这项人事任命我非常抵触，有三个原因：第一，这项任命没征求我的意见，既然给我配副手，那就应该事前跟我沟通。第二，从业绩上来讲，小张比小王干得更好，为什么不提拔小张？第三，副总对小王的支持使小王对我形成威胁，尤其是一旦总经理离职或退休，小王在副总的支持下，会对我构成比较大的威胁。

这种情况下我该怎么做？

这是一个实际的例子，可能也是我们现在或将来可能会遇到的问题，怎么办呢？

其实我们应该抱着一个信念：你要成为的是一个成功的领导者，除了你比较能干以外，还要具备我们刚才说的那些特质。

这位处长其实自身存在很大的问题：我们在职场中一定要认识到，能干的人是挡不住的！你要挡住他干什么呢？一是你不应该挡；二是能干的人你也挡不住。

这位处长如果对照刚才我们所说的领导者的素质和领导者的特质来看，他能够当上处长，被委以重任，那他的智商、财商、逆商应该是很不错的，但是他却犯了以下三个致命的错误：

第一，领导者特质中的"包容性"，他有没有？能包容小张，才能当小张的领导。他现在连小王都容不了了，那这个处长还怎么干？所以，他没有具备包容性这个特质。

第二，再看"合作性"。这位处长的合作性很一般，动不动脑子里就是"威胁"等这些负面字眼，老是想着一些阴暗的方面。新的副总来了需要人手，在他眼里就是"培养自己的势力"；小王提升做了副处长，就是"对我形成比较大的威胁"——这些都是典型的缺乏合作性的表现。

第三，最后看"敏锐性"。上级给这位处长任命了副手而没有事先沟通，这说明这位处长的问题很大，说明上级已经对他很不满意了，但是他自己却没有意识到。通常情况下，上级给配副手会提前进行沟通的，而这位处长是突然接到副手的任命通知的，这就意味着不仅是新来的副总对他有意见，原来的老总其实对他也是不满意的。所以说，这位处长不具备包容性、敏锐性、合作性这些领导特质，所以他成为不了一个成功的领导者。这位处长要及时改正和提高，否则的话，将来的职业发展可能会遇到非常大的麻烦。

这个案例说明，当领导除了需要具备一些基本的素质之外，还得有一些特质，包括包容、敏锐和合作等。

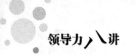

其身正，不令而行；其身不正，虽令不从。

——孔子

四、领导者行为

我们现在来看领导者应该采用什么样的行为，将自己的素质和特质表现出来，并影响他人。因为领导是一个交互的过程，一个人虽具备很好的领导素质，但不行动是没有领导力的。领导力来源于领导者实施、展现自己的领导才华，带领别人一起去实现某个目标，这才是领导力。领导者要施展自己的才华，要展现领导者的素质和特质，就需要注重一些行为，这就是领导者的行为。

做比说更重要

为什么要注意领导行为呢？因为做比说更重要。身为领导，只要我们从自身做起，不用多说什么，其他人自然会跟着改变。作为领导者，只要坚持做到了，即便没有说，其他人都看得到你的行为，明白你的要求。孔子所说的"其身正，不令而行；其身不正，虽令不从"，就是这个意思。如果领导者只是说，而没有做的话，那是不会成功的。

领导者要常说十句话

领导者在实施领导的过程中，要交流沟通，要影响追随者。那么怎样影响呢？青年学者刘澜提出，领导力就是说对十句话[①]。笔者高度赞同，特概略转述如下——领导者要是真正能够做到常说这十句话，领导力将会大幅提升。

第一句话叫**我来**。"我来"的含义就是说，领导者不要把什么事情都推给下属干。领导者通常存在的最大问题是什么呢？就是动口不动手。好多时候，处长说科长你干吧，科长说科员你干吧，科员说实习生你干吧，结果是有了职位、当了领导的人就不再干活了。我们可以发现，很多时候领导者都是光动嘴、不干活。这样的话，就应该改变。就是说有了重要的任务，面临一些挑战，领导者首先要说"我来"！要起到一种表率的作用。

第二句话叫**我不知道**。这句话要求领导要做到"知之为知之，不知为不知"。不要"打肿脸充胖子"，不知道非说知道，那是非常可笑的，而且，领导者有时候也要善于示弱。如果领导者处处都表现出所有东西都知道的样子，下属会觉得不可信，不真实。因为人无完人，不可能什么都知道。所以，领导者也要时常放下身段，做做学生，说"我不知道""请你告诉我"。

第三句话叫**你觉得呢**？这句话是说，遇到一些重大决策的时候，领导者要集思广益，让下属、追随者或团队成员参与决策，征求他们的意见。有时候，领导者和下属的意见是一致的，那就可以说"照你说的办"，使下属获得一种认可感。

第四句话是**我讲个故事**。讲故事的作用在于什么呢？主要是以

---

① 刘澜：《领导力就是说对十句话》，机械工业出版社，2014年版。

形象的方式来传达一些重要的信息。譬如大家都熟知的"鹰的再生"的故事，就是一家企业为了推行变革而宣讲的故事。

案例

鹰一生可以活到 70 岁，但是，在鹰活到 40 岁的时候，它的爪子开始老化，无法有效地抓住猎物；它的喙变得又长又弯，翅膀也越加沉重，飞翔十分吃力。这时，它只有两种选择：一是等待死亡；二是重整后再生。选择重整后再生的鹰，要经过一个痛苦更新的过程。它首先要努力地飞到山顶，在那里度过漫长而又痛苦的 150 天。这段时间，要用力将又长又弯的喙击打岩石，直到完全脱落，然后等候新的喙长出来；再用长出的新喙将指甲一根一根地拔出来；新指甲长出来后，再将羽毛一片一片地拔掉。待新的羽毛长出后，5 个月以后才可以重新飞翔，继续后 30 年的生命旅程。

这家企业在推行变革的时候，就跟员工讲上面这样一个故事，说公司现在就是到了中年老鹰这个阶段，必须改革，才能够重生。尽管这个故事的科学性有待考证，但通过讲故事使得改革得以顺利推进，倒是实情——这就是讲故事的作用。所以，讲故事是领导者的一个重要能力，在领导工作中，要经常以讲故事的方式来工作。

第五句话是**我来教你**。这是什么意思呢？就是领导者要做导师、做教练。作为领导者，通常都是行家里手，有时候员工遇到困难，胜任不了工作，领导者要说"我来教你"，起到一种指导者的作用。

第六句话是**不要紧**。这指的是员工犯了错误以后不要责备，因为错误已经犯了，再责备也没有用，还不如说"不要紧"，以合适的方式提醒和改进。这句话的要义在于，要从失败中学习，也就是"失败了，不要紧"！一个美国记者曾经问日本著名企业家稻盛和夫，你的企业为什么那么成功？稻盛和夫只回答了一点，他说，也许是当一名员工失败的时候，我们从来不惩罚他。

第七和第八句话分别是**为什么、我们从中学到了什么**？员工犯了错误，领导者可以说"不要紧"，但说完"不要紧"之后，一定要接着说"为什么""我们从中学到了什么"？犯了错不要紧，但是为什么犯错？我们从错误当中学到了什么？只有回答了这两句话，才能避免下次再犯。西方有句谚语，叫做"在同一个地方跌倒两次的是一头蠢驴"。什么意思呢？就是说失败了不要紧，只要你汲取了教训，下次就可以避免再犯错。

最后两句话是**我是谁、我应该是谁**？"我是谁"，就是说领导者要正确认识自己的定位，我是干什么的？要准确定位，认识自己。领导者要清楚，我擅长什么？我热爱什么？我的机会是什么？我的愿景是什么？我的价值观是什么？"我应该是谁"，说的是领导者要成为自己。现在的你可能还不是你自己，或者说不是一个理想的自己，你可以是一个更好的自己、更新的自己，这需要你去创造出来。这个过程，也可以说是"成为自己"的过程。

日常的领导方法

在日常工作当中，领导者有很多事情要干，所以要有日常的领导方法。

1. 要事第一

我们每天都有很多的事情要做。日常的领导方法要注意，一定要对工作的重要性进行分类，将重要的事情放在第一位，这叫做"要事第一"。何谓"要事"？凡是跟人生目标相关的事情，就是要事。领导者一定要对工作按照重要性排序，把每天最重要的事情先列出来，先去完成它们，然后再干其他的事情。一定要按照工作的重要性排序，而不是按时间先后来排序。

2. 有效管理你的时间

怎样有效管理时间呢？建议大家记住以下几句话。

集中整块时间办大事。作为领导者，办大事一定要集中整块时间，这样效率才会高。

利用零星时间办琐事。比如给父母打个电话问候一下，安排一下孩子的学习，利用零星的时间就可以完成了。

忙里偷闲想问题。领导者每天尽可能独处一小段时间，思考一些重大问题，做一些战略性的思考。

再加上最后一条，**不要看电视**。

这样的话，你的时间就能够得到有效的管理，效率可以很好地提高。

时间管理中还有个概念叫**黄金时间**。我们每个人都有两种"黄金时间"，一种是内部黄金时间，在这段时间里，我们的精神状态达到最高，工作起来最有效率。不同人的内部黄金时间是不一样的，有的人上午精神状态最好，而有的人则会在下午或者是晚上达到最佳精神状态。在确定完自己的内部黄金时间之后，要把这段时间用来处理自己最为重要的工作。

而外部黄金时间则是指跟其他人——比如说你的同事、朋友或者是客户——打交道的最佳时间。一般来讲，推销人员的外部黄金时间是在早上9点到下午5点的这段时间，因为在这段时间里，他们的客户大都在办公室，所以能比较容易直接联系到客户。

把语言化为行为，比把行动化为语言困难得多。

——高尔基

五、领导者的自我修炼

学习和实践是两个基本途径

最后一点我们想强调领导者修炼。这个修炼就是要提升自己的内功，提升自己的心性。从哪些方面提升呢？个人理解核心有两条：一个是**学习**，一个是**实践**，就这两条路。

善于阅读和交友

要善于阅读。一定要阅读那些公认的高质量的领导和管理方面的著作。例如，稻盛和夫的《领导者的资质》等一些非常有影响力的书。我们如果不多阅读这些优质书籍，那对新信息的掌握就跟不上潮流，就会慢慢地落伍，就很难成为一个引领时代的领导者。

要与有知识的人交朋友。多交有才能的朋友，我们能够从他们身上学到很多东西。

要善于以人为镜，提高自我意识。看到别人犯了错误，就要考虑到怎样使自己避免重蹈覆辙。要自觉地进行总结和反省，这就是领导力的培养。

小 结

● 领导者应该是什么样子？

● 什么样的人才有资格作为一个领导者？

● 作为一个卓有成效的领导者是什么样的人？

※ 四种特质

● 包容、执着、敏锐、合作。

※ 五种素质

● 智商、情商、逆商、财商、健商。

※ 十句话

● 我来。我不知道。你觉得呢？ 我讲个故事。我来教你。不要紧。为什么？我们从中学到了什么？我是谁？我应该是谁？

第三讲 组织领导力的结构与功能

组织领导力：从个体杰出到组织卓越的密码

·贠 杰·

● 有的领导，在哪儿都能干得轰轰烈烈；有的领导，换个地方就不灵了——
同样是领导，差距为什么这么大呢？

● **有人说，领导力就像美；有人说，领导力就是做事的艺术。其实，这些
都只是摸到了"领导力"这头大象的一个部位。**

● 有三个维度，是解读领导力的望远镜、放大镜和透视镜。

● **掌握了这三个维度，你就可以鸟瞰全局、抓住关键、看清本质。**

内容概要 Content Summary

做领导者和做你自己是同义词。就这么简单，也是这么困难。

——沃伦·本尼斯

一、导论：新视角解读领导力

环境和领导力的暧昧关系

1. 有的领导，在哪儿都成功！有的领导，换个环境就不灵了

在公共管理的理论和实践中，经常会面临着一个至关重要的问题：决定一个领导者成功的因素有哪些？事实上，我们每个人都渴望成功，但是并不是每个人都能够成功。在管理工作中，我们会看到一些领导者成功了，另外一些领导者不太成功，那么决定成功的因素究竟是什么？这个问题会经常萦绕着大家，既在那些失败者的内心里纠结，也困惑着一些已经成功并想继续成功的人。

在不同的环境中，同一个领导者的表现会有很大差异。这种现象在实践中屡见不鲜。有的领导者在不同的岗位都能成功，而有的领导者在不同的岗位却表现迥异。我们经常会发现，一些领导者原来在某个部门或某个岗位做得非常好，如果他换到另一个领域的岗位，领导另外一个组织，也会做得同样优秀。这种岗位的变化，不

论是在政府部门、事业单位，还是企业组织之间转换、政府内部不同部门、不同性质的单位之间流动，都不影响这类领导者的表现。为什么这些领导者在政府组织、事业单位和国有企业不同系统之间岗位转换，或者在同一系统的不同部门、不同岗位都能够成功？在成功的背后，是什么主导着他们的行为？仅仅用个人素质高，能很好地解释这种现象吗？

与此相反，在管理实践中，我们也会发现，更多的领导者在不同岗位上的表现却差异很大。在熟悉的环境、工作条件好的单位工作很顺手，但换一种环境，工作性质不同的单位，比如从政府职能部门到某个市、县担任领导者，可能就做得不好，工作很吃力。在不同组织系统的岗位流动中，也会存在这种现象。公共部门有政府部门、事业单位，还有国有企业，有的领导者在政府部门做得很好，到国有企业或事业单位可能就做得不好；有的领导者在国有企业或事业单位做得很好，到政府机关就很难胜任工作。为什么这些领导者在不同岗位的表现会反差非常大，为什么不同的领导者在同一个岗位的表现会迥然不同？其中的影响因素又是什么？这是一个很有意思的管理现象。

2. 领导力究竟是内因还是外因？

这就涉及一个核心问题，领导力究竟是内因还是外因？如果领导者的领导力是内在要素，为什么会随着环境的变化而不同？如果领导者的能力始终伴随着特定的领导者，那么这种能力的构成要素和形成机制究竟是什么？为什么有的领导者在不同的岗位会有截然不同的表现？在工作岗位的转换中，究竟是环境因素还是个人能力因素决定着一个人的成败？如何解释和解决这个问题？这些都是大家有所困惑的地方，也使领导力问题的研究显得日益重要。

目前对领导力的探讨非常多，关于领导力的书籍也有很多，但是，领导力的本质是什么，影响领导力的要素是什么，始终众说纷纭。事实上，领导力问题不仅在政府机构、事业单位、国有企业、非政府组织等公共部门存在，而且也广泛存在于私营企业管理领域。我们需要对超越具体组织形态的领导力的本质有一个深入的认识，才能更好地揭示领导力的特性及其基本运行规律。

领导力内涵的观察与辨析

1. 美？艺术？影响力？领导力的各种描述

关于领导力的研究首先是从领导科学领域展开的。从20世纪初领导特质理论着重研究领导者的人格特质，到40年代领导行为理论探寻不同的领导行为对组织的影响，再到60年代领导权变理论（情境理论）研究情境因素对领导行为和领导效力的潜在影响，以及之后的领导归因理论、交易型与转化型理论等，逐渐从领导者的人格特质和行为等个体研究扩展到整个组织情境交互作用的影响。近年来，探讨领导力的研究成果主要还是集中在企业管理领域，公共部门对此探讨得比较少，关于领导力的思考和学术关注还较为缺乏。在企业管理对领导力的探讨中，从个人层面探讨领导力的研究占大多数，这也是当前阶段领导力研究的一个突出特征。

对领导力内涵的探讨，是研究领导力的基础和起点。关于领导力的概念，不同的学者有不同的界定。美国著名管理学家理查德·L.达夫特对已有的学者关于领导力的研究状况进行了再研究，他发现，目前关于领导力的概念就有300多种，大家对领导力的认识差别很大。这也是一个很独特的管理学现象：领导力问题如此重要，研究如此广泛，但大家至今对其内涵却没有一个统一的认识。

由于对领导力的界定不一致，促使更多的人加入对领导力内涵的探讨中，这进一步推动了领导力研究范畴和领域的多样化。其结果，就是至今我们对领导力的认识依然如同"雾里看花"。我们怎么才能更清楚地认识、更准确地把握领导力的本质，从而在实践中更好地驾驭这种能力，的确值得深入研究和思考。

沃伦·本尼斯提出领导力的定义是，**领导力就像美**，难以定义，看到它时才知道是什么，每一个人看到的都不一样，认识分歧很大。本尼斯的思维方式更像一个艺术家，但这种界定方式过于笼统，过于强调外在变化的形式，很难把握领导力的实质和内在规律。

还有一种具有代表性的定义认为，**领导力是怎样做人的艺术，而不是怎样做事的艺术**，最后决定领导者的能力是个人的品质和个性。这种界定的方式，更多的是从个人层面来探讨这个问题，认为是一种做人的艺术，而不是做事的艺术，但是，如何明确区分做人和做事，本身就是个难题。领导力不可能单纯是做人的艺术，因为人往往需要通过做事来反映出他的能力，所以要截然地把做人的艺术和做事的艺术区分，实际上是很难的，这种定义则回避了这个关键问题。

第三种界定就是，所谓**领导力是建立愿景目标的能力**，使自己承诺与企业长期成功的能力，是激发他人自信心和热情的能力，是确保战略实施的能力。这同样也是一种描述性的定义，缺乏对领导力核心特质的提炼概括，也没有明确其内涵和外延到底是什么。

还有一种定义，比较简单，认为**领导力的本质是影响力**，它与领导者及其下属之间的权力关系有关。领导者具有权力，并运用它们影响他人。也有人认为，领导力是一个人先天具有的，能够引导他人完成任务的特点和性格合成的。

总之，目前关于领导力的界定，依然是"横看成岭侧成峰，远近高低各不同"。之所以产生这种现象，对领导力内涵界定的混乱是主要原因。

2. 界定概念的三要素

　　之所以会出现这种众说纷纭的情况，是因为许多关于领导力的界定偏离了厘清概念的正常轨道。事实上，对一个概念进行科学界定有三个基本要求：**第一，要能够简洁清晰地表达它的内涵**。唯有如此，我们才知道界定的对象是什么，这是一个概念的基本要求。**第二，这种界定要具有实践验证性**。一些学者对领导力的界定，只是在理论层面上进行描述，往往和实践中会存在脱节，当大家感悟这种定义的时候，要么是觉得与实践脱离比较远，要么是觉得和实践不一致。好的概念界定一定具有实践验证性。**第三，要具有解释力**。什么是解释力？这种概念的界定对实践中实际的行为要能够进行有效的解释，领导者的成功，为什么能够成功？和领导力是一种什么样的关系？这就是我们要在界定中注意的，界定领导力，至少要能对实践中领导者的行为，领导者的成功具有明确的解释力。

　　具备这三种因素的概念界定，才具有传播力。因为只有具有清晰的内涵、实践性、解释力，这种概念才能够传播，在理论层面交流，在实践领域传播，在学习中才能更好地了解。这就是概念的传播力，也是一个科学的定义所要达到的功能。

新视角解读领导力结构

我们试图从个人和组织关系层面来探讨领导力的内涵。一个领导者的成功，主要是与组织管理和组织发展密切相关的。对领导力的界定，无疑也需要从领导者个体与组织关系的层面来探讨其内涵。

对公共部门而言，**所谓领导力，就是在一定权力基础上，具备特殊个人素质，能够培育和运用强大组织力的领导者有效实现组织战略目标的能力。**简单地说，领导力是**权力基础、领导者的素质、组织领导力**等要素的有机整合，这些共同构成了领导力基础，如图3—1。

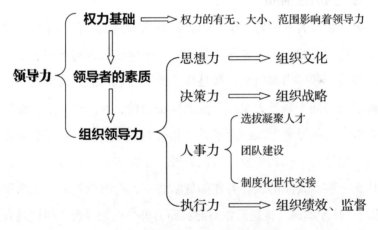

图3—1 领导力要素结构示意图

1. 领导力的权力基础

前面所说的几种关于领导力典型概念的介绍，主要是从个人层面，甚至是从艺术层面来表述的。然而，在管理实践中，一个人具有比较强的领导力，往往是与一定的权力基础相联系的。所谓权力基础，在实践中就表现为领导者所具有一定的职位或岗位，这是他能够发挥领导力的前提。当然，在现实中，也会存在一种非权力领导力或非权力影响力，但这多存在于非正式组织中，而且缺乏法理基础，不具有稳定性和持久性。我们现在探讨的领导力，是指正式组织中的领导力，它与一定的权力基础相联系，但是权力基础只是领导力发挥作用的前提，其大小并不与领导力成正比。换言之，某个领导者具有一定的权力基础，他的权力也许会很小，但可能具有很强的影响力。同样，他的权力可能很大，但影响力未必与之匹配。不论影响力结果如何，领导力的发挥都是以一定的权力基础为前提的，这是领导者应该具有的基础性条件。

2. 领导者的素质

所谓领导者的素质，是领导者具备的价值观、意志品格、知识储备、管理经验等个人素质，是领导者个体性因素的外在表现。目前许多关于领导力的研究，都是从这个层面进行的，甚至把领导者个人素质等同于领导力全部，这无疑是一种误读。事实上，领导者的素质是从领导者个人层面来看所具备的基本条件，它还需要和其他要素相结合，如领导权、组织力等，才能有效发挥作用。这也是为什么一些高素质的领导者在闲置状态下，对组织发展毫无作用的原因，"怀才不遇"就是形象写照；而另外一些领导者，即使具有组织领导权，但由于缺乏对组织力要素的掌控，也难以实现组织发展战略。所以，领导者的素质，在领导力结构中，还只是一个必要条件，而不是充分条件。

3. 组织领导力

组织领导力 (Organizational Leadership)，也简称为组织力，是指由不同部分和个体组成的组织，经过思想动员、体制改革、结构整合、人员优化、流程再造等方式或措施，所具有实现组织战略目标和领导者意图的凝聚和运行能力。一般而言，组织力是领导力的核心构成要素。一个优秀的领导者，即使具备了相应的权力，如果不能有效培育、构建和运用组织力，也很难发挥自己的影响力，带领组织成员有效实现战略目标。不同国家、不同政党、不同领导人的领导力差异，主要就体现在组织领导力上。

图 3—1 是领导力要素结构示意图。在这个图中，领导力被明确划分为权力基础、领导者素质和组织领导力。这三者之间是有优先顺序和排列前提的，并不是并列的。一定的权力基础是能够发挥领导力的前提，所谓权力基础在实践中就表现为要有一定职务或职业平台，否则领导力就无从发挥。领导者的素质，是领导力的基础，这种个人素质与组织力要素相结合，就构成了领导力的全部。如果用公式表达，领导力模型如下所示：

· 领导力模型：$Y = \alpha A + \beta B + \gamma C$ ·

领导力模型显示了领导力的构成和变化关系。其中，Y 代表领导力，A、B、C 分别代表权力基础、领导者特质和组织力。α、β、γ 分别代表各自系数，且 $0 \leqslant \alpha < 1$，$0 \leqslant \beta < 1$，$0 \leqslant \gamma < 1$。

从领导力模型看，在其他要素不变的条件下，权力基础、领导者特质、组织力与领导力成正相关关系。从权力的基础上看，有没有权力和权力的大小与权力的范围都影响着领导力。权力大小和领导力之间是一种正相关的关系。一个人的权力基础越大，他的领导力就越高。同样，一个领导者的素质越高，他的领导力越强。组织

领导力越强,领导力越强。这三者之间是相互影响的关系,领导者的素质是内部条件,是重要基础。绝大多数优秀领导者的个人素质是高的,都具有一定的相似性,差别主要体现在外部条件,即权力基础和组织力状况。但内外部因素是可以相互发生作用的,个人素质高的领导者会去争取权力基础,培育和改造组织力状况,从而提升领导力。当一个具有权力基础、个人素质高的领导者忽视组织力因素建设时,其可能就会面临失败的风险。在这种情况下,组织力这种外在影响因素对组织的发展和战略目标的实现,就显得至关重要了。

对领导力而言,领导者个人素质是可以靠自身修炼而形成,而组织力这种外部条件必须要靠培育、构建或改造才能完成。那么,大家就对什么是组织力,以及组织力的构成要素产生浓厚兴趣了。简单地说,组织力是由思想力、决策力、人事力、执行力四个要素组成的。它们的有机组合和相互作用,共同构成了组织力。如果一个组织具有较强的思想力、决策力、人事力和执行力,这个组织的组织力就非常强。

领导力与组织力互动关系解析

组织是否成功,才是判断领导者能力和领导者成功的最终标准。由领导力模型可以知道,领导力由三要素组成的。权力基础是前提,是外在要素,由领导者的职务级别和岗位平台所决定;领导者的素质是领导力的基础;组织力是领导力的重要载体。

1. 领导者的素质vs组织力

领导力三要素中，领导者的素质和组织力是两个主要影响因素和变量，那么二者之间是一种怎样的互动关系呢？表3—1则是对这种互动关系的演示说明。

表 3—1   领导者的素质和组织力互动关系

	领导者的素质高	领导者的素质低
组织力强	成功	1. 较少干预 → 成功 2. 较多干预 → 失败
组织力弱	1. 无意识或无法改造组织力 → 失败 2. 能够改造和提升组织力 → 成功	不成功

领导者的素质与组织力的关系，是一个具有权力基础的个体领导者和一个组织的关系，是个人特质融入组织管理实现互动的能力。其结果，是以领导者是否成功，组织目标是否实现为评判标准的。领导者的素质高低与组织力强弱有四种不同的组合，其结果也是不同的，如表3—1所示。

第一种组合是一个领导者的素质高，他所管理组织的组织力也很强，那么这个领导者往往会成功。

第二种组合是领导者的素质低，但是他所管理的组织其组织力很强，那么这个领导就会有两种不同的管理效果：当领导者的素质低，组织力很强，如果这个领导对组织较少干预，往往最后也会成功。这就是我们经常讲的，虽然领导者的素质低，但是无为而治，由于组织力很强，能够自身良性运转，这个领导者最终也会成功。如果一个领导者的素质低，组织力强，但是这个领导者对组织的干预很多，最后这个组织的组织力因领导者的素质低而被削弱，可能就会面临失败的结果。有的人领导力很弱，调动到另外一个组织，这个组织可能因为长期积累，或者上一任领导人打下的基础好，组织力很强，继任者往往也能成功。干预很多的领导者，最后可能反而会失败，这是另外一种情况。

第三种组合是，领导者的素质高，组织力很弱。例如，一个领导能力很强的领导，到了一个工作落后、管理混乱的单位，他要么失败，要么成功。失败的原因是他没有意识到要改造这个单位的组织力，或者他意识到了，但是没办法来改造单位的组织力，那么他最后终将失败；成功的原因是领导者通过改造和提升单位的组织力，大幅度提升领导力，最后走向成功。这是领导者的素质高和组织力弱的搭配结果。

第四种组合方式，是领导者的素质低和组织力弱的搭配，遇到这种组合的领导者肯定不会成功。

这四种情景状态，讲清了领导者的素质和组织力之间的关系，决定着领导力发挥作用的方向，决定着在一个领导者领导下的特定组织最终能不能成功。领导者的素质与组织力的关系是一个具有权力基础的个体和一个组织的关系，是个人特质融入组织管理的能力。领导力不单纯是领导者个人能力的问题，在个人和组织的关系下，才能够更好发现他领导的各种影响因素。

2. 组织力是领导力的重要载体

领导者是否成功，组织是否成功，是判断领导者能力和领导者成功的最终标准。领导者自身素质是领导力的基础，组织力又是领导力的重要载体，领导力通过提升领导者自身素质外，更多地是通过组织力来实现。组织力成就领导力，领导者通过打造组织力来提升自身的领导力。

　　组织力的另类表达："在成为领导之前，你的成功取决于自己；在成为领导之后，你的成功取决于别人。"

　　这句话是什么意思？与组织力是什么关系？其背后的深层含义在于：在一个人成为领导之前，你的成功完全是靠个人努力来实现的，重要方式就是提升自身的素质，包括意志品格的锤炼，必要的知识积累和学习，经验的积累，甚至是获得必要的文凭，这些都需要个人的努力，其目的就是提升自身素质。但是，在个人成功之后，或者成为一个组织的领导之后，一个领导者的成功就要取决于别人了，取决于如何确立组织目标、如何实现组织战略、如何调动下属的积极性，如何有效地带领大家一起前行。领导者的成功，不是仅靠个人素质和努力，而是要靠如何提升别人的素质，怎么能够把整个组织给调动起来，把下属积极性给调动起来，所以，这句话具有深刻的哲理，是组织领导力的另外一种更为形象的表达方式。

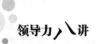

组织的功能，在聚合安人的力量，协同一致。

——曾仕强

二、组织力的意义：历史经验的展示

组织力是内化于组织的、实现战略目标和意图的力量，其外在形式，则表现为生产力和战斗力。在和平时期，一个国家的组织力强，就表现为社会稳定度高，政府凝聚力强，经济繁荣发达，这是国家生产力的外在体现。一个企业的组织力强，也会转化为生产力，这种生产力更直接表现为产值和利润。在战争时期，一个国家的组织力强，其政治动员能力和军事力也一定强大，其战斗力必然强大。组织力在解释领导者成功方面具有重要的实践意义。

谁组织力强，江山就是谁的

从历史发展看，一个王朝的早期，其组织力往往是最强的，而到了王朝晚期，其组织力已经非常弱小了，这几乎成为了王朝更迭的基本规律。为什么王朝早期组织力很强？在中小学课堂上，历史教科书会告诉我们，社会进步和历史发展是一个先进文明替代另一个落后文明的过程；但是诸多历史学家会告诉我们，这只是历史发展的一般规律，在某些特定时期并不一定如此——那些处于蒙昧状态或者野蛮的民族，可以仅仅由于具有强大的组织力，即使军事力量和规模远远落后，依然会把一些先进的文明和庞大的王朝击败，这实在是历史发展的一种悖论。

游牧部落的蒙古族最终消灭了处于世界文明前列的宋朝，以及国外一些朝代更迭的例子，都是这种历史现象的证明。13世纪初期的蒙古族，还是游牧于草原的北方少数民族，社会生产力水平和文明程度远远低于政治、经济、文化处于世界领先水平的宋朝。发源于游牧民族的元朝最终击败了生产力高度发达、拥有庞大军事力量的中原王朝宋朝，其原因何在？这既不是因为元朝文明程度高于宋朝，也不是因为经济上更为富有，而是由于在连年的部落征战中，蒙古族培育出了强大的组织力，这使元朝初期的组织力远远高于宋朝，最终建立了疆域辽阔的新王朝。在四方征战中，元朝的疆域是很大的，随着王朝的稳定，外敌压力的减轻，其组织力的衰弱就成为一种必然的趋势。到了元朝末期，新生的中原王朝明朝的组织力逐渐超越元朝，一个新时代就开启了。同样，清朝从努尔哈赤到皇太极，组织力的强大也是最终实现王朝替代的决定性力量。因此，从组织力的视角来看历代王朝更替，会展现出另外一幅历史画面。如果具体到王朝领袖的领导力方面，组织力的解释框架就更为具体而形象了。

中国共产党组织力的基础和来源

无论国内还是国外，无论古代还是近代，组织领导力的作用都无处不在，对各类组织和领导者的成败都至关重要。如果将历史画面投射到近现代的中国，特别是中国共产党在中国革命进程中的实力变化，就会发现组织力的影响更为突出。

组织力强，可以使一个组织由小变大、由弱变强；组织力弱，可以使一个组织由大变小、由强变弱。中国共产党刚成立时，组织规模是很小的。但是由于马克思主义政党的特殊性质，其组织力很强。如果从思想力、决策力、人事力和执行力角度考察，其由小变大、由弱变强，并最终取得革命的胜利，就会得到很好的解释。

思想力建设是中国共产党的突出特征。"五四运动"后马克思主义在中国的传播，加快了共产党在中国的诞生和发展，但在建党初期，始终面临着马克思主义和中国实际相结合的问题，怎么革命、怎么发展还是有分歧的。直到毛泽东思想的形成并占据主导地位——也就是遵义会议之后——中国革命才步入顺利发展的轨道。

中共决策力和执行力强大的特征是非常明显的。在民主集中制下，一项决议或政策一经制定，就会得到迅速有效的实施。不论是谁担任任何一个高级领导干部职务，只要经过党内决议，不论是否存在不同意见，都有执行党的决议的责任和义务。决策力和执行力强，既源于革命思想的深入人心，同时也是当时中国共产党所面临恶劣生存环境的现实需要，并且有着组织层面的有力保障。比如在军队，经过"三湾改编"后，党支部建在连上，各级指挥机关都建立了指导员、教导员、政治委员等军事政治制度，确保了中国共产党对军队的集中统一领导，使党的各项决议和政策都能顺利、高效地得到执行。

在人事力方面，中国共产党在不同时期吸引了大量的人才汇聚于党内，经过两万五千里长征等各种艰难困苦的考验，许多人都在战争中得到充分锻炼，更加坚定了革命信仰，最终成为中国共产党忠诚的追随者，大大增强了凝聚力。虽然中国共产党和红军经过多次挫折和长征洗礼后，政治军事力量规模曾经较大幅度减小，但骨干力量得以有效保存，队伍更加纯洁，组织力更加强大。

中共的组织力可以由小到大、由弱变强，这与其特殊的政治信仰和组织体制有着直接关系，不是所有的政治组织都可以做到这一点。在凤凰卫视纪录片《世纪行过——张学良口述史特辑》中，张学良曾赞叹中国共产党领导的万里长征。他在一次座谈中说：我们都是带兵的人，像长征这样的困难条件，如果换做国民党，队伍早就垮了或散了，只有共产党才能完成长征。这也揭示了一个事实：**组织力强是成功的关键因素，是组织发展由小到大、由弱到强的前提；并不是所有的星星之火都可以燎原的，能燎原的星星之火往往都是组织力强的组织**。那些组织力弱的组织最终只会在艰苦条件和逆境中走向消亡。事实上，中共的组织力就是在不断的革命斗争和艰难险阻中得到锤炼与考验的。

抗美援朝战争中的强大组织力

新中国成立后，中国共产党的组织力得到进一步的检验，抗美援朝战争就是一个明证。它是抗日战争胜利后中国共产党强大组织力的又一次展现。抗美援朝时期，中国真正是一穷二白、百废待兴，历史上一直处于半封建半殖民地的落后状态，后来又经历了抗日战争、解放战争，打了那么多年的仗，经济基础、科技水平、物质条件、军事装备都很薄弱和匮乏，能不能打赢是当时所有人心中的疑问，所以是否出兵朝鲜是一个很困难的政治决策。最终中国出兵参战并将以美国为首的联合国军赶出"三八线"，出乎所有西方国家的意料。因为很多人认为美国军队的战斗力远远超过中国军队，即使"二战"中日本投降也主要源于美国参战，而且战斗力超过日本军队。众所周知，中国在 14 年全面抗战中军事实力是远低于日军的，美国和西方阵营是没有把中国军队放在眼里的。在这种情况下，做出出兵参战的决策无疑是艰难的。但是，抗美援朝战争的最终结果是中国军队将美国和联合国军赶出了"三八线"。这靠的是什么？这显然无法用经济基础、物质条件来解释，更无法用军事装备优势来解释。答案只有一个，**强大的组织力形成的有效战斗力，是中国军队取胜的关键。**

抗美援朝战争非常重要，但风险也非常大。当时中美之间的综合实力差距是非常大的，包括经济实力、科技水平和军事装备等方面的差距。刚入朝作战时，许多中国志愿军连基本的棉衣都没有，士兵被冻伤、冻死的情况较多。战斗中又没有飞机掩护，补给线完全是暴露在美军的炮火之下，且武器装备也非常落后。在如此原始的状态下，能够把美国为主体的联合国军赶出"三八线"，的确让所有国家刮目相看。为什么中国军队能在条件艰苦下取得胜利？这与经济基础雄厚无关，与军事装备优势无关，而是经过政治动员和严格组织纪律形成的强大组织力的结果，其作用超出了西方国家的想象。在朝鲜停战协议签订时，当时的联合国军总司令克拉克后来在回忆录中说，自己获得了一个不值得羡慕的名声，成为了美国历史上第一个在没有取得胜利的停战协议上签字的司令官。在强大的组织力形成的战斗力为后盾的中国军队面前，连战争初期不可一世的美国军队指挥官也低下了骄傲的脑袋。

中国共产党领导的抗美援朝战争的胜利，彻底改变了中国在西方列强中的形象，国际影响力大为提升，中国的大国地位由此确立，也创造了此后60多年的和平发展环境。

持续不断进行动员，"保鲜"组织力

前面讲的都是战争时期中国共产党具有强大组织力的体现，在新中国成立后的建设时期，这种组织力特征依然在延续。如新中国成立初期，在中国共产党的领导下，迅速从战争创伤中恢复，国家建设迅速步入正轨，等等，但是，组织力也要善加运用，如果决策失误、方向偏差，强大的组织力也会步入歧途。另外，组织力强弱与影响，也和不同时期领导人的主政风格直接相关。改革开放后，党和国家的组织力在不同时期的表现也有所不同。在邓小平、江泽民、胡锦涛、习近平时代，虽然同样是共产党领导国家建设和发展，但各个时期组织力也是有明显差别的。党的十八大以后，组织力优势被进一步充分调动，从中央到县乡基层，从"八项规定"到强力反腐，一些被认为积重难返的问题都得到全面、有效解决，这也是持续不断进行动员、"保鲜"组织力并善加运用组织力的最新体现。所以，**只有领导者个人特质与组织力形成良好的互动，才能全面推动国家的变革，才能使主政者风格留下比较深刻的时代烙印。**

有权即有理。

——塞内加

三、权力基础是领导力的前提

领导行为有时候不考虑效率

关于领导力的定义有很多，其中有一种定义指出，领导力是指在管辖的范围之内充分地利用人力和客观条件，在以最小的成本办成所需的事情。这种定义有一定的启示性和可借鉴性。其中，"在管辖的范围内"，即是指领导力作用的发挥需要有一定的权力基础作支撑，权力基础是领导力的前提。

在管辖的范围内充分利用人力和客观条件，这是组织力的因素。以最小的成本办成所需的事，这个不一定，因为组织的发展，特别是不同组织的发展，衡量标准是不一样的。在企业，这种以最小的成本办成所需的事的要求是正确的；但是在公共组织，有时候不是以经济成本和时间来衡量绩效的，有时为了达成组织的公共目标，甚至是不惜成本来完成任务。

在公共管理中，"维稳"是一个很重要的任务。在"维稳"的过程中，可能就是不计成本。包括信访、群体性上访，如到北京上访，地方政府常年会在北京驻有干部，还免费给上访人提供住宿、吃喝，免费送回原驻地，成本是很大的，但是目标也是很明确的，即维持社会稳定，所以，公共组织绩效不完全是以最小的成本来衡量的。

行政首长负责制和委员会制，都是权力运行的方式

权力是个中性概念，高绩效领导者喜欢分权，尽可能把权力交到团队成员手中，使之充分参与，做出贡献。分权的主要方法之一，就是重新分配决策权；基本原则是让每一个问题有更少的决策人，让每个人做出更多决策，让每个人承担起更多职责。

有没有权力，权力的大小、范围，包括运行方式，都影响着领导力的产生和作用发挥。权力的发挥，领导者权力体制有两种典型配置方式：一种是行政首长负责制；另一种是委员会制。两种体制是差别很大的权力配置方式。行政首长负责制是行政首长说了算，由他最终负责。委员会制，最基本的要求是重大决策是要经过投票表决的。

不论是行政首长负责制还是委员会制，实际上是决定权力的运营方式，在不同权力运营方式之下，决定着领导力的产生和作用的发挥，这两种权力配置下，不同领导的领导力产生和作用发挥的途径是不一样的。

横向和纵向，权力配置的结构

权力配置有很多种，刚才讲的是横向配制，还有一种是在等级式的结构中，权力的分配是纵向的，按照从上往下进行传导的方式来运行。一般这种权力的运行，都是一种控制和顺从的机制，通过"胡

萝卜加大棒"的方式和策略来实现。这是一般的组织体制权力的纵向方式，是一种控制和顺从的机制。

　　真正的领导力，不仅仅是控制和顺从的关系，同时也是一种分权和承诺，这两种有比较大的区别。我曾经到东北调研时遇到一个市委书记，我们座谈完，晚上一起吃饭聊天。当年是换届年，我问他换届中工作有没有出现什么问题。他说我们这儿不会有什么问题，自己的工作特点是充分授权，具体领域的工作事务一般不直接参与，由各分工领导具体负责。在换届时期有些领导思想不是很稳定，担心职务安排问题。该市委书记就明确地表示，"工作上的事，你们要考虑、要尽责；你们（职务安排）的事，由我来考虑"。意思就是具体的工作都是分权的，各人各管一摊，别的事不要多考虑。下属个人发展的事由他来考虑，这是一种典型分权和激励相结合的、充分把大家积极性调动起来的方式。

理性和判断力是作为一个领导者的基本素质。

——泰西塔斯

四、领导者的自身素质

品格修养

一个领导人的特殊素质，包括具有特定的价值观，在这种价值观的基础上，需要有良好的品格修养。一个领导者具有正确的价值观，良好的个人品格修养，就会展现强大的个人魅力，吸引组织成员追随自己的行为，从而实现组织的战略。

知识储备

领导者的自身素质与相应的知识储备有着直接的联系。当然，这种知识不只是书本上的知识，还包括实践中的知识，丰富的知识储备进一步提升了领导者的素质。

性格特征

领导者的性格要素也很重要。我们经常讲的一句话是性格决定命运。这不是一个简单的描述，不同性格的人，在人生过程中，发挥的作用是不一样的。人生面临不同的十字路口。一个性格比较强的人，在人生的每一个路口，他总要往自己希望去的那些方向去努力；而有的领导性格比较弱，喜欢随遇而安，别人安排到哪个方向就往哪个方向发展。最终所形成不同的曲线，构成了最终的命运。所以，性格特征也是领导者素质的要件之一。

经验积累

除了这些之外，领导者的素质还包括经验积累。在某个部门做领导，他干得很好，如果要换一个岗位，到区县当领导，原来的经验可能就不满足现有岗位的需要了。原来在政府部门工作的经验，到了事业单位，或者到国有企业又会不一样。因为在政府部门，基本上是行政命令式的管理方式；在事业单位，虽然也有一定的命令，但是事业单位成员的自主性要高于政府单位；到了企业，和政府部门的管理又不一样，更多地要通过经济利益的刺激来促进组织成员努力工作。所以，不同岗位的经验，对领导者的成功也是有很大影响的。

技巧方法

除此之外，包括领导的**技巧**，**领导方式**和**艺术**，这些都决定着一个领导者最终的努力结果。

我们讲了这么多，基本上都是领导者个体所具备的内在要素。以前很多领导力定义，主要集中在领导者素质，认为领导者素质就是领导力。但这是不全面的，只是领导力要素之一，我把它概括为核心要件，是决定着一个领导者成功与否的重要因素。

正确的政治路线要靠正确的组织来保障。

——邓小平

五、组织力：组织行为框架中的领导力

组织力与组织管理

组织力，就是组织行为框架下的领导力。组织力实际上是组织层面的领导力，和组织管理有直接的关系。公共管理学教科书中有一章专门讲组织管理，特别是组织管理的思想，主要介绍泰罗、法约尔、韦伯等人的组织管理。泰罗通过严格的管理程序，工作流程的设计，甚至精密到需要做几个动作，使组织管理走向科学化轨道，所以我们把他称为科学管理之父。正是通过科学管理，把整个企业成员有效组织起来，大大提高了组织力。法约尔是从高层或中高层领导的层面来研究组织管理的，他概括成 14 个要素，通过改善高层领导的组织力来提高整个企业的生产力。韦伯提出的理论是官僚科层制，对认识现代组织具有重要作用。这些理论之间的差异，更多是一种静态和动态之间的区别，其共同点就是共同致力于组织力的提升。**组织力是优秀的管理所形成的组织能力，是通过塑造体制、优化结构、凝聚人才和有效配置组织资源所形成的实现目标的组织化能力。**

组织力，实际上是组织层面的领导力，是根据领导者素质之外的外部条件打造的。如果领导者素质是内部条件，那么组织力是外部条件，用于揭示领导者个人和组织的关系，即关联度。如果没有组织力，领导者再有素质也发挥不出来。所以说，**组织领导力也叫组织力，既是构成领导力的内在要素，又不必然成为其要素**。只有组织力成为领导力的核心构成要素，一个领导者才能在不同岗位上成就卓越。组织力的四个方面，就是思想力、决策力、人事力和执行力。

组织力在企业中也有不同的表现。不同的企业或同一个企业不同的领导人，会有截然不同的管理效果，像联想的柳传志、海尔的张瑞敏、华为的任正非都是这样的。

案例

海尔"砸冰箱"

海尔最早是一个街办企业。张瑞敏接管海尔的时候，是亏损很严重的时期。张瑞敏是一个素质很高的领导者，他接手海尔之后，对一个组织力很弱的企业进行了彻底地改造。大家了解他的改造方式可能是从"砸冰箱"事件开始的。

20世纪80年代的时候，冰箱、电视机都是紧俏商品，不管质量高低，都不愁销路。当时企业养了很多人，即使在产品销路好的时候企业效益也很不好。张瑞敏接管后，特别强调产品的质量，但当时生产出来的第一批冰箱就有很多质量不合格。为了改变企业这种懒散面貌，他把这些质量不合格也能卖出去的紧俏冰箱全都集中起来，让工人自己用大锤子全砸了，据说很多工人都是流着泪砸的。从此之后，海尔公司的产品质量一下就提高了。张瑞敏正是通过这种方式来改造企业的组织力的。

组织力的其他派生构成

除了思想力、决策力、人事力和执行力，组织力还可派生出财务力、抗打击力、隐忍力等要素。

财务力是从组织力里面派生出来的。如果一个组织的组织力强，财务力弱，也有可能成功，所以财务力并不是构成组织力的核心要素。中国共产党刚成立的时候，根本就没有财政的支持，但是它的组织力很强，相应的财务力会派生出来。企业也一样，有的企业没有很雄厚的财力基础，但组织力很强，也能最后成功。财务力不是一个单独存在的力量，如果更好发挥财务力，则可以有效增强组织力和领导力。

抗打击力，就是面临和应对挫折的能力。有的领导人在挫折面前，抗打击能力很强，跟拳击一样，不仅能够打倒别人，还能挨得起打，这样才是一个好的拳手。有的领导人则在挫折面前完全垮掉了，不论他以前有多成功，如在挫折面前经不起打击就会完全丧失以前的成就。

隐忍力也是领导的一部分，一个人不仅要具有向前冲的劲头，还要有善于隐忍的能力。毛泽东与邓小平都有善于隐忍的过人之处，不然永远都没有翻身的机会。大仲马所著的《基度山伯爵》一书中的最后一句话形象地体现了隐忍力的重要性："人类的一切智慧都是包含在四个字里边，就是等待和希望！"这是隐忍力的文学表现形式。

人们塑造组织，而组织成型后换位组织塑造我们了。

——丘吉尔

六、组织力的关键词

塑造思想力

组织领导力要素分为四个方面，其中一个重要因素就是思想力。有思想的东西才会有生命力，不论是人、组织，还是论文。思想力体现为领导哲学、世界观。思想力就是领导者的信仰、品格、知识、经验，扩展到组织管理的能力。思想力首先是一种动员能力，有了思想力才会有目标和方向感，这种思想力不论是在政党、在企业，还是在非政府组织都是一样的。这种思想力起到明确目标和整合目标的作用，一般情况下，我们组织目标与个人目标是不一致的，通过这种思想整合，才会产生前进的力量。

无数实践案例证明，任何一个好的组织，无论是政府组织还是事业单位，或者企业，之所以能成功，往往是因为这个组织的领导者具有强大的思想力。例如，在企业，如果仅仅靠经济利益刺激，这个企业未必是一个好企业。成功的企业，不论是联想集团的柳传志，还是青岛海尔的张瑞敏，或者华为公司的任正非，他们不是把企业变成赚钱的机器，而是在企业的管理中注入了强大的思想力，进而转化为一种与众不同的企业文化，这种思想力通过领导者的语言和行动，注入企业不竭的发展动力中去，而这些都与经济刺激无关。

有一年，中国社科院 MPA 班有一个来自联想集团的女职员参加入学面试，我问她："你觉得联想的管理有什么不一样？"她从柳传志的故事开始讲起，说柳传志怎样管理企业，怎样为人处世，似乎把柳传志当做了联想的"神"。柳传志之所以成为联想集团的精神领袖，实际上就是思想力的作用。后来虽然柳传志不做联想集团的"一把手"了，但他的思想还影响着企业，联想为什么这么多年屹立不倒，跟长期以来构建的强大思想力有关。这是企业组织力引领组织前行的典型案例。

在公共组织也同样如此。一个国家强盛的时期，往往都与一个卓越领袖的名字联系在一起。成功领导者对国家和组织的领导，不仅仅靠经济激励和强硬手段，他的思想力是前提，是非常重要的。毛泽东时期形成的毛泽东思想，在带领全国人民在战争年代对反抗侵略、统一国家和新中国成立初期对国家建设、发展，都发挥了重要作用。他的思想不仅没有局限在中国，甚至传播到了东南亚，到了非洲、南美。邓小平时代的思想力也是很强，他的"黑猫白猫论"，他的"三步走"战略等思想，对中国改革开放和国家发展影响都很大。十八大后，中国进入了习近平时代，一系列关于国家治理现代化的思想论述，极大提升和改变了普通民众对国家的信心和政府管理的认识，其思想力的传播尤为深远。思想力决定组织领导力，即使面临极大的困难和挑战，通过思想力的构建，也能把一个组织力充分调动起来。不论是在公共部门，还是在企业，一个好的企业，成功的领导者往往都具有强大的思想力，这种思想力最终会形成一种稳定的组织文化，从而引领国家和组织目标的实现。

一个伟大的领导，一定是一个有思想的领导。任何一个伟大的组织，一定是有思想力的组织，没有思想力就没有动员能力。这种思想力的作用就是激励人心、凝聚共识、塑造组织文化，同时引领众人前行。纽约前市长朱利安尼曾经在《领导：纽约市长朱利安尼自述》中说过，领导者要有自己的哲学，如果别人说什么都同意，那么就不是一个领导者。领导者一定要有自己的思想，别人说什么就是什么，说明不是一个合格的领导者。他说世界上伟大的领导者，几乎都有伟大的想法，这就是思想力的作用。

构建决策力

任何一个好的组织，都是能够进行有效决策的组织，对组织战略发展都是有直接影响。如果一个组织没有决策力，这个组织的组织领导力是非常弱的。决策力是组织领导力的必备要素，体现在战略思维、有效决策、创新与变革等方面。

毛泽东在《中国共产党在民族战争中的地位》（《毛泽东选集（第2卷）》）一文中说过，领导者的责任，归结两点——主要是出主意、用干部这两件事。出主意是前瞻未来、出思想、做决策的过程。用干部就是知人善任。历史上评价领导力，或者别人评价领导力，最终是要通过判断领导者的功绩和能力来进行的。

决策力，首先是有能力决策，就是决策权的问题。其次才是做出正确的决策，同时做出普遍接受的正确决策，以及有效率的正确决策，这是有效决策力的几个方面。集中统一的决策体制是一个基础。没有一个统一集中的决策机制，领导力就很难发挥。这种集中统一的决策体制，具有高效率特征，同时也需要通过民主、公开的方式来保证正确的决策。民主、公开是两个不同的要素，民主能够吸纳公众的意见，公开能够保持政府决策透明。现在集中统一的决策体制和政务公开相结合，既保证了决策的方向和效率，又能够避免一些"黑箱"操作的问题。

提升人事力

人事力就是决定团队中应当有谁，不应当有谁的过程，同时还有一个面对危机的问题，能够有效地处理不可避免的组织危机。

第一是人才。21世纪的领导者，人才甚至比组织战略更重要，只要有优秀的人才，组织才能有所作为，没有人才的支持，无论勾画出怎样的宏伟蓝图，具有怎样的思想力，有怎样引人注意的组织发展战略，都没法得到真正的实施，所以人事力是整个组织力的一个无法缺少的因素。

人事力的构成因素，主要表现在三个方面，一个是选拔凝聚人才；一个是团队建设；一个是制度化的世代交替。像前面讲的，共产党汇聚了大量的人才，在和国民党之争中，既有很多黄埔军校出来的军事干部，也有很多苏联回来的布尔什维克，还有一些土生土长的农村干部。共产党把这些人才凝聚起来，最后打败了国民党，这是很重要的一个因素。

历史上很多朝代，人事力的作用都是非常强的。比如《水浒传》中的一百零八将，一百零八将就是一个汇聚人才的人事力问题。不同的组织、不同的领导者、不同的要素，在不同的领导力中表现的是不一样的。像水泊梁山的成功主要是在人事力的方式，同时除了吸引外来人才，还有一个整合激发已有人才问题。就是人才引进之后，原来组织内部的人才怎么能够留住，避免"招来女婿气走儿子"现象的发生。怎样能够留住人才，也是组织力一个很重要的因素。

第二是团队建设。团队建设就是团队精神的构建，团队建设首先是要积极倡导团队精神，同时对那些不具有团队精神的人，如何进行筛选和淘汰，这也是人事力一个很重要的方面。

在政府组织和企业组织有很大的区别，一个区别在于：政府组织中，即使领导者不具有团队精神，或者业务能力很差，在目前退出机制下，很难将其进行替换；但在企业组织中，如果领导者对企业的忠诚度和业务能力有问题，很快就会被解聘。怎么淘汰掉不具有团队精神，或者业务能力很差的人？这始终是公共部门面临的一个突出的问题。

第三是实现制度化的世代交替。现在的国家领导人已经基本实现了制度化的世代交替，这是中国政治制度中一个很重要的环节。同样，在企业也存在制度化的世代交替的问题，一个发展很好的、具有很强领导力的企业，如何从第一代传到第二代的问题正在出现。有的企业就因为换了一届领导人之后，整个组织就会逐渐的削弱或者消亡。这个问题被很多人忽略了，对一个国家也是这样，一任领导人很强，是不是能够实现顺利的世代交替？这也是一个国家是否成熟的重要标志。

强化执行力

执行力，是指通过优质高效的运行能够将目标和决策顺畅转化为成果的一种能力。执行力强和不强的许多表现，解决途径主要是执行系统要具备权责一致、压力传导、纪律严明、奖罚分明、监督有效的特征。同样的组织，甚至同样的家底，会有不一样的组织力和管理效果。是什么造成的这种变化？答案是组织力的作用。诸多管理乱象的组织力成因告诉我们，组织力既构成领导力的内在要素，又不必然成为其要素，只有组织力成为领导力的构成要素，领导者才能在不同的岗位成就卓越。

小 结

● 领导力究竟是内因还是外因？
● 组织力的意义与历史经验的展示。

※ 领导力结构

● 权力基础、领导者的素质、组织力。
● 权力要素是领导力的前提，领导者的素质是领导力的基础，组织力是领导力的核心和重要载体。

※ 组织力的功能

● 组织力是领导力的核心构成要素。
● 一个优秀的领导者，即使具备了必要权力基础和良好个人素质，如果不能有效培育、构建和运用组织力，也很难发挥自己的影响力。

※ 组织力的结构

● 构建强大的组织力，需要通过塑造思想力、构建决策力、提升人事力、强化执行力来实现。

第四讲 领导牵手经济，打造经济领导力

·何代欣·

● 伟大的领导者都是经济弄潮儿，不论是美国总统，还是哈佛校长。

● **为什么小布什时期结束了"冷战"，也没有挽回他的总统连任？**

● 为什么克林顿即使有绯闻缠身也被老百姓认可？一句话，经济的魔力！

● **在哈佛，不会赚钱，花钱，怎么当校长？**

● 领导者如何才能拥有经济领导力？

● **普通公务员也需要掌握经济领导力吗？**

● 经济领导力对个人和组织的发展有何助力？

内容概要 Content Summary

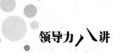

> 经济并不意味着消费货币，也不意味着节约货币。经济的意义在于经营和处理一个国家，一个家庭。
>
> ——罗斯金

一、三个经济领导力的超级故事

经济领导力背后有太多有趣故事，现在试着把"把脑洞打开，各位请坐稳"。

这是一个讲故事的世界。你故事讲得足够好，你就可以征服很多人和事情，但是这个故事要怎么讲才能吸引人呢？实际上，每个人都有发现故事不同的眼睛，你看到的故事和你听到的故事有可能是同一个事情，为什么别人可以讲得那么精彩呢？

现在我们来列举一些大家都很熟悉例子吧，大都是这个世界上非常有领导力的人、有影响力的事情。

克林顿：美钞上"没头脑"却有经济头脑

1. 美国总统是一个神奇的角色

比尔·克林顿是美国历史上少有的业绩出色却没有印在钞票上的总统。

我们知道美元上印着各种的总统头像。从 100 美元上的富兰克林，到 5 美元上的林肯，再到 1 美元上的华盛顿，这些美国总统的一个特点是：业绩彪炳，值得记录。但是美国有一张钞票上没有印美国总统，印的是汉密尔顿，从建国到他后面的 5 任总统，他一直担任财政部部长。所以说，除了 20 美元的钞票上印的不是美国总统，其他的全是。

美国总统是一个很神奇的角色。你觉得他权力很大——三军总司令、国家元首加政府首脑，然而，你有时候又会觉得他权力又很小——他没法立法，国会不同意他没法行政（新上任的特朗普也遇到的类似问题），他还没法随便用国库里的钱。就这样一个角色，他是如何与整个国家、社会和民众互动的，其实并不为大家熟知。

2. 纵使有作风问题，克林顿仍然很牛

2016 年美国大选尘埃落定。虽然没有迎来又一位克林顿总统，但引发了大家对克林顿夫妇的关注。在作为候选人的时候，特朗普和希拉里都是非常有意思的角色。与过往的参选人相比，这两个人并没有什么太过亮眼之处。特朗普胜选有自己的因素，也有希拉里不诚实的原因。相对于其他，不诚实是在美国这样一个西方民主社会里面非常要命的缺点。特朗普则是一个白人精英里典型的傲慢角色。因此，两个人都有比较明显的缺点，这在过去 30 年的美国总统选举里面是看不到的，特别是如果希拉里跟她的老公相比的话，社会公众形象和业务能力差距更大。

克林顿任上的时候公共形象出现过危机——我们的话语体系定位为"作风问题"。那一件事，大家都知道，属于儿女私情。这个事件影响确实也不太好，但反对党提出的弹劾总统议案竟然没有成功。我们知道克林顿是一个民主党人，他在共和党控制的国会里面，共和党也没有把他弹劾掉，这么一个很好的机会没有被弹劾掉，为

什么呢？因为在那个评价体系里面，诚实是最重要的，并且他没有在私生活这件事上动用公权去做什么。

3. 经济业绩图太漂亮

克林顿这个人为什么很厉害呢？背景可能大家不是很清楚，我2015年在美国待了一年，当然做研究是首要的任务，听八卦是一种"调剂"手段。克林顿的经济业绩体现在稳定经济增长上，他个人具有独到眼光及执行力也不是一般领导者具有的。今天美国经济的活力依然有克林顿的功劳。

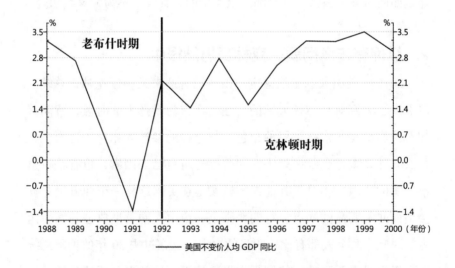

图4—1　老布什和克林顿时期美国不变价人均 GDP 同比情况

克林顿的经济领导力有多厉害，看看图4—1就知道了。

4. 老布什：白瞎了里根留下的好局面

老布什是美国过去5任总统当中唯一没有连任的。有观点认为是因为老布什发动了第一次海湾战争，打错了仗。完全不是，要知道攻打伊拉克根本不算一个什么事情。因为在此之前，老布什还有一个非常大的政绩，几十年来的美国总统都没做大的事，让他做到了，或者说被他遇上了。他的政绩是什么？大家知道 1988 年到 1992 年发生了一个什么事情？"冷战"结束，苏联解体。如此重大的政绩没有让老布什连任，现在想想都觉得匪夷所思。

经济学者会告诉你，政治上的问题很多可以在经济领域来找原因。老布什没有连任便是经典一例。1991 年，即总统连任选举的前一年，美国的经济增长率是 −1.4%。这便是一个所谓的自由市场经济国家中的最大麻烦：如果经济不足够好，照顾不到自己的老百姓，对不起，我们得换人。正是要竞选连任的时候，老布什的经济成绩单太差，增速大幅度下滑。而且，大家可以看到老布什执政的基础是非常的好。老布什的前任是谁呀？罗纳德·里根，1980 年到 1988 年，美国经济成功复苏的缔造者。

大家现在谈论里根的政策，是因为最近几年我们提供给侧结构性改革。我个人有一本专著《扩大内需的财税机制研究》，仔细分析过里根时期的经济政策。

民主党老出这样上台之前默默无闻，一旦掌权就风生水起的角色。里根是什么人？曾经一个好莱坞的三线演员，当然外型不错，明明可以靠脸吃饭的，却非要在政治上来找满足。按理说，里根的专业背景不支持他有这么出色的经济能力，但是上任之后，大家发现里根的经济政策特别棒。事实上，并不是里根这个人有多厉害，而是知人善用。里根的经济顾问有两个关键人物：第一个大家都知道，艾伦·格林斯潘，执掌货币政策（格林斯潘背后还有一个人——米尔顿·弗里德曼，芝加哥货币学派的重要代表人，诺贝尔经济学奖得主）。第二个人叫马丁·费尔德斯坦，执掌财政政策和财税改革。两个人支撑了里根后续实施的一系列变革。实际上，里根政府算是接手了一个烂摊子，经济基础很差。20世纪80年代，整个世界的风向，两个阵营——东西方阵营之间谁的经济好很难说。哪怕是苏联倒台了前一刻，至少在数据上经济还是不错的。80年代，苏联的GDP是美国GDP的80%，然而人口比美国少1/3。国内矛盾我们另说，谁都有矛盾，暂不涉及，经济上是如此。

我们再往前讲一点儿，20世纪70年代美国还发生了很多事情。两次世界经济危机，石油危机，还是接连两次。还有美国最丑陋的那一幕："水门事件"，记得吗？一个总统在国会里面，反对党的桌子底下安窃听器，跟我们建交的尼克松总统被弹劾下台了。然后，吉米·卡特接任——后来得了诺贝尔和平奖的那位，属于"看守总统"。美国70年代也是很糟糕的。到里根手上是一个烂摊子，但是里根把烂摊子收拾得很好。布什接任的时候大家可以看一下经济增长率。记得在课程当中我也讲过，美国模式有很多特点，最值得关注之处是经济持续增长。美国建国200多年，GDP增长年均2%。大家算一算GDP增长了多少倍。我们这样一个大国是最希望的便是国家平稳运行，经济持续增长。增速6.5%和6.8%有区别吗？在决策层那里或许是有区别，但是在我们眼里基本上没有。所以平稳增长是很重要的，维持一个平稳增长的基础，其实就是一个良性的运行机制，确实有一些东西还是值得学习。老布什就是因为经济不好下来了。

克林顿是一个什么人？克林顿为什么能够把经济做得那么好呢？

解决了历史遗留问题

苏联解体了，但"冷战"并未结束。华约没有解散，北约到今天还依然存在。所以怎么样结束"冷战"并不是老布什解决的问题，而是克林顿解决的。

跨界总统超高的财政与货币政策

克林顿运用了非常灵活的财政和货币政策，对一个检察官出身、耶鲁大学法律系毕业的人来说，能够把这两个主要宏观调控工具运用得那么到位，还是非常令人佩服的。

为新经济制造广袤土壤

第三个事情是发展新经济。我们知道美国现在的竞争力已经不是制造业了，也跟英国不一样，现在美国经济的最大活力是新经济。我要讲的是扎克伯格（脸书）、亚马逊、谷歌、甲骨文等这些公司的迅速崛起。

现在有人准备看谷歌的笑柄，希望谷歌突然有一天倒闭，这其实很难。因为谷歌最牛的是一个子公司生了一个母公司（一般都是一个母公司生一个子公司）。

2015年的时候，"儿子"谷歌"生"了一个母公司，叫Alphabet（字母的意思）。（我的第一反应是——真行，拉里·佩奇（谷歌CEO）要"打扑克"？听懂我的意思了吗？英文字母26个，拉丁文字母更多了。母公司叫这个名字，难道不是要用字母开头给旗下的公司命名吗？我理解这就是"打扑克"。）其实，谷歌公司不仅仅是互联网的一个搜索企业，用他自己的话说，自己未来业务来自三个领域：第一是大数据分析；第二是生物技术，主要是抗击癌症；第三就是人工智能。第二项技术会颠覆我们所有人的生活，第一和第三项是这样的，你知道的我都会知道，再没有信息不对称。劳动成为了自觉的行动，这就是很神奇的新经济。

包括2016年的诺贝尔经济学奖有好多段子，是说信息不对称的。诺贝尔奖一般颁发给这个领域的具有开创性贡献的学者。主要说的是契约问题，最常见的便是合同。合同分两种：第一种是你知道我也知道是什么的合同，所有事都写在合同里面；第二种是我们来签未来可能发生事情的合同，约定各自权利义务。第一种合同是大家都很熟悉的，你买房子的时候就签这种合同。

我们重点说第二种。比如像婚姻契约，就是一个典型的未来合同。未来发生什么都不知道。怎么办呢？我们要签一个合同，来约束未来的行为，避免彼此受损。或者说给一个很高的违约成本，维系本可能遭遇波折的关系，总之，信息不对称会导致社会成本很高，而契约是消除隐患的装置。谷歌促进信息流动，分析未来可能，消除信息不对称。企业的活动具有理论上的价值。

5. 克林顿上位：王者归来的故事

克林顿是耶鲁大学毕业的，他跟希拉里是同学，青梅竹马。你仔细看希拉里年轻的照片，会发现那造型在学校里基本上就是"女神"。希拉里这个人特别厉害，长得好、学习好，毕业以后，不是像克林顿一样回老家上班，而是直接到大城市当律师。

克林顿是直接回到了自己家乡——阿肯色州，当了一个小检察官。最后通过自身努力成为了当地的行政首脑。也就是说，克林顿职业生涯的前15年就根本没有在大城市待过。

克林顿是典型的从底层一步步走上美国政坛巅峰的人。这种经历非常符合美国人的价值观，他们也更倾向选这样的总统。看着自己的领导也是这样一步一步上来，干到了总统，实现了美国梦，多好呀！

共和党是白人精英，美国建国之初从英格兰地区来到北美大陆的白人，讲求社会效率，追求高大上。民主党人虽然也是白人居多，但是他们长期在南方从事农牧业，与老百姓在一起多也就更懂得民生。这两派人生长的土壤是完全不一样的，所以他们政治偏好也不一样。

你可以看到共和党可以选像小布什这种甚至连阅读都有障碍的人来当总统。为什么？因为共和党有很强的组织基础：白人精英。

大家听过"共济会"的传说是吧？这个世界上有一个什么"共济会"，相当于前台都是木偶，后面有人拉着。简单说就是有智囊或者董事会，就这么简单。

但是民主党人没有，民主党人一贯是注重民权民生，尊重女性，尊重少数民族，接触草根，反正是没有精英支持，行不行就要看你自己的能力了。所以民主党的总统一般不善于经济，比如说约翰·肯尼迪，另外还包括后来的吉米·卡特。

但是克林顿上台后，一改民主党人不善经济的弱点。所以说，基层上来的领导还是有益的。克林顿把很多事情做得非常棒，总结三个事实：

福利制度：保障穷人但没有陷入福利陷阱

第一个是福利制度。福利制度可以说是非常棘手的东西，简单说就是给大家"发饼"。有人说"发饼"好简单呀，就是把"饼"堆在这里，大家拿就行了。是不是这样呢？我觉得是，当"饼"足够多的时候大家过来拿没问题，但是了解一点儿经济学常识的人都知道，这个世界上资源是有限的，然而大家的欲望又是无限的。经济学是干什么呢？就是把有限的资源配置到无限的需求上去。

克林顿他做了什么？

我坦诚地说，美国的福利制度在发达国家算差的。有 1/4 的人没有医保，有 1/3 的人没有社保——这在人均 GDP 5 万美金水平以上国家中难以想象。大家都知道"北欧模式"是"摇篮到坟墓"的保障体系，采用这种模式的有三个国家：瑞典、挪威、丹麦；西欧各国，无论财政多么困难，福利也是不能减的。45 岁可以退休，每天上班 5 个小时，他们一周工作时间没有我们一两天工作的时间多。类似的情况，有的是，但美国人不是。

有人说这个世界是看脸的世界，其实也是人比人的世界。什么叫人比人的世界？如果你的邻居都开着宝马，很多同学开宝马，房子比你们家大三倍，你心理就平衡不了。跟你岁数差不多，每天上班时间只有你的一半，一放假都在度假，你心理更平衡不了。

国与国之间也是这个道理。美国人均 GDP 世界排名第五，那些国家福利状况和美国人现在的福利状况一比，老百姓哪里受得了？所以共和党人选不上总统是有道理的。共和党人说什么？共和党人说我要维护中产阶级的利益，我要维护白人精英的利益、大资本家的利益。一人一票，比尔·盖茨是一人一票，黑人家庭也是一人一票，好多黑人家庭有都十来口人，计票结果可想而知。

在这种情况下美国对比的对象不是中国，它对比的对象是欧洲的那些国家和加拿大。这种情况下对于总统绝对是很大的挑战，所以，不论是特朗普上来还是希拉里上来，或者是之前的克林顿、小布什、奥巴马，这些总统都要面临美国福利制度不好的问题。但很有意思的是，克林顿把这个问题处理得很好。

环境的经济意义：支持《京都议定书》

美国的石油消费量和污染排放量确实很大。你在那儿生活就知道，这个国家真的是比较浪费——所有的水龙头都能放出热水，去欧洲也是；所有的洗漱盘和所有有水龙头的地方都是两个水龙头——发展中国家的群众看起来确实挺浪费的。

怎么限制人类高排放，特别是限制美国呢？《京都议定书》是人类最大的共识，这是在克林顿时期达成的。我在想如果没有克林顿，美国人是不会签《京都议定书》的。美国人均碳排放量是世界平均水平的 5 倍，是发展中国家的 10 倍。一旦签约，维持现有热水龙头可能都不行了，更别说开越野车，但是克林顿就签了。我们这才知道，原来这个世界"要靠"民主党人。2016 年杭州的 G20 峰会上，奥巴马最终签字。国会最终同意了签字，但目前被特朗普替换，可见总统说了不完全算数。所以美国总统是一个权力很大又很小的职位。

离任后：全球排名前列的演讲收入

克林顿还有一个厉害的地方，就是能"吸金"。离任美国总统的时候，连 60 岁都不到（应该是 54 岁）。在全世界演讲费用最高的五个人中，克林顿夫妇占据两个席位，这是一个市场评价的结果，也从一个侧面反映了克林顿夫妇具有的吸引力。

哈佛大学的校长：你必须会赚钱

哈佛大学这个名字大家可能特别熟，但是大家对哈佛大学如何发展到今天的状况可能不是特别的了解。

1. 没有他们，哈佛可能活不下去

哈佛最近的两位校长劳伦斯·H. 萨默斯（Lawrence H.Summers）和凯瑟琳·D.G. 福斯特（Catharine D.G.Faust），两位是令哈佛大学重焕青春的关键性人物。没有这两个人出色的领导力，特别是没有两位的经济领导力，就没有今天的哈佛。为什么会这么说？下面做一个简单的背景介绍。

萨默斯来哈佛当校长之前是美国的财政部长。中华人民共和国财政部在中华人民共和国国务院排序里靠后，但是在美国国务院序列中财政部位列第四位。

美国政府最重要的四个部门领导人：第一个是国务卿，相当于外交部长，管理世界；第二个是商务部长，负责做生意；第三个是美联储主席；第四个是财政部长。

大家很熟悉《经济学原理》，是保罗·萨缪尔森写的。萨缪尔森是诺贝尔经济学奖的第一任得主（1970年），这么一说大家就清楚了此人多伟大。萨缪尔森跟萨默斯什么关系呢？——叔侄——萨默斯是美国第一任诺贝尔经济学奖得主的侄子。

你可能会说，不对啊，他们姓不一样啊？因为萨默斯的老爸说，保罗太伟大了，我们家族里只能有一个人可以叫萨缪尔森，剩下的人我们就改一个姓吧，就改成萨默斯了。萨默斯不仅出身显赫，而且学问做得非常好，交际能力也强，当了哈佛校长并不出乎意外。

凯瑟琳·D.G.福斯特是谁？她是一个历史系的教授，一个很温婉的女性领导人。大家会发现当一个男权社会发展到极致后，大众开始喜欢看起来比较温和的女性作为领导人，所以你会看到这个世界上女性领导人会越来越多。看起来都特别像隔壁家的阿姨那种，但是都还挺厉害的，包括默克尔（德国总理）。

2. 校长的任务就是筹钱

校长做的事情其实很简单，管理一个学校和治理一个国家并没有本质上的区别，其核心有两点：第一是对内治校；第二是扩大影响力。

哈佛的历史非常悠久，1636年哈佛建校，1776年美国建国。也就是说，美国建国140年前哈佛已经落成。

哈佛第一位校长叫伊顿，因为经济问题"下课"。是什么经济问题呢？就是让自己的老婆承包学校的食堂。

美国大选是忌讳谈钱的，美国教授也忌讳谈钱，但美国校长可以公开谈钱。为什么说校长是一个公开谈钱的人呢？我们可以看一下维基百科上的一段话：

美国所有的校长，他们最重要的任务就是筹集经费——抽象的说法是筹集或动员资源——看看我们国内高校，最近几年进步快的，一般来说都是那些动员资源或者获取资源的能力比较强的学校。再通俗一些，你所在的单位，你所在的部门，哪个动员资源或者获取资源的能力强，组织发展都不会差。为什么一个历史系的教授可以当美国的校长呢？最主要的原因可能就是因为福斯特有很好的政商关系。

3. 不会赚钱、花钱，怎么当校长？

哈佛的校长做什么？赚钱、花钱，就这么简单。校长为什么要赚钱、花钱？从经济学的角度讲，一方面是配置稀缺资源；另一方面是在有资源的情况下进行优化配置。

哈佛大学有没有问题？有问题。比如说某学科领域最牛的教授，是一个印度人，25岁哈佛毕业，26岁成为加州大学伯克利分校的终身教授（全美排名前五的学校），27岁回到哈佛，28岁成为公共经济学领域全世界最顶级的学术期刊主编。2015年从哈佛去了斯坦福，为什么？简单来说哈佛还是有它的问题，不完全是钱的问题。这种级别的教授，科研经费已经没有约束，说明哈佛的吸引力在某些方面还是不够。斯坦福所在的那个地方是美国西海岸，"硅谷"所带来的创新与活力无可比拟。斯坦福出了很多跟互联网有关的人，公共经济学未来的发展方向可能跟大信息和大数据相关。由此可见，哈佛也有不足的地方，这是它们的挑战。

4. 什么是哈佛校长的经济领导力？

通过以上分析，可总结出哈佛大学校长的经济领导力体现在三个方面。

市场化的运行机制

哈佛并不是一个不食人间烟火的学校，在校内有很多营利的项目，比如说我们看到过的哈佛企业案例，各种培训课程，向全世界输出知识，当然也获得了丰厚的回报。

教授治校+基础设施+运行+软实力

第一个是**教授治校**，其的含义是专业人员做专业的事情。很多时候，我们不能相信一些关键词和信条，但是要信赖那些被无数次检验过的真理。教授治校的核心是专业化问题。

第二个是**基础设施**。美国东海岸是很狭小拥挤的，哈佛大学和麻省理工学院，包括东部的学校基本上没有围墙，这是美国大学的传统，也是地理所限。没有围墙，现在被认为是开放包容标志，其实，没有修围墙最主要的原因也是因为如果有钱还可以买地继续扩张。有人可能会说这没有什么，我们的围墙修好了之后还可以把它拆掉，扩张了土地重新围起来就完了。美国人不这么想，他们认为这是可以节省经费。美国人就是这样，有的地方就特别的节约，有的地方特别的浪费。他觉得这个围墙没必要盖，等有钱了把旁边的地买了就行。

第三个就是**运行**。运营一个学校十分不易，方方面面的事情都不敢疏忽。给大家举一个例子，我访学过的那个学校，在全美排第15名左右。给我发邀请函的那位系秘书，50多岁了，效率特别高，每次沟通很顺畅。遗憾地是，等我到达美国办手续时候，见到的却是另外一个人。后来一问，我才知道，考核中她被认为不适合再继续做系秘书的工作，意思就是效率不高被辞退了。我在美国一年访问学习，系秘书换了三位。行政就是要为科研服务，服务不妥当，人就得撤换。这是一个很神奇的雇佣体制，虽然它们的教授很难流动，但管理人员比我们国家企业的人员流动还快。

第四个就是**软实力**。品牌还是很重要的，需要长时间积累。并不是历史越悠久品牌越好，大家现在都能理解了。

哈佛的校训是一句拉丁文，翻译过来是"要与柏拉图为友，要与亚里士多德为友，更要与真理为友。"怎么能把校训写成这个呢？你们会发现找寻大家都能认同的信条，才可能促成一个组织能够长远发展。

扎克伯格与中国

1. 我眼中的扎克伯格

第三个人物是扎克伯格。

扎克伯格是美国阳光帅气的年轻人代表，在互联网创业领域才华横溢，区别于传统型领导，其组织领导能力惊人。

扎克伯格跟比尔·盖茨一样，也是哈佛大学没有念完，就出来创业了。两位"大神"都认为自己有一个非常棒的想法，需要马上实现，比念哈佛还重要，所以就退学了。脸书（Facebook）便是扎克伯格创办的，是一个社交服务网站。但如果说从用户体验来说的话，我觉得这个软件比我们国内的软件要差很多。

扎克伯格与中国渊源很深。他的妻子是华裔，在美中国人的第三代，因此扎克伯格的中文说得非常好。据说是为了孝敬妻子的奶奶，便于沟通，刻苦练习的结果。因此，可以说，扎克伯格与中国有着某种特殊的关系，其行为特征有东方人的特点。

2. 扎克伯格代表的新型经济领导力

叛逆VS传统

扎克伯格下了一盘很大的棋。他个性中的叛逆特征明显，不然他也不会辍学，更何况还是从哈佛。

美国的社会就是这样，没有那么多的条例、规定、纪律，只有法律，这就可能会激发大家尽情去做事情。只要不违法，你可以干任何事情。

我们知道传统的领导力是大家坐在一起说事情，可以展示领导人魅力的。像杰克·韦尔奇、柳传志、宗庆后、史玉柱、俞敏洪等都是，但是扎克伯格据我所知不是。

有一个来自天津的女孩，北大的计算机系本科毕业，普林斯顿大学计算机系的博士生在读。这是一个什么样的系呢？每年在全世界招收 30 个博士生，整个亚洲地区招一个人。那一年，就招了这位女同学。她读了两年觉得读书没有什么意思，并觉得老师跟她合作不愉快，于是退学了。她说退学了就要去找一个退学的人开的公司上班，于是去了脸书。我问她为什么去这个公司。她说，原因是扎克伯格说我们可以不来上班。脸书的工作间没有桌子，只有台子，都是站着，电脑就搁在像咖啡桌的吧台上。开会多数也没有排场，大多数是视频会议。这个就是脸书这个公司的状况——桌子没有一个，板凳没有，会议室估计都很少——这便是新的管理模式，新的领导方式，颠覆传统。

生意VS非生意

脸书做生意和传统做生意也不一样。我们知道做传统生意，面对生意伙伴或者潜在的生意市场，我们要去沟通，要去联络。脸书基本上没有这个流程。脸书靠什么挣钱？靠广告挣钱，而且不是无限度地放置广告，而是恰到好处地给用户信息，给商家推广。

为什么精准投放广告具有商业价值？因为广告做不好是要出问题的。比如万宝路老是得赔钱。为什么呢？如果一个美国人抽了20年烟，得了肺癌死了，他们家人就会去法院告烟草公司，就怪万宝路引诱，导致家人早逝。怎么办呢？法院便判决万宝路赔付几千万美元。

我们都知道法律也是有效率的。制度设定以后，违法者会去触碰和尝试底线在哪，经济学上叫"逐劣"。除非损失高于成本，否则就会有人不断去突破前一个底线。事实上，社会发展要么是"逐优"，要么是"逐劣"。只要前面出现的不好的情况没有被惩治，坏的示范效应便很快蔓延开来。如果做不好的事情没有坏的后果，其他类似的公司便会去做同样的事。

必须要有比较严格的管制措施，让企业不敢把与性、毒品或者与那些少数民族相关的禁止事项拿来做广告。虽然扎克伯格也靠广告盈利，但是有约束。

3. 《行动的勇气》：次贷危机拯救者

我给大家推荐一本书：《行动的勇气》——是伯南克的自传。伯南克是格林斯潘之后的继任美联储主席，也是一个著名的经济学家。他领导美联储的时间只有8年，比他前任20年要短得多，但是他带领美联储度过了历史上可能是最艰难的时期，就是2009年的全球金融风暴。

当时，中国为了应对不测，实施了"4万亿刺激"计划，一些人认为，那是搞错了，经济没有问题，反而推高了房地产价格。但在美国，却摊上了大事。现在很多资料显示，如果美联储主席应对不当的话，20世纪30年代的危机可能会重新席卷全美国乃至世界。严格来讲，1930年的中国没有融入世界经济，或者说还在外围。现在我们融入世界经济大潮，成为世界主要贸易国和GDP总量排名靠前的国家。如此局面下，你会发现如果是那场危机真要来了，对我们的冲击会非常大。

美联储有长期的专家治理传统。它的主席基本上是大经济学家或者是多年来练就的熟手，特别是最近两任，伯南克和耶伦。伯南克来美联储之前，是普林斯顿大学经济系的系主任，在国际金融与货币理论方面无人出其右。从美联储退下来之后，目前在布鲁金斯学会任职，现任美国经济学会主席（AEA）。

伯南克的继任者是一位老太太——珍妮特·耶伦。耶伦是加州大学伯克利分校的终身教授。美联储之所以信任专家是有道理的——因为专家们对美联储的目标任务和政策工具都有长期的跟踪研究。他们大多能够从侧面且冷静地观察现象、分析问题，并提出建议——耶伦便是符合美联储要求的一众经济学家中的一位。耶伦任职美联储主席之前在学术界就非常有名。有意思地是她老公也是一位学术"大神"——诺贝尔经济学奖得主阿克洛夫，也在加州大学伯克利分校经济系任教。阿克洛夫写过一本科普读物叫《动物的理性》，介绍行为经济学，他是一个来自苏联的移民。所以有这样一个丈夫，耶伦就有人帮助，美联储聘请她就相当请了两位经济学家。

经济学家与政治哲学家的观念，无论对错，都
远较一般人所了解的有力。这个世界甚少受其他人
的统治。负实际责任的人尽管认为不太受知识分子
的影响，但通常都是某些死去的经济学家的奴隶。

——J.M.凯恩斯

二、公共部门领导者的经济素养

公共部门的领导者怎么看经济问题，获取经济信息呢？一般来
说有三个层面，第一层是要**对经济情况经济环境有大致了解**，当然
这主要是指宏观上的总览；第二层就是要**熟悉小到乡村，大到决策
层的经济政策，特别是与工作有关的经济政策**；第三层是要**了解组
织内部经济状况，特别是财务信息状况**。

经济政策与环境对公共部门的影响

1."精准扶贫"的困境

"精准扶贫"这个政策现在国家花了很大力气，研究各种方案。

脱贫的重要指标是人均年收入达到 2300 元[①]（人均每天 1.25 美元）。

按理说，我们现有的财力水平——全国公共财政收入 17 万亿元（2016 年），要解决贫困问题并不难，但扶贫不是简单地给贫困人口每个人保证 2300 元就可以了。扶贫要保证"不返贫"，要提升"造血"能力。微观政策上，扶贫资金给到乡镇，哪怕给到每一个贫困人口的户头上，到底能不能让他脱贫？是有很多环节需要扎实做细的。实现总书记十八届三中全会布置的——2020 年以前我们要削减多少贫困人口，全面建成小康社会尚需努力。

分析其中的一个问题：扶贫资金的政府间分配，最核心的是县一级的财政资金分配。扶贫资金与其他不一样，很多来自上级财政。中央、省、市分别给县里多少钱，要求做哪些事情，都是非常具体而微观的内容。这里不是一句"扶贫攻坚"口号就可以完成的。我们要问所谓的精准扶贫真正含义是什么？是把钱发下去就行了吗？资金下来以后县一级政府怎么去做？哪些可以去做到？哪些短时间还完不成？缺什么条件？这些条件哪些自己可以完成，哪些是需要上级帮扶？都要弄清楚。有时候，我们发现扶贫攻坚这种自上而下的政策部署，实施不力或者说效率不高的关键，是各级政府之间和每一级政府内部的协调配合不够。换句话说，领导者要去发现关键问题，到底是钱不够？还是管不好？或者兼而有之。

县一级政府财务状况能不能有效配合扶贫攻坚？这里说的财务状况指两个方面，第一个方面是流量方面——收的钱和花的钱；第二个方面就是资产——资产负债表。为什么那么多的公共部门都面临着负债的问题？很多时候就是没有经济领导力，没有掌握好一个组织的财务状况。这里有的是不知道，无意的；有的是知道，有意的。

---

① 2008 年世行依据 75 个国家贫困线数据以及 2005 年财政力水平核实。

归根结底，我们以往的领导者或者从事领导角色的这些人，没有考虑得像企业一样，对现金流还是资产负债做好规划，所以引发了一些问题。

2. 行政周期与经济周期的错位

经济周期是指经济波动，而行政周期更多体现为领导者的轮替。经济波动会导致政府行为的变化。比如经济上行，政府收入增加，那么行政上的余地会大一些，做更多的事；反之经济下行，政府收入减少，但为了稳定国家可能还要增支，那么收支压力变大，行政上的余地会减小。举一个非常简单的例子，政府购买公共服务。政府应该怎么购买公共服务？购买哪些公共服务？是各级政府经常面临的难题。

从经济角度看，最大的问题就是行政周期和经济周期是不一致的：上一任领导提供的公共服务，到下一任领导能不能维持？往往很难。因为很多时候，不同任期的财力水平不一样，要不断提高公共服务水平，就要不断提升资金供给水平。我们都知道一个地方乃至一个国家财力是有约束的，不能无限度地提升公共服务。更进一步，即使是高水平的政府治理，公共服务提供能力比较强，也可能被经济波动冲击。那么要维持一些事情，比如说教育、医疗、基础设施，就是考验领导者行政能力，特别是领导能力的时候。

不仅是中国，全世界都面临这个问题——后任行政领导很多时候没有办法去执行前任留下的合同，当然在后续的内容里，我会讲一些如何变通优化的策略。

3. "戴着手铐"可以做事吗？

既然公共部门的领导者会受到资源环境乃至行政体制的约束，

而且公民众对他们有要求。那该怎么办？我们需要对困难进行分类，哪些是外部的，哪些是内在的。实际上，公共部门领导者面临的约束，可能比市场当中领导者要复杂。很多时候，不只是钱的问题。

所以在这种所谓的"戴着手铐"的情况下，公共部门领导者要多思考自己的出发和立足点，才可能有更好地配置策略——优化人的配制，优化资源的配制。有的时候，甚至要把空间和时间这些维度加进来综合考虑，比如现在多负债要考虑未来的资金可持续，就要把公共基础设施的现金流纳入考虑。再比如向银行借款，资金利息变动和未来财政补贴多寡都要分析。或者，经济下行和经济上行的时候，同一个项目融资方式或者建设模式都应有所区别。其实，有些问题是可以通过技术解决的，不需要一上来就上升到体制机制层面。

领导者需要洞悉哪些经济环境？

1. 不只是就业和物价

一说到经济环境，可能对一般的公共部门领导者而言，最先想到的就是媒体宣传出来的那些关键词——比如说经济增速、就业状况、重要商品价格、CPI、房价等。这些重不重要呢？重要，但在这个基础上要进阶为出色的领导者，你还需要知道更多。

我们先说中国的情况。这两年，整体经济走势是经济增长减速非常明显。如果拿同期世界水平作比较，进行横比的话我们还是挺好的。因为世界经济从2008—2015年平均增速从4%降到了3.1%，而2008—2012年的实际经济增速为1.8%，这是什么意思呢？世界经济增速被"腰斩"了。中国经济增速相对于20年前的15%左右，也是被"腰斩"的，但幸好我们绝对的速度在那里，减速以后还是很高（见图4—2和图4—3）。

图4—2　1992—2014年中国GDP增速

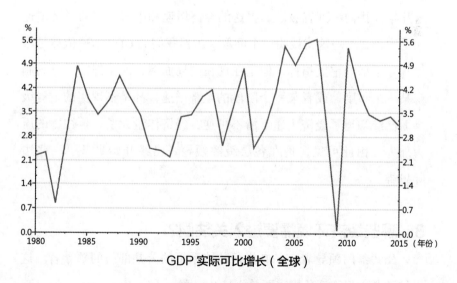

图4—3　1980—2015年世界GDP增速

2. 边际思维

边际思维是领导者很多时候忽视的重要工具。学经济学的人会讲"边际"的概念——当你 1 岁的时候你长 10 厘米大家觉得没什么，但是如果你已经 15 岁了你再长 10 厘米，就是一件令人惊讶的事情，中国经济增速降低就是这个道理。有研究表明，我们过去 10 年的 GDP 增长绝对值变化不大，但由于体量变大，所以同比增速降低。如果懂得这个道理，我们各级行政首脑一方面在追求经济增长、处理经济问题时候，就会不那么慌张，也不会那么急于去做刺激的决策或是判断有衰退的风险——这就是我们所说的，要有一点点经济学上的边际思维。

变化正在发生。最近在省级层面的经济增长目标没那么高了。2010 年之前，各省报送的经济增速，连 20% 的都有。不过，如果去把所有省份的 GDP 增速做个平均，那会比国家层面的结果要高很多。这几年，我们看到省级层面报送的经济增速和国家公布的经济增速还是比较靠近。这就说明一个问题，虽然我们的 GDP 增速依然是考核领导干部的重要指标，但是在现在的局面下，大家都知道过高制定某一个年度，或者某一个阶段的经济增速，都是不现实的。省级层面已经知道了经济增速下滑不可逆，经济体量大了，再往上的压力加大。由此可见，现在各层级的领导者已经开始具备了一些边际思维。

3. 哪些经济环境需要进入关注圈?

公共部门领导者——专指行政体系下的公共部门的领导者。这类领导者对于经济环境需要关心三个层面：

第一个就是**财政资金**。中国有 800 多万名公务员，有 3000 多万名的事业编制人员，加起来将近 4000 万人，所以财政供养人口也是我们必须关心的问题。媒体很多时候宣传有些想当然，甚至有的数据看起来是比较扎眼的，但很多要靠事实说话，不能片面看问题。

为了回应各界对财政资金的关心，也为了指导各级政府依法行使财权——2014 年底全国人大颁布了新修订的《中华人民共和国预算法》。不要以为预算法仅仅是财政的事情，其实预算法是整个政府经济的母法。再说通俗一点儿，没有钱想办事，反正也可以做，但是你肯定做不好，做不久。如果有财政资金的跟进，很多事情就能做下去了，特别是重点项目，都是大资金持续投入。

第二个就是在地方公共部门的领导者，也是各级政府比较看重的一个指标——**就业率**。

我们曾经到一些地方调研，发现了一个很有意思的情况：学术探讨里面一般讲，GDP 和财政收入是非常重要的地方经济指标，但落到本级领导干部考核的时候，当地对就业率又十分看重。

这种看重，有时候会导致财政去花钱购买就业率，以实现既定的要求。比如说去办一些可以容纳失业人员的机构，或者是增设一些现在看起来"不太经济"的项目，以解决失业问题。

4. 政府：有为者还是守夜人？

如何处理市场经济中**政府与企业、政府与个人的关系**？

政府与企业的关系有太多内容。

公共部门的领导者做的事，有的是自主自愿去做的事情，有的则是自上而下的任务安排。虽然在外部看起来，都是政策部署，没有区别，其实很不一样——公共部门领导者对政府职能定位的区别，决定了政策执行实施过程中的差异。如果你认为政府要有所作为，那么总览全局可能就是接下来的工作；如果你认为市场机制更适合主导，那么发挥市场作用要高于政府直接插手经济。说白了就是你是基于"有为政府"去做这个事情，还是尽可能利用市场。实际上，那些倾向于利用市场机制的学者或者领导者，往往承认信息的不对称，政府有时候力所不及。因此，最省事省力的办法不是直接插手，而是尽量克制自己的行为。进一步看，这种做法能够有效节省财政资金，而将更多资金用在公共服务上。

政府与个人的关系。随着经济社会的发展，政府与个人的直接联系越来越多，原来通过单位作为中介的方式，正在逐渐减退。如何处理好政府与个人的关系，也是非常重要的，比如说我们经常看到拆迁的问题，下岗职工善后的问题。很多时候，政府和个人的关系可能就是在经济上的关系。

熟悉经济政策

所有宏观经济政策第一个层面（所谓第一层面是指国家能直接掌控且关乎全局的政策部署）有两个：第一叫财政政策；第二叫货币政策，当然产业政策是最近讲得比较多，但就我的理解，它不在宏观政策的第一层面。

1. 财政政策

中国实施过两轮积极财政政策——1998 年和 2008 年。"积极"二字随后经常出现在各类中央文件的表述中。1998 年的时候，财政第一次把所谓收支相抵的预算平衡的硬约束抛弃掉。新中国成立到 1998 年之前，我们国家是不允许搞赤字预算的，中央政府都不允许搞，更别说地方政府；2014 年年底预算法修订之后，才允许了地方政府列赤字，之前各级地方政府也不能讲赤字。

积极财政政策之所以能够被选用，为什么呢？有两个原因：第一，改革开放到 1998 年，20 年里我们还是积累了一些社会财富，政府兜里也有一些余钱。第二，最主要的是我们主管经济的领导者，乃至决策层都感觉到，通过公共支出去刺激需求，去修建一些基础设施对经济发展有好处，长远看更有助于蓄积发展动力。特别是朱镕基总理对经济环境比较熟悉，而且很好地解决了 20 世纪 80 年代困扰企业的"三角债"问题，并在 1994 年实施分税制财税体制改革，积累了实施积极财政政策的实力与经验。

也就是说，我们国家有条件去做，着手修建各种各样的基础设施，比如很多高速公路是那个时期修的。与 1998 年不同，2008 年第二轮积极财政政策主要是建设高速铁路。

在美国交流的时候，学者们都很羡慕中国高铁。加利福尼亚是美国最富的州，但它们最新一条高速公路也是 1975 年修的。加州大学圣地亚哥分校做宏观经济研究的老师问我："你们为什么有那么好的基础设施？"我说我们愿意在这方面弥补短板。她说加州有钱，但我们政府不盖基础设施。我问为什么呢？她说："要同意修一条路，程序太复杂了。"我说你们财力充足，怎么会如此纠结？她说："非常简单，本来计划要修一条从旧金山到洛杉矶的高速铁路。现在基本上是搁浅，或者说肯定不能修了。一方面是钱的问题；另一方面是跨政治周期，不同的领导人上来，看法不一样。"所以熟练掌握、运用财政政策也是领导力的一部分。

2. 货币政策

货币政策可以通俗理解为，货币数量和货币价格的问题。举个例子，过去 10 年，我们的货币发行增速大约是 GDP 增速的 2 倍。

这与过去数年中国固定资产的价格上涨快有关。

再看国际情况，1980年，时任英国首相玛格丽特·撒切尔推行供给改革。她所做的事情就是把公共资产尽量抛售，以缓解政府的财政压力，然后，手上握一些钱，照顾一下老百姓。我们知道英国是非常有革命传统的国家（还有法国），这使得整个英国的转型比较顺利。中间大家忽视了一个问题，就是英镑在那个时期也在转型。英国是一个"开银行的国家"，对货币发行量和货币价格很敏感，供给改革时期更是。在那种情况下，英国稳定了英镑价格——利率和汇率，为深化改革创造了更多可能。

除了货币作为流动性，资产问题也要关注。现在看起来政府还是掌握着比较多的资产，特别是中央和地方都有。一些资产公司、投资公司，它们也非常想把政府资产做成证券（因为非常优质），或者以什么样的形式变成可流动的现金流，但是现在因为各种约束，短期还不能做，或者说推广的进度很慢。如果承认公共部门是一个组织，那么这个机构除了要有现金流以外，要不要考虑对已形成资产进行融通？因为这样不仅有助于缓解资产价格高企，还能提升资本利用的效率。公共部门是存在市场当中，如果你认可政府是市场活动当中的一分子，那么是不是要尊重市场规律，按市场的规律办事，或者说我们要利用市场机制，而不是简单地应对市场对政府的要求。

3. 产业政策

最近产业政策的议论太多了。张维迎、林毅夫的观点大家都知道，林毅夫有两大贡献，其中一个叫后发优势，当年他和杨小凯之间有过争执。杨小凯的意思就是后发国家都位于劣势，因为优势国家把该占的都占了，后来者就是"人家吃肉你喝汤"。但是林毅夫说后发国家可以通过短时间内复制先进国家的发展路径，达到等量齐观的水平。然后在下一波的产业竞争当中，后发国家有机会更快地迈上一个新台阶，没有历史包袱和少走弯路。具体到领导干部，在关注产业政策的过程中，要特别注意以下两个问题。

产业政策与产能过剩

现在看产业政策确实到了要调整的时候。以新能源领域为例，过去这些年，我们对所谓战略性新兴产业投入太多，投进去之后没有形成迅速的制高点效应，而成为可产能过剩。风力发电机组和太阳能光伏电池都有类似问题。近期，新能源的汽车骗保的问题也被扒了出来。前一段时间，财政部公布了一批著名电动汽车厂商骗取财政对新能源汽车补贴的情况。到底是怎么一回事？是不是说在"丛林法则"的市场经济当中，一个想要站在发展前沿国家，一定要财政去扶一把？或者为了形成所谓的规模效应，允许一定的垄断存在。事实上，相关策略并没有太深入的研究，更谈不上尝试。

如果联系到上面谈到的积极财政政策，就可以看到，现在的政府对发展经济都很迫切，也有一些财力，往往特别有冲动去搞一个支柱产业。客观来讲，某一个国家或者地区要找寻一个支柱产业不容易。前任财政部长楼继伟的一个观点，我还比较赞同。他的大致意思是：1994年分税制改革之后，地方政府有非常强的招商引资和建立支柱产业的一个冲动，这个冲动背后的政策支持主要是与税收优惠政策和财政补贴有关。这类支出给地方财政造成了极大的压力和困难，效果也不一定好。支持的很多产业打了水漂，财政也陷入了困难。

说一个例子，某个省会城市当年为了引进三星电子，提出了一个政策叫"三免三减半"。就是地方所收的企业所得税前三年免税，第三年到第六年减半征收。这造成了一个示范效应，结果是全国铺天盖地的"三免三减半"。

我们都知道其实地方没有什么税种，增值税的大部分要上缴中央，其他的那些零零碎碎的小税种是地方财政收入的来源。（当然，后来国有土地使用权有偿出让收入，俗称土地出让金成为地方收入主要来源。）我个人理解，由于各级地方政府的行政领导过分重视所谓的支柱产业，最后的结果不仅没有培养起税源，而且把未来财政的可支配财力和流量资金给搭进去了。

产业政策到了地方上成了"雷"

为了发展煤炭及相关产业，山西某个大型煤炭集团，用自己的煤炭资源在发电。为了本地消化电力，它们引进了一个液晶面板的玻璃的生产线。搞了几年发现这个所谓的液晶面板的生产线几乎对本地财政收入没有任何贡献。当地政府说，我们是做了这么多事的，但是不贡献财政收入，也是没有办法。因为你前期为了引资给人承诺了"免税"。退一步说，即使让地方政府收税，没有主体税种也是问题。现在的税法也好，行政条例也好，都是有规定的。政府不能冲到人家的企业去拿钱，特别是外资企业有更强的法律意识和更高精尖的避税手段。

一方面，政府要给企业大量的补贴和税收优惠；另一方面，政府又没有相关收入。所以，产业政策越到地方层面，压力越大，越不容易做好。

田国强认为有为政府，首先要确认一个前提就是"所有的政府都是有限的"，就是你要划清楚政府的边界，包括你领导的边界在哪里？我理解，边界一方面是自制、克制，行政伦理、制度边界都是如此；另一方面就是我们现在很少考虑一些关于经济边界的问题。

如果一个地方政府的债务负担率——本身的债务状况已经远远地超过了本级财政负担水平，甚至超过了本级的 GDP 的收入，就是一种硬约束。试想一下，把经济因素放进来，会不会形成一个新的边界？

领导基层政府，更要关注经济边界。比如现在自上而下的扶贫，把握不好政府收支平衡，很容易把基层的政府弄破产。前一段时间媒体报：东北某省已经连续多年社保资金亏空，甚至动用了社保最后一道防线——全国社保基金理事会的那个公共池的资金。自己击破可持续运营的防线，击破了所谓的财政部财政补贴的防线，最后一道防线就是全国社保理事会的公积金池子了。如果开始从这个里面提现，下一步就是违约。这个是不是说明了经济领域的约束很强大呢？

用经济政策推升领导力

熟悉经济政策还是有利于经济领导力的提升，前面已经穿插讲述了。

1. "把上帝的钱拿过来用"

提升管理能力是迈向提升领导力的基础。手上掌握资源或者掌握着相对充裕、能够调配的资金是一个重要的环节。有三句话请大家注意：这个资金不一定在你手上，也不一定是现金，甚至不一定归你所有。

第一句话的意思是钱可以不在你手上，但可以在上帝手上。事和钱会一并到来。第二句话的意思是可以不是现金，但可以是资产，流动性的强弱才是关键。第三句话的意思是钱归属不确定，但是由

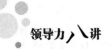

你支配。比如说专项转移支付，有项目钱才来，没有项目钱可能就不来。要明确要做的事是否与发展战略匹配，确定自身目标与完成上级任务之间是否匹配，钱就会来找你。

2. 成为配置公共资源的高手

本质上，各级政府或者说各级公共部门，都是在为老百姓提供公共服务。大家期待服务水平能够持续提升，比如都希望住在学区房周围，都希望有好的医院，都希望出门便利最好有地铁，都希望小区外面跟小区里面一样干干净净的——但是这些都不是免费的。这种期待下，公共资源有限，就要看怎么样配置了。

或许有人会讲："公共服务需求是无限的，满足之后还期望更好，是刚性的。一旦财力不足，降低公共服务水平会有很多问题。"怎么解决问题，要具体分析。但要说一个原则，公共支出是持续支出。因此，预算不能局限在一年，甚至一个任期。要依靠专业技术人员和细致的分析，来判断怎么样合理安排公共支出。不能"拍脑袋"，不能想当然觉得可以。

2016 年，全国财政收入增速是 4.5%，税收收入增速 4.8%。3 年以前，这两个增速都在两位数以上。是什么意思呢？收入有波动，而公共支出不能减，就是像教育、医疗卫生的公共支出，每年都增长。

把握内部经济状况

其实，现在的大多数领导者还是比较熟悉组织内部的**财务状况**。一般来说，他们知道有多少钱能办多少事，或者说，大概拥有几个办公楼或者有哪些什么资产。

财务状况中第一个是**现金流**。领导干部需要分清哪些是你年年有的钱，哪些是不确定的资金。比如财政扶贫资金明显是专项支出，扶贫完成以后就没有上级拨款了；有些是公务员人员经费，只要机构在，财政预算拨款就不会停止，因为拨款停止，意味着公共服务停止。类似的收入是需要领导者注意的。

第二个就是**资产**。坦诚地说，我们政府部门的资产包括公共部门的资产，有的所有权并不那么明晰。这就是为什么投资公司看着北京二环上有一栋特别具有商业价值的楼，但不敢资产证券化，就是因为这涉及产权的问题。为什么产权如此重要？因为你真把它变成可以融通的资产了，到时候赚了或者亏了算谁的？投资者也会担心，会不会政府临时收回，导致违约。

1. 人人都要有"财商"

我们在分析现金和资产的时候，要有一个**时间的观念和概念**。关于公共部门财务问题，我们有一个课程叫《公共部门财务管理》。懂得公共部门财务管理是挺重要的，这是专业技术能力。即使你不是在管理和财务相关的部门，或者说你就是一个科长，哪怕是股长，因为很年轻，你或许有一天你会当上处长、司长、部长，甚至进入国务院。你做的事情可能跟财务不直接挂钩，但最后你依然要关心钱的事情。你依然要知道做的每一件事情背后对应的都是资金的往来：差人办事，支付酬劳等。

2. 没有资源无法成事

领导组织要看战略。可以看到，很多领导，他们想做非常多的事情。做事情不成功的基本上有一个因素，就是他们动用不了一些资源。当然还有其他的原因，比如说政治不允许，或者说他职权有限，或者对下属的威信不够，或者宣传的力度不到，或者下属不理解这些事情，或者外部的约束或者管理能力不足。但是其中很可能有的一个原因，就是你所能动用的资源太少了。

比如乡镇一级财力薄弱，当然也有好的地方。多年来一直有这么一个说法，乡镇财政上级支持，所以捉襟见肘。我们要来看，乡镇一级财政的钱主要用在做什么呢？是用于医疗卫生还是低保呢？都不是。把钱都花这里了，你怎么搞基层组织建设，你怎么把公共服务给做起来？你怎么给大家通自来水？怎么为居民通电？后面这些事情都需要做专项资金来做的，日常经费不可能，所以说日常经费和专项经费还是要分开。

创新就是创造一种资源。

——彼得·德鲁克

三、如何具有经济领导力

怎样可以具备经济的领导力或者说领导的经济能力？

掌握三项基本经济能力

我把基本能力分成三个层面：

第一个层面叫获取资源、配置资源。

中国共产党能够取得革命的胜利，很重要的一个因素就是经济因素。

抗战期间，民国著名商人肖林，他在上海开办了一家外贸公司——民生实业。这家公司肩负起了敌占区和敌后区的货物贸易。民生实业与中国共产党关系紧密，这个公司最主要的任务就是做生意赚钱。整个抗战期间，该公司给延安汇了一百多万个大洋过去，极大地缓解了当时的经济压力。

第二个例子是解放战争后接管上海。当时解放军以良好的军容军貌进入上海，受到各界广泛赞许。虽然如此，陈毅元帅面临的压力却不小，其中一项便是稳定社会稳定。当时，上海是远东经济和金融中心之一，怎么在这样的平台上从我党内部找到更多的熟悉经济运行的领导干部，是当时一个十分迫切而重要的任务。后来大家慢慢地发现，除了经济管理方面的专业人才之外，还需要绝大多数的领导干部关注经济问题。当然，我党后面能够很快立足上海，与党内外各界的支持分不开，各个岗位上领导干部也起到了关键作用。

第二个是执行层面的。钱这个东西不解决所有的问题，但是大多数情况下，没有钱基本上不能解决问题。

经常有媒体报道说什么"维稳经费比我们民生支出还高"，这是比较外行的说法。"维稳经费"在财政里面没有这个科目，有可能对应的是"公共安全支出"，这是一级科目，里面包含的内容非常多，大部分钱不是想象中用于"维稳"。

最后一个是组织层面，即稍微微观一点儿的经济领导力。知人善用背后还是有经济问题的。

为什么"好马要喂好的饲料"呢？这也有一定的道理的。一个人的能力或者潜质与他现有的报酬水平或回报应是高度对应的，如果不能对应，那么人才留不住。看看现在各大高校对待杰出老师的做法就知道，公共部门或者事业单位之间的人才竞争，背后就是待遇的竞争。因为人才市场与商品市场没有本质区别，不是行政指令分配一切的，那么货币的因素可能还比较重要，或者说在某种程度上，领导一群出色的团队成员做实，至少要匹配相应的价格。

勇于试错

经济学讲机会成本，意思是：这个事情有可能做不成，但付出的精力和金钱就沉没掉了。所以要选对的事情来做。在锻炼领导力的阶段，机会成本有时候不得不付出。你必须要去试错，不试错永远做不对。一上来就成事的，有没有？有，但是太少太少了。

杰克·韦尔奇（把通用电气带上巅峰的前总裁）在自传里就说，年轻的时候做错过事情，正是从过错中找到了成功的钥匙。苹果创始人，已故 CEO 乔布斯，用他自己的话说就是一直在犯错，苹果曾经濒临破产（20 世纪 80 年代），但后来却获得了巨大的商业成功。在讲公共部门领导力的时候，不要忽视年轻时的积累，要鼓励敢于尝试、积累经验。付出成本才可能摸到成功的轨迹，并沿着成功经验走下去，路越来越宽。

跳出公共属性带来的契约困境

2016 年诺贝尔奖在讲的契约理论，是一个非常有启示意义的研究，和我们现在谈的领导力或者是经济领导力关联紧密。

不知道大家思考过没有：作为公共部门的领导者，他和上级领导、下级下属，是什么关系？我觉得首先是陌生人关系。为什么呢？除了少数在自己的亲属下面任职的，更多的情况下是在共事之前彼此陌生。要减少陌生人之间的信息不对称，就要有一些组织约定，其实就隐含着所谓的契约在里面。这个契约可以是口头的，也可以是书面的。

书面的契约就是岗位职责。岗位职责就是告诉你做什么的，附带什么责任。比如《中国共产党章程》，就是共产党员和党组织之间的契约。

当然，有的契约是完全的。意思是说，我们说好了规矩，有事就按规矩办。如果超越了规矩，那么就按约定办法来处理。有时候，组织发展很快，快得超出你的想象，因此需要不完全契约。内容要复杂一些，简言之就是规矩和规则要与时俱进。

对于一个组织，面对的最大挑战是权力边界。组织发展壮大之后，对领导力的要求也变得高了，契约约束力也要相应增强。

1. 隐性契约的力量

不同领域的领导者或者管理者，契约的约束力不完全一样。除了实体的管理技术和领导能力之外，领导者或管理者有一些能力和魅力的话，组织可能具备的是隐性契约。为什么我们会默认一些工作模式和合作方式？很多时候这是由管理者或领导者的管理或领导风格决定的，相当于正式组织中的非正式气氛。比如说，最近《人民日报》刊文，提倡不要加班，但是在媒体这个行业，如果不加班，别人觉得你没有入行。我们中很多人经常在休息时间接受媒体朋友采访，采访之后，记者肯定要辛苦写稿，都是占用的休息时间。在理解契约力量的时候，经济领导力可以拓展一些。

2. 新事物带来的资源配置难题

领导力怎么样作用于人和事，背后都跟经济有关。不一定是直接给钱，而是广义的资源配置。公共部门经常面临成本核算的窘境；而领导企业可能稍微好一些，因为企业有成本核算，有会计制度，有历史的账目。比如要开拓一个地级市的产品市场，可以根据以往经验（某个城市的经济状况、人口结构、消费水平等数据）来推算需要花多少钱建立渠道，怎么做宣传，人员和资源配置要有章可循，领导者应大概知道成本。

公共部门不是这样。公共部门领导者经常面临的工作任务类似成立帮助城市困难群体的机构。大家想一想，一般做法是怎么样的？先要设立一个小的专门的机构或者筹办机构，有一定基础以后，工作人员进去，一切都是尝试。没有困难群体的准确定义，也很难马上列出需要帮助者的名单。预算不一样，机构负责的人群和事务都会差别。资源多，我们可以做更多的事情；资源不够，就只能少做一些。领导者要推进类似的工作，往往不是能力和基础的问题，而是资源配置。不懂具体怎么做，有资源，也可以找人来做。即使有相关经验，没有预算，那么做不出什么事情来。简单来说，公共部门经常在做一些以往没有任何历史经验——要花多少钱、用多少人、做多少事——的工作。所以在做预算的时候，在经济成本核算的时候，或者配制一些经济资源（一定是钱）时候，就很难。

3. 厘清公共服务的目标函数

很多工作开始之后，往往需要后期改进并不断优化。传统的观点认为，改进和优化包括流程再造、资源配置、人员使用等工作。

仔细研究就会发现，公共部门提供的服务与企业最大区别在于，没有一个很好标准，或者是唯一的标准，来衡量绩效优劣，比如企业采用财务指标来衡量就很便利且有效，公共部门找不到类似指标。这也阻碍了公共部门的改进和优化的实施，因为没有明确的方向。话说回来，没有财务指标指导怎么优化？优化策略是什么？公众满意度和办事效率哪一个重要？目标函数不一样，实施的优化策略也不一样。

管理学提供了不少优化的方法和改进策略，但如何将这些发端于企业管理的优化方法应用到领导力层面，还有大量未知领域亟待探索。首当其冲地就是公共部门的目标函数是什么，相关层面的东西，非常值得细致研究。

去尝试更多与经济有关的领导工作

1. 脑洞大开的获取资源方式

做一个勇于尝试的领导者,是成熟和成功的标志。其实在大多数的时候我们的领导都在"干中学",敢于去尝试跟经济有关的活动和事情。虽然你没有专业背景,但是从实践中加强理论学习,并用在现实中,才可能有进步,才能完成工作任务,而且"干中学"会得到很多从书本上获得不到的东西,体验也是很丰富的。

比如说领导者要去获取资源、配置资源。基层政府经常考虑的一件事是,怎么向上级政府获得财政资金?曾经和基层领导干部有一些交流,比如和几个主管财政的副县长聊天时,问他们你们县这一级怎么去争取上级财力的支持呢?因为你们县(大多数都是农业县)没有什么资源,土地不像城市一样卖得掉、能换取收入。他们每个人讲的都不一样:有的就说,我是上面下派的,跟省里的关系还不错;有的说,我从这里一直干上来的,反正财政的事情所有的业务都很熟悉,知道怎么样写项目计划,知道怎么样去"活动";有的人就更简单,说财政是指不上的,我能够通过各种各样的办法,只要弄到一些资源,保证运转没问题。这种配置资源、获取资源的方法,真是千差万别,不跟基层同志交流就完全不知道。

2. "路修得差不一定都是腐败的原因"

领导活动的经济学原理,最直接的体现是契约。我在想除了这个之外还有成本和收益的问题。有的时候我们看到有的地方的领导干部或者一些机构的领导者,他们有很强的"花小钱办大事"的能力。他们不动用什么大资源,却把事做得漂漂亮亮。

但在大多数时候,基层治理水平还是比较低。举一个简单的例子——完成"村村通"的任务。修村级的公路就是一个非常讲究的事情。因为真金白银在这里，村里镇里好久没见过那么多钱了。我们去调研时看到，做得好的乡镇，人家每 1 公里的公路完全按照标准水泥的厚度 20 公分甚至以上，道路的宽度两排车。比较差的呢？道路水泥厚度只有 15 公分，甚至更少，迎面两辆车会车是过不去的。但凡标准尺寸的汽车只要相遇，都要退回去找一个宽一些的地方来错车。道路偷工减料是常有的。这是什么原因造成的？除了工程腐败还有什么？我观察了一下，但凡公共工程搞得还可以，知道这些公共工程预算花销、工程质量控制、施工进度的领导者，这个人要不有财务或者财政的工作背景，要不就是对这些具体的工作特别熟悉。如果领导者自身的经历离业务或基层比较远，那么遇上事情就是完全不知道，修出来的路肯定出不少问题。

这些具备一定经济学思维的领导干部可能在招投标时候，控制了施工成本，在运行的过程当中，严格监理，下了功夫。一个镇长或者是一个副镇长，官职很小、工作也很复杂，但为了"村村通"任务，夜以继日很关心这条路，花了心思，最后还真在控制成本情况下，保质保量给完成了。

进一步看，领导者与经济有关的工作大多数时候是政府财务问题，而广义的经济事务我的理解主要是优化的问题。塑造经济领导力是一个艰难而长期的过程，知识大爆炸与管理科学化，令本已十分繁忙的公共部门领导者疲于应对。在工作中"干中学"是本文接下来提供给领导者们的主要策略。

四、如何拓展经济领导力

良性认知的策略

领导者们应具有比较良性的认知的策略，所谓良性的认知的策略，主要体现为以下三点。

1. 意识为先

首先作为领导干部要具有经济学的思维意识。日常办事也好，工程也罢，都涉及一些经济问题，更进一步，经济中有内部的问题和外部的问题，领导干部要尽可能预先有准备。

2. 将基本的理论植根于心间

理论问题要因材施教。虽然尽早将基本的理论植根心中更有利于展开领导工作，但有时候不能机械化，要看具体情况。一般做法，我理解有两个：第一个，领导者要尽早知道一些基本事实背后的经济学原理；第二个，领导者要不断思考和理解现实与理论的差异，并能够灵活使用。这是先后的两个步骤。

3. 源于实践高于实践的理解

大家说人民群众的智慧是无限的，其实领导干部的智慧也是无限的。多数领导者有很高的情商和智商，有的时候你跟他说一些事情，他很快地就转化成了实践。

我曾经有机会去黄土高原一个产煤的地级市讲课。那个地方之前非常贫穷，一看那里的饮食习惯就知道了——肉和面在一起吃，没有单吃菜的习惯——还保持着很朴素的生活习惯。接触的领导同志也没有掌握太多所谓理论层面的东西。有人听了我讲的课以后，说："你讲这个经济形势和经济理论，特别地感同身受。回去之后，我就会用这些听到的原理，去解决实际问题了。"我的感受是，他们是愿意去接受一些可以解决他们现实问题的理论。如果他们没有问题，坐在那里听是没什么反应的；但凡他们有一肚子的问题，听到理论可以解决问题的时候，他们还是很感兴趣的。

三步入门法

坚持以科学的态度看待领导力，尽早吸取前人的经典，理论要联系实践加工成自己的东西。

1. 别让"民科"吸引了领导者的眼球

第一就是少看微信，因为朋友圈里面的"民科"太多了，我指的是经济学领域。

"民科"的一大特点是叙事宏大，博古论今，讲所有的事情之间有关系，最后没有用。不要让我们的领导干部和领导同志被"民科"吸引走了眼球。经济学学者要以更加生动、活泼的形式把我们所知道的科学的方法和范式传递给他们。

一些地方上的领导干部，工作繁忙——管很多人、管很多的事。经常有人发一篇"民科"文章让我求证：这个事是不是这样的？

这个世界上存在因果关系的事情太少了，大多数"民科"讲的都是相关关系和不相关关系的。这样的文章科学性极低，有些甚至可能误导一些决策。

2. 经典教科书尽早阅读

有些经典是很简单的。虽然是教科书，但非常通俗易懂。只要你每天花一些时间读一读，坚持下去，经济学思维就有了。因为你知道大致的框架和原理，就可以去分析问题。有针对性的阅读并不困难，可以先从通俗经典入手。网络上还有大量的听读课程，经济学、社会学、管理学、政治学、法学、历史学，都有足够多的部分，由少及多，由浅及深，逐步拓展，坚持不懈。

3. 学会观察更要学会实践

领导者要学会观察、学会实践，学会自己去发现问题并解决问题。

我有一些做认知学方面的朋友。他们就说人的正常认知是这样的，遇到一个问题的时候大家的第一反应不是分析问题和解决问题，而是下意识是找答案。这一点儿没毛病，本能反应。问题是如果你是公共部门的领导干部，你一上来就找答案，但很可能没有答案，或者大多数你找的答案不对。为什么？具体的问题没有人能给你解决，你要学会分析这套问题的方法，可能比你找答案要准确得多。

能够成长起来的这些领导干部，他们的思维都是自己去发现问题，去思考问题，去解决问题。

检验你的进步

1. 一套自洽的逻辑

如何让领导者去讲好故事，去做好事情呢？因为这是检验领导者进步的重要指标。思考统一实践的提升，回馈的不是现金，更不是把工程承包给自己的亲戚。经济领导力的长远投资，应该有怎样的回报呢？

第一个就是要理解与大家的"同"和"不同"，有的问题是常识性的问题，你跟大家理解一样，但是具体问题时候，可能你听一圈后发现，大家都很迷茫，就需要你来拿主意。拿主意不是谁的官大，而是谁的分析有理，决策更科学。很多人心里是没谱的，看起来是听大家意见，然后选一个，多民主啊，但这个其实不合适。因为很多情况下，领导者掌握的组织信息更多——掌握这个组织与上级组织的信息，掌握所有人的信息。多数时候，其他人不掌握这么全的信息。从信息的角度来看，领导者应该比大家更有理由拿出更好的一个方案，理论上是这样的。我们的政治生活、行政管理，重视参与，这是对的，但心里要有一个"谱"，至少有判断力。这个"谱"不是一个观点，因为仅仅是一个观点的话，那是拍脑袋。你要有一套自洽的逻辑体系。说出来之后不管大家觉得同意否，我们先把这个事情按科学方式梳理一遍，在几个可行、可靠的方案中来选择。

举个例子，乡一级政府得到一笔财政经费。这个钱是先盖一个福利院还是盖一个小学？经常观点不一样。类似的这种问题你有没有自己的考虑，你为什么选这个？你是基于什么的原因考虑的？因为你的信息更多，经济学里面我们默认掌握更多信息的人，他的决策是更合理的。

2. "先拿自己做实验"

先处理自己的事情，其次才是组织。我们总是说组织为大，个人为小，但是有的时候如果你连自己的事情都处理不好的话，组织的事情也不可能处理好。你先拿自己做实验，做错了之后反正责任自担。若你上来就拿组织做实验，也不是不可以，但是可能后果会比较大一些。

3. "先干一个月试试"

听了我们的领导力的课程，或者学习了领导力相关的内容之后，你有没有一个提升？可以检验下自己。比如说你读书，学习一个东西，先按计划看一个月，自制力提升也算进步。大家集中工作一个月后再看有没有成效。因为"人心隔着肉"，你要激励团队也不是一件容易的事情，要先提升自己，做表率。

学也者，观察事物而发明其真理也；术也者，取所发明之真理而致诸用者也。

——梁启超

五、如何运用经济领导力

获悉典型经济问题对领导活动的影响

不同问题对经济活动的影响大不一样。

1. 宏观经济跟你关系大得很

听到很多基层的同志说："宏观经济跟我们没什么关系。这是党中央的事情。"但事实却是，经济问题与任何一个公共组织领导者密切相关。比如说经济波动，学术上定位 GDP 增速变化，背后则是经济发展的规律，领导活动也要顺势而为。

领导干部千万不要觉得经济可以永续增长，千万不要觉得财政可以永远给你想要的钱，千万不要觉得在任何的时间做同样事情的效果都一样，也就是说，每一次都要有新的变化准备。比如说现在地方政府很少有敢提"我这一级政府要刺激经济了"。什么原因？最主要的原因是刺激管不管用，有没有钱来刺激。从行政这个角度来看，现在有比较严苛的各种约束，不是想做什么就可以。

2. 分权制的理由

政治学有很多经典。曾经有一说法："我们这样的一个国家，不管再怎么样集中，最后的结构始终是分权治理。"这也符合经济学的常识。经济学会讲幅员辽阔、组织层级过于众多的情况下，信息传递速度和信息受众面都会大幅度地下降。在这种不完全的信息传递，或者在这种一层一层上传下达汇报的过程当中，会贻误很多的事情，因此，一定的自主性有助于提升领导力。

如果你认同经济增长是经济效率的提升的话，而且同意政府是经济活动当中的一分子，那么政府活力高低与经济增长就直接关联了。

从这个意义上说，如果市场有很好的信息传递机制，如果政府内部传递机制弱一些的话，那么在尝试不同的治理结构时，就要注意信息的问题了。王绍光所著的《分权的底线》讲，政府的财政的汲取能力很重要，信息在中间的作用不可忽视。

3. 关注微观经济问题与活动

领导者抓大放小，但也要面对一些非常微观的问题，一些微观的经济政策。我们常能通过新闻联播看到现在国务院讨论非常具体的事情。这一届的领导集体对微观事务特别关注——国家领导人可以到某一个高薪企业，去问高新技术设备能不能形成税收抵扣——这样的具体问题。我们写政策报告，也要写非常具体的问题，来看这个问题的影响，比如营改增减税效益，你要告诉他"营改增"对于房地产销售环节有什么影响，接下来数据是怎么来的，你讲的是什么范围的事情，销售的环节对房地产可持续发展到底有什么作用，这是个微观的问题。领导者关注微观问题，是一个趋势。

利用经济领导力实现组织目标

1. 机遇与挑战

回到组织讲个人。领导者是组织层面的概念。基于组织，领导者才能体现价值，上升到一定层面和高度。很多时候，组织目标下的经济领导活动很难分解，但不是不可能做。

可以做两个方面的事情。我们首先要知道你这个组织或者公共部门，面对的机遇是什么；接下来要问挑战是什么。最简单的是迈克尔·波特说的分析方法。

2. 效率VS效益

领导者要想让组织有效率也有效益，其中领导策略是关键。如果你就是要大干快上搞建设，那组织把这个事情做起来，可能效率是优先的。如果是体制机制建设已经比较完备了，那么组织变革应是优先效益。改进和优化组织要看不同的环境，这类似于情境理论的观点。

持续提升经济领导力

个人能力提升是组织能力提升的基础。领导者的知识存量与学习技能有引领作用，组织会在领导者的提升过程得到激发，组织与个人的互动将在此间加深。

1. 领导者自身能力（经济学明珠）

很多学术期刊里面，都有研究领导者经济能力的提升过程。比如说有一派学者就认为给他足够的经济激励，领导者就会不断地改善自己的效率，如果他不改善那就会有新的人来顶替上。

另一派人认为如果领导者做到一定层级过后，经济激励不能完全体现作用，可能其他的激励的效果更明显。

领导者可能在某一个阶段、在某一个职位上所想的事情更多。大概6年前的一篇文章里面说，中国所谓的晋升机制，基本上是把"不想当将军的士兵不是好士兵"当作唯一的信条。在我们这个体制里面，大家批评"拼命地做更高层级"的领导干部，但是不是这样呢？实际上情况可能还有一些差异化。

2. 组织活力与动力（优化到细节）

经济领导力如果做得足够的好，组织的活力和动力都将十分强大。除了战略上布局之外，有很多的细节决定了领导力高低。这些细节是经济领导力能否真正落实，扎根下去的"最后一公里"。年轻的领导者做基层工作，应该多强调一些细节。

3. 与外部之间的高阶互动（价值链高端）

最后要强调的是外部的影响力不可低估。有的领导者外部影响力很大，有的却可能专注于内部的事务。外部的影响力大有助于其所在的公共组织去获取或者是去树立更好的一些事情。

小 结

※ 经济领导力 > 对经济的领导

● 经济领导力不完全是跟钱有关，而是运用经济学的思维方式。

※ 熟悉经济信息与运用经济信息的能力

● 所有的领导者，特别是有经济能力的领导者，一定是获取信息并运用信息能力都很出色的人。

※ 影响人与影响组织并重

● 如果我们传统的领导力是影响人，那么现在看，对人的影响和对组织的影响是并重的。千万不要觉得对人的影响是最重要的。大家都知道领导，就是人与人之间的事。大多数我们讲的是人和你的下属、和你的相关者如何交互。实际上人是有群体效应的，对组织领导的影响更大。

思想领导力：思维方法与思维工具的力量

·蔡礼强·

● 伟大的人，究竟靠什么取得成功？

● 领导力分成几个层次？为什么说思想领导力是领导力的最高层次？如何有效提升
思想领导力？

● 思想、思考与思维之间属于什么关系？如何突破思维定式？

● "理想很丰满现实很骨感"的抱怨误读了什么？如何用定位、定向、定标、定法、
定力搭建起由现实通向理想的桥梁？

● "思维决定命运"道理何在？如何走出思维盲区，克服思维偏见？

● 六大思维工具分别是什么？如何运用思维工具和思维方法更有效地分析问题和解
决问题？

● 揭开思维的真面目，找到思维的利器，提升思想领导力，向伟大的你迈进！

内容概要 Content Summary

是以圣人不期修古，不法常可。

——《韩非子·五蠹》

一、成功靠的是思想

伟大的人，究竟靠什么成功？

1. 思维方法让他们产生与众不同的思想

葛优在电影《天下无贼》里说了一句经典的话："21 世纪什么最贵？人才！"关于人才的定义比较多，其中大家公认的对人才的表述是具有独特思想和独到见解的人。这样的人显然属于各领域的杰出人才。

马云在湖畔大学第二期的演讲中提出："有些人为什么和其他人不一样？——思想。哪儿不一样？**看问题的角度不一样，看问题的深度不一样，看问题的广度不一样。**"也就是说同样一个问题，你能不能在别人看不到的地方看出一些门道来，见人所未见。你从哪个角度去看？广度、深度怎么体现出来？这就是思维方法的力量。领导力最核心的是什么？是思想。运用这些思维方法，就可以产生与众不同的思想。

2. 马云的成功靠什么？

在当今企业家群体中，马云毫无疑问是其中最有影响力的优秀企业家之一。马云之所以能够成为一名优秀的企业家，究竟靠的是什么？

是靠出身吗？从马云的求学、求职经历看，他显然不是"官二代"，也不是"富二代"。是靠外表吗？马云经常被调侃为"外星人"，显然不是高大威猛、英俊潇洒的"型"男。是靠学历吗？马云两次高考落榜，第三次才考入杭州师范学院，没有令人羡慕的高学历。是靠技术吗？马云不是专业技术出身，更不是顶级技术高手，他经常自嘲自己不懂技术、不懂财务。

这些都不靠，马云是靠什么取得成功的呢？正如马云自己演讲中所说，靠的是他对企业、对未来发展的卓越洞察力和判断力，靠的是他的思想。

领导力的层次

1. 思想领导力是领导力金字塔的顶层

我们将人才具备的领导力分为三个层次，组成"领导力金字塔模型"（见图5—1）。在这个模型里面，以"自我管理"为核心的个人领导力是基石，因为管好自己才能带好他人，作为一名优秀的

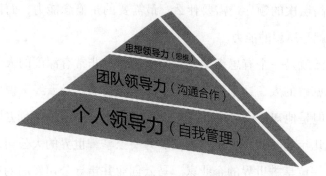

图5—1 领导力金字塔模型

个体才有可能成为一名优秀的领导者。而且领导力是需要终身修炼的,伟大的领导者没有一个不是终身学习、终身提升、终身实践的人,所有成功人士都是从年轻、青涩、幼稚慢慢走向成熟的。

成长靠什么?靠学习。学习的能力、学习的方法、学习的意愿、学习的效果就决定了所有其他领导力的提升效果。学习能力是一个基础,是一个能提供源源不竭动力的发动机。

中间层是以沟通合作为核心的团队领导力。除非是一个很少和别人打交道的专业技术人员,只要你和人打交道,只要在工作中与其他人共同合作,就需要沟通交流。所以这种以沟通能力为核心的团队领导力就非常重要。

再高一层就是思想领导力,因为思想起到核心统领和支配作用。所以当我们说"一个领导水平高不高",其实我们是在说"这个领导有没有思想",或者说"他有没有独到的思想"。

2. 岗位层次与领导力技能的关系

不同岗位的管理者对领导技能有不同的要求。基层岗位,或者是一些不需要团队沟通合作的岗位,更强调专业技能或者执行能力;但是一旦当我们需要和很多人打交道,比如带团队的时候,会更需要人际技能和沟通能力,即团队领导力。

最高层次的领导最需要什么?最需要的是概念能力,而概念能力其实就是思想的能力。

马云就是一个有思想的人,而且是思想非常有深度的人,有自己独到见解的人,这个见解就是他的概念技能。马云经常说他不懂技术,但是他知道公司往哪发展、怎样发展。从 1999 年创办阿里巴巴,十几年的时间马云就将其发展为一家享誉世界的大公司,他也成为了一位享誉世界的企业家。马云创业并指导公司发展的过程中靠的是什么？靠的是他的思想。

会不会思考，怎样思考，是每个人最核心的能力。今后当领导做管理，或者自己去创业，都要靠思想，而不能靠蛮力。思维能力就是管理者最核心、最需要的能力，当然也是最宝贵的能力。

这些独到的思想从哪里来？如何才能拓展思维角度，提升思维的广度、深度？如何才能够掌握提高思维能力的方法呢？我们一起来了解一下思维的方法和工具。

小 结

※ 伟大的人，究竟靠什么成功？

● 马云看问题的角度、广度和深度，他的成功靠什么？

● 领导力金字塔模型：个人领导力、团队领导力、思想领导力。

※ 领导力的层次

● 不同岗位的管理者对领导技能有不同的要求。

心之官则思，思则得之，不思则不得也。

——孟轲

二、思想的力量

网络流行语告诉你，思维有多重要

我们平常每天都在思考，每天都在做思维运动，但是很多人都不知道自己在思考，或者说在思考的时候没有下意识地去运用一些比较有用的、有帮助的方法。

微信、微博上有很多流行话语，比如说**思想决定命运，思路决定出路，比勤奋更重要的是深度思考的能力**等。有的人很勤奋，勤勤恳恳、兢兢业业工作了一辈子，但业务能力并不高，工作经验也不丰富，工作 30 年但工作经验只有 3 年。这样的人可能各单位都有，为什么工作努力而提升不大呢？

原因可能各不相同，最主要的应该是因为不会总结、不善思考，工作只是简单重复，没有正向积累持续改进。

思想的力量来自思考，没有比思考力对人生更重要的能力了。这些话都在强调什么？强调思想的重要、思考的重要。

思想、思考与思维的关系

如何拥有高明的思想，如何让思考更有力量，思想、思考与思维这三个词语之间是怎样的关系？

1. 思想是由思维决定的

思想就是思考后得出的观点和看法。思想怎么来的呢？体会自身的感受、需求，然后经过思考得出思想。也就是说，**我们的思想是思考出来的观点和想法**。说一个人有思想，这个思想一定是他思考得出来的，**想的内容是思想，想的过程是思维，思考就是思维的这种探索活动**。

思维就是思考采用的维度，思考的维度很重要，决定着我们如何思考，大脑如何开展分析、判断、推理、综合等认知活动。

思考、思维与思想之间的关系，类似于烹饪美食。思考就是烹饪过程，思维就是烹饪的工具和烹饪方法，思想就是最后烹饪出的美食。**烹饪的工具和方法决定了美食的味道和风格，思维的方法决定了思考的差异和思想的不同**。

秀才要不要去考试?

案例

有一个秀才考举人,考了很多次都没有考中,这次又鼓足勇气去参加考试。他在临考前的一个晚上做了一个梦,梦见在墙上种菜,下雨的时候自己戴着斗笠又打着伞,和自己心爱的姑娘背对背睡在一起。第二天醒来后,秀才感觉这个奇怪的梦不太好,就犹豫还要不要留下来参加考试。犹豫了一会儿,他跑到旅店外找了个算命先生帮忙解梦。算命先生听了秀才的叙述之后马上说,墙上种菜,就是白种;戴着斗笠还打伞,不是多此一举吗;背对背睡觉,说明没戏。告诉秀才这次考试看来是没什么希望的,收拾收拾回家去吧。垂头丧气的秀才回到旅店收拾东西准备回家。旅店老板很奇怪地问他明天就要考试了怎么要走,不考了?秀才就把自己的梦以及算卦先生解梦的结果说了。旅店老板听完之后,立即向秀才表示祝贺,说这个梦预示着你这次考试肯定没问题。墙上种菜,叫作"高种",这个是好兆头呀;戴着斗笠打伞,意味着"双保险",说明这次考试肯定没问题;和心爱的姑娘背对背睡觉,说明你翻身的时候到了。听了旅店老板的解释,秀才立即转悲为喜,信心满怀地留下来参加考试。由于秀才信心百倍、精神抖擞,考试时才思敏捷、状态极佳,结果一举高中。

事情究竟是什么样的,往往取决于我们如何看待,也就是如何思维。有的人经常是用否定的、负面的、消极的角度看问题,有的人看问题则更多地是从乐观的、正面的、积极的角度去看。

对同一个梦境的两种不同思维取向的解读决定了会得出截然不同的思想,秀才要不要参加考试的思想就是由思维决定的。秀才如果相信了算卦先生解梦的话,即使勉强考试也一定发挥不好,然后又会用失败的结果证明算卦先生说得真准。

楚庄王是否可以攻打陈国？

案例

春秋战国时期的楚庄王要去攻打陈国，派探子去提前侦察陈国的情况，探子经过认真侦察后回来禀告，说陈国城墙修得特别高，护城河也非常深，而且这个国家积蓄的财物很多。依据探子的情报作出分析，要不要去攻打陈国，楚国内部产生了两派不同的看法：如果城墙高，在冷兵器时代，攻城就会非常不易；护城河很深，又给攻城增加了极大的难度；积蓄的财物多，说明对方可以打持久战。而楚国却不行，因为楚国攻打属远程的奔袭。上面的分析成为大多数大臣的看法，他们认为不能攻打。

但是有一个大臣却与大家的看法不同，认为可以攻打。陈国城墙修得高、护城河挖得深，恰好说明征用老百姓修城墙挖护城河劳民过重，老百姓必定苦不堪言，内心积聚了大量怨气，即使这个时候外敌来攻，陈国内部心怀怨恨的老百姓也不会支持国家。另外，国家积蓄的财物很多，说明陈国百姓被搜刮得厉害，一旦开战，说不定非但不支持本国还可能反过来帮助我们。基于这些原因，此时去攻打应该很快就能拿下。

听了这两种不同的意见之后，楚庄王采取了第二种建议，毅然决定出兵陈国，果不其然很快就把陈国给灭了。

同样的情境，从不同的思维视角去分析，会产生截然不同的思想，而这些不同的思想判断会产生结果迥异的行动。

2. 思考、情绪、行为之间互相影响

同样的一个问题，怎么看，是由思考决定的。比如《三国演义》中曹操举兵南下发动赤壁之战，东吴内部分成主战派与主和派两派，不同的派别怎么看，最后采纳哪一派的意见，将决定战争的格局和走向。这些意见和行动都是由思考决定的，人类的多数行为都是先思考然后行动的，思考的质量决定着当事人的命运。

思考、情绪和行为，三者之间是什么关系呢？见图5—2。

图5—2 思考、情绪、行为的关系

你的情绪影响你的思考。很多人在决策思考的时候，如果情绪特别激动，一般不能做出正确决策。如果要进行重大的决策，要牢记古人的告诫"每临大事有静气"。因为你的情绪会影响你的决策、想法和思考，这是一个互相影响的关系。

一个积极乐观的人和一个消极悲观的人，他们的情绪和行为往往会不太一样。积极乐观的人大多心态比较健康，面对生活和工作很上进很阳光，受到情绪困扰的问题就会相对较少。积极乐观的人，面对一些挫折、困难和挑战时，一般更容易去应对。而消极悲观的人，受消极情绪影响，往往会被动应付、自甘沉沦。

思考、情绪和行为三者之间，是一种互相影响、循环反馈的关系，

但思考会起到一个主导决定的作用。也就是说，如何思考比有什么样的思想更重要。

思维方式决定命运

思考的时候看待事物的角度以及方式方法就是思维方式，思考问题时经常采用的，或者说是定型化的思维方式就叫作思维模式。

如果说，思维模式就是定型化的思维方式，那么思维模式就是思维方式的一个子概念，思维方式则更大、更宽，范围更广。

思维方式决定了个人能否成功，决定了我们的生活质量，决定了我们的个人命运，决定了我们人生的轨迹。

1. 为什么理想很丰满，现实很骨感？

有些人自己不努力，却梦想有一天能被"天上掉下的馅饼"砸中脑袋。天天在想，天天做梦，天天梦里面想着自己找到一个对象，这个对象家里特别特别有钱，给他在北京买一套别墅，然后又给他赠送非常好的高级轿车，举行非常隆重的婚礼，但在就要迈入洞房的时候，摔了一跤然后梦醒了。这样的梦就属于白日梦。

马云曾经说过一句话：晚上想着千条路，早上起来走原路。用来形容那些想法很多，但是没有将想法付诸行动的人。想的能力人人都有，都挺擅长的，但为什么一些人的想法属于空想呢？因为这些人的想法严重脱离了自己的现实，没有实现的可能。想法并非越大、越美就越好，而是既要指向未来，同时也要立足现实。

"理想很丰满，现实很骨感"，这是流行了很多年的一句话。说这句话的人不了解理想是期待未来实现的美好现实，如果不"丰满"

压根就不能称为"理想"。之所以要有"理想"，就是因为现实很"骨感"，有种种不满意之处。从"骨感"的现实通向"丰满"的理想，关键在于如何把握好以下两点。

一是理想要立足于现实。很多抱怨的人往往是对理想想得比较多，对现实想得很不够。但理想如果脱离了现实，那就不叫理想，叫空想。摘桃子能做到，你蹦蹦你就够着了；摘星星你只能停留在空想。很多人的理想因为脱离了现实，很难称之为理想，只能算空想。

二是要怀揣理想、务实行动。用美好的理想激励自己勇敢地面对现实。否则在"骨感"的现实生活当中，怎么样才能够让自己充满动力、充满斗志呢？有的人早晨 5 点钟就起床，进行高强度的锻炼。如果让你纯粹做这样的一种体育运动，你每一次想到要起这么早，把自己搞得筋疲力尽，可能会很痛苦、很恐惧，天天需要挣扎着才能爬起来。但是如果你是一个运动员，怀揣着奥运冠军的梦想，心里想着，只要天天高强度训练，就离目标又迈进了一步，这时起床的状态就会不一样，也不费劲儿了。干同样的活，做同样的劳动，干劲儿不一样，干的效果也不一样，这差异的背后往往就是有没有理想的区别。

生活在现实当中，有各种各样需要考虑的事情，难免会有让我们很伤心或很痛苦的事，我们怎么样才能让自己"在眼前的苟且"中生活得比较好，这就需要有"诗和远方"，所以必须要有理想。

我们必须要有理想，当我们人生没有理想的时候，就是我们人生幻灭的时候，就会成为"行尸走肉"。为什么很多人的生活痛苦不堪？因为他们丧失了理想，没有了对未来美好生活的追求，就没有了生活的动力。但是只有理想还不够，理想既要立足现实，还要务实可操作，这三点缺一不可。

我们不能光有理想，一定还要踩在现实的土地之上，要根据自己现实的情况去规划心中所描绘的理想蓝图，这个蓝图一旦脱离了现实就无法实现，这会让你更加痛苦，更加虚无幻灭。

理想是立足于现实，根据自己的情况定出理想，同时定完这个理想之后还要分解，将理想制定为近期目标、中期目标、远期目标，然后务实操作。只有一步一步走来，离理想才会越来越近。

有的人理想挺靠谱儿，也挺符合自己实际情况，但没有务实操作，没有围绕理想去采取一些切实的行动。我们很多人年少轻狂，"指点江山，激扬文字，粪土当年万户侯"，但经过很多时间的打磨之后，已经完全没有了理想、没有了追求。这往往是因为没有用阶段性目标的实现让自己不断去接近理想。

如何才能让"骨感"的现实变成"丰满"的理想呢？如何才能让理想现实、可操作呢？

2. 用"五定"来搭建理想与现实之间的桥梁

定位。确定自己。适合做什么？想做什么？能做什么？定位很重要，做好准确定位首先要全面客观地了解自己。你是适合进入公务员队伍，还是适合挑选一个专业技术的岗位，或是适合企业的打拼环境？

定向。自己一生计划努力的方向。在全面认识自己、精准定位的基础上，要明确自己的发展方向。定向要找准优势、发挥专长，从事的工作是自己喜欢做、擅长做、有条件做的事情。

定标。定向之后还要定标，光有明确的方向和远大的理想还不行，还必须在努力的方向上设定具体的目标。先根据你的努力方向和发展愿景描绘出一个理想蓝图，然后制定具体可行的目标。目标是用来操作的，怎样设定目标？每天做什么？每月做什么？每年做什么？三年目标，五年目标，十年目标。从具体目标到宏观目标，从当下目标到远景目标，从能力提升目标到未来发展目标，都可以纳入目标设定范围。比如在单位里面人际关系不好，不太擅长沟通，可以给自己定一个目标，要多沟通多交流，提升沟通的能力；知识储备不丰富，可以定每天要读多少书。

定法。**就是达成目标的方法**。有的人效率很高、事半功倍；有的人效率低下、事倍功半。为什么差别那么大？说明方法很重要。不同的目标需要不同的方法来达成，团队合作的目标需要加强沟通协作的方法，创意产品的目标需要搜集素材"头脑风暴"的方法；不同的人达成同样的目标，适合的方法也可能不尽相同。总之，好的方法是加速达成目标的措施，我们要不断思考，不断总结，找到有效的方法。

定力。有了非常好的目标，也有了特别适合自己的方法，就一定可以达成目标吗？不是的，这时有没有定力就成了关键因素。当前，很多人都想不用太多的努力付出就可以取得自己所需要的，或是渴望的东西，因为浮躁，大家都沉不下气、静不下心，不能够沿着自己设定的目标一直努力走下去。

这五个"定"加在一起，相信你做很多事情都可以成功。**定位要精准**。有的人说我很勤奋，你自己定位都没有找准，你不知道自己干什么，今天做一件事情，明天又换另外一件事情去做，这种人很难成功。**定向要明确**。找准能发挥自身优势的方向。**定标要合理**。也就是说目标合理可行，是经过努力可以实现的。**定法要适当**。如果方法得当、效率很高，就会事半功倍。**定力要坚持**。有了前面这些，最后比的就是定力和坚持，笑到最后的人往往是最有定力的人。

定位、定向、定标、定法、定力，共同搭建起从现实通向理想的桥梁，决定了一个人是否能够成功。如果我们脱离了这五点去谈论成功，去渴望理想，往往很难实现。

3. 一个关于思维的案例：公安系统改革思路

2015 年春节前，公安部搞大部门大警种改革，它们邀请一些公共管理专家提改革建议，我也有幸参加了公安部的这次改革座谈会。根据公安部的改革思路，结合自己的思考，我在座谈会上提出了"一二三四"的四条建议：

第一，把握好一个原则，就是"问题导向与目标导向相统一"的原则。 大部门、大警种改革要解决公安系统存在的问题。现在问题是，一方面警力不足；一方面警力浪费严重、机构臃肿，同时老百姓对警务服务的满意度不高。那改革的目标是什么？就应该着眼于破解当前最突出的问题和提高警务服务的满意度，这个目标需要把握问题导向与目标导向相统一的原则。

第二，抓住两大重点。 一个重点是调整组织结构，改变原先市局分局人员很多、基层人员很少的状况；另一个重点是聚焦警务服务的有效执行，怎么更好地履行警务职责，这是政府赋予警务部门的责任，也是必须承担好的职能。

第三，把握好三对关系。 一是纵向的，即上级和下级的关系，要处理好不同层级警务部门的权力和人员配置；二是横向的，即同一层级公安系统内部如何发挥好不同警种之间的协作关系；三是公安系统自身力量和外部力量的参与问题，在警力有限的情况下如何更好调动无穷的民力。有些地方运用外部群众力量效果很好，"朝阳群众"就被笑称为"世界第五大王牌组织"。

第四，运用好四大机制。 一是信息支持机制，运用现代信息技术手段提高警务服务效率；二是服务保障机制，让警务工作人员可以心无旁骛、专心执法；三是内部激励机制，既要能够吸引优秀人才加入警务队伍，又要能够调动他们的工作热情；四是协作联动机制，要充分发挥同相关执法部门、企事业单位、社会组织之间的信息沟通、协作联动。

以上四条建议，就是运用了综合概括的方法，横向纵向思维的方法，问题导向与目标导向的方法，这几种思维方法都是我们在日常工作生活中可以经常运用的。

4. 思维训练在演讲中的作用

有没有在单位参加竞聘？有没有背稿子背得头大，结果上去还断片儿？其实，运用好了思维的方法，根本不需要背稿子。不背稿子要靠什么方法：

第一，提炼要点。总结自己要讲几个方面、几个要点，提炼出关键词，关键词就是提炼的要点。

第二，用故事、事例来丰富充实每一个要点。几个要点里面，想好一些相关的故事、新闻、事例进行填充论证。如果能把现场的人与事随机融入讲话中，就会有非常鲜活的现场感，效果就会更好。

以上方法，运用的就是思维。不管是发言也好，写文章也好，写论文也好，基本规律都是一样的。掌握了基本规律之后就会应付裕如，掌握不了这些规律就会很辛苦，效果还不好。

现在有一些领导，包括级别较高的领导，外出调研还得让秘书班子写讲话稿，这种需要现看现说的东西还要写讲话稿，很难适应复杂多变的现实情况。为什么？因为他们业务不熟悉，不会思考，不善于表达。

小结

※ 网络流行语告诉你，思维有多重要

● 思维模式决定事业成败，没有比思考力对人生更重要的能力了。

※ 思想、思考与思维的关系

● 同样的情境，从不同的视角去分析，会产生截然不同的判断，而不同的判断会产生结果迥异的行动。

● 思考、情绪和行为三者之间，是一种互相影响、循环反馈的关系，但思考会起到一个主导决定的作用。也就是说，如何思考比有什么样的思想更重要。

● 打个比方，思考就是烹饪，思维就是烹饪方法，思想就是烹饪出的美食。

※ 思维方式决定命运

● 辩证看待丰满的理想和骨感的现实。

● 定位、定向、定标、定法、定力，一起搭建起从现实通向理想的桥梁，决定了一个人是否能够成功。

● 一个关于思维的案例：公安系统改革思路。

● 提炼要点，用故事、事例来丰富充实每一个要点，两步提高演讲水平。

内无妄思，外无妄动。

——朱熹

三、思维的性质、种类和盲区

思维的独立性与批判性

思维的独立性就是不盲从的自我思考能力。陈云有一句很著名的话："**不唯上，不唯书，只唯实。**"不唯上，不能上级领导说什么就是什么，你得有自己的独立思考。不唯书，不能看到书上说什么就相信什么。我们以前迷信书本，但现在有些书出得很烂，讹误流传太多了，所以要不唯书。只唯实，即只相信事实，根据事物的实际情况来判断对错。

思维的批判性就是要善于从不同的角度去思考。看到某个问题、听到某种说法，不是简单地盲目认同，而是要思考能不能站得住脚。经过自身的思考之后，从不同的角度，尤其是从对立的角度去考虑，也许会得出不一样的结论。

当能够做到思维的独立性和思维的批判性时，你的思考能力也就提升了；思考能力提升之后，思想水平肯定也就提高了。

思维的种类

1. 按形态分：抽象思维、动作思维、形象思维

抽象思维就是概念技能，是我们穿透事物表象找到，或发现其背后的共性和规律的思维能力。学习和工作中，总结提炼、归纳概括、发现规律、建立流程、发掘意义等，这些大多是运用了抽象思维。

抽象思维主要包括辩证思维和逻辑思维。辩证思维是思维的内容与核心；逻辑思维是思维遵从的形式和规律。

还有**动作思维**，我们到国外去，英语一句话不会说，但很多日常的生活你可以应付下来，因为你的手势形态可以代替部分语言的功能，动作是表达愤怒还是友好，大家一看就明白了。

形象思维，是对事物的直接观察和认知，感性、具体、丰富，是形象思维的特征。

2. 其他分类方法

除根据思维的形态进行分类之外，**按照思维过程可以分为发散思维和集中思维**。发散思维是从一个中心点向外扩散的思维方式；集中思维是从四面八方向一个中心点集中的思维方式。

按照思维方向可以分为正向思维和逆向思维。正向思维是一种按照常规过程的思维方式；逆向思维是从反向过程或顺序进行的思维方式。

按照思维对象大小可以分为宏观思维和微观思维。宏观思维是一种从更大时空范围思考问题的思维方式，属于整体思维；微观思维是一种聚焦具体事件或问题的思维，属于具体思维。

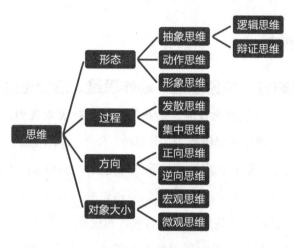

图 5—3　思维的分类

3. 两匹狼的故事：思维局限性的后果

案例

　　两匹狼同时到草原觅食。一匹狼在草原上跑了一天，没有见到一只羊，非常失落，一下子变得抑郁，得抑郁症了。这匹狼只看到遍地的草，没有看到肥美的羊，它的视力很好，没有任何问题。

　　另一匹狼在草原上奔跑一天，同样没有看到一只羊，但却精神抖擞、兴奋异常。两匹视力相同的狼，看到同样的景象，为什么会产生不同的想法？因为这匹狼看到草原上的草很茂盛、很丰美，虽然跑了一天没有见到羊，但是它相信这么好的草肯定会有羊，于是它第二天能够充满能量满怀幸福地去找羊。

　　第一匹狼只有视力，而第二匹狼除了视力之外，还有视野。视野就是视力加上思维，能对看到的对象进行分析判断。两匹狼的故事告诉我们，光有视力没有视野是多么可怕。

4. 推销员卖鞋：视力和视野、眼睛和眼光

案例

　　有一个推销员卖鞋的故事。两个推销员去非洲的一个岛上卖鞋，两人一登岛就看到岛上的居民全都光着脚。其中一个推销员立马就哭了，说这个岛上的居民不穿鞋，鞋子根本卖不出去，立即就打道回府了；另外一个推销员从光着脚的现象中看到了巨大的市场，立即在岛上开展免费试穿活动，让居民对比穿鞋与不穿鞋的效果，通过培养居民穿鞋习惯，这个推销员开辟了巨大的市场，也赚到了巨额的财富。

　　靠眼睛看得到的是视力，看不到的是视野，我们每个人都有视力，但不是人人都有视野。如何才能够拥有视野？要能够超越现状，在看到的同时还会思考，这样才可能拥有视野。

　　有眼睛不一定有眼光，有脑袋不一定有智慧；眼睛看到的是当下，眼光看到的是未来。其实未来不是看到的，未来是思维想到的，是推断的未来。这就是视力和视野的区别，视力仅仅是你的物理视力，视野是除了你的物理视力之外，加上你智慧的思维分析活动后所想到的，看和想同步得出的是视野。

　　我们看问题，想问题，是不是仅仅局限于眼前看到的，看到的当下，有没有想过未来的 5 年自己会成为一个什么样子，未来的 10 年自己会成为什么样子，未来的 20 年，甚至退休以后自己会变成一个什么样的人？**很多人资质、起点、基础都非常的好，但是最终为什么很平庸，就是因为没有视野，没有奔着这个未来不断地去努力。**

思维的盲区

1. 思维定式：走私者如何逃过海关的检查？

> **案例**
>
> 一个海关缉私人员查验走私工作非常认真，看到一位卡车司机每天开着卡车过海关。这位海关缉私人员的直觉告诉他，这个卡车司机一定是在走私，于是他每次都对卡车司机和卡车反复检查，检查得非常仔细认真，却总是一无所获，这让他十分困惑，但又无计可施。十年之后，这位海关缉私人员又碰到这个早就歇业不干的卡车司机，就把自己的困惑告诉了这位司机。司机告诉他：海关以为通过卡车来运送走私物品，其实真正走私的物品是卡车。

这个故事告诉我们，如果不打破思维定式，仅仅靠勤勉工作是远远不够的。那如何才能避免思维定式呢？

我们以前经常受到二元思维束缚。要么是好的，要么是坏的；要么是黑的，要么是白的；要么是对的，要么是错的，这是简单对立的思维。还有一种局部的思维，看不到更多的，只看到一点。短视思维，只看到当下看不到未来。

受到一种思维模式制约以后，就只会运用这种模式，不会转换视角变换方式，这种固定化的思维模式就成了思维定式。**思维定式，就是思维固有的程序、规则和框架，是一种按常规思路分析问题、解决问题的思维方式**。思维模式没有好坏之分，思维定式却有优势劣势。思维定式让我们节约了很多的时间，给我们提供了很多的帮助，但是它也让我们不能够更加积极主动地去思考，有时会束缚我们。

2. 思维偏见：为什么总是切掉火腿的两头？

思维偏见是以不充分或不正确的信息为根据，得出一种片面，乃至错误的看法和态度，往往会以偏概全，过分简单化。

很多很固执的人从思维上讲主要是受到思维偏见的束缚，或者是只有一种思维定式，他不会转换，这种人的变通性相对就较差。

> **案例**
>
> 有一位西方的女士，每次做饭的时候都把火腿的两头切掉，她的女儿就问："妈妈你为什么把这两头都切掉？"她说："我是看你外婆每次都这样做我也这样做，我也不知道为什么要切掉两头。"女孩就问外婆："你为什么做饭时把火腿两头都切掉？"外婆说："以前咱们家锅小，放不下，我只能切掉两头才能放进锅里。"

利益偏见

一个单位的领导做的决策好不好，你可以通过两大问题去判断。第一个，能力问题。他不考虑自己的利益，但他能力有局限，这是能力问题。第二个，利益问题。很多单位领导做决策，你看他表面上说得冠冕堂皇，背后是利益在作祟。

很多决策用这两把尺子去衡量——能力问题与利益问题，基本上可以衡量得差不多，其中有没有利益偏见，很容易看出来。

位置偏见

同样的人和事，不同的位置会有不同的考虑。一个挨了领导批评的员工可能会想，自己挺有能力、也挺敬业的，领导怎么还是挑剔我？但从领导的角度看，可能会认为这家伙不但能力一般，还不够敬业，两天干的活三天还没有做完。不同的位置对同样的事情看法可能是不一样的，这就是位置的差异，有时会产生位置偏见。

文化偏见

在西方文化的视野下，我们做的很多很好的事情他们却觉得做得不好。国际矛盾，有的是利益冲突，而有的可能就是文化偏见。

3. 学会变换思维的视角

思维定式常常会成为我们的思维障碍，束缚着我们、遮挡着我们的视线。所以我们要学会变换思维视角，从不同的视角看，结果可能不同。

盲人摸象的故事我们都知道，摸到了它身体的就说它像一堵墙，摸到了它腿的就说它像一根柱子。其实盲人摸象的现象在我们生活当中非常普遍。坐井观天的青蛙，它看到的天只有井口那么大。

锐角视野的人，想问题就非常狭隘。当我们看问题是钝角，甚至是360度的，全方位立体地看，效果就不一样了。**视角越多，认识就可能越全面，就越容易帮助我们克服思维偏见。**

在单位，在工作中，看问题的层次不仅与是基层岗位、是中层岗位还是高层岗位有关，还与这个人的视野和发展前途有关。我们能不能身为士卒、胸为帅谋？即使是一个普通的职员，能不能从单位领导的角度考虑问题？

4. 扭曲是视角被束缚了

有的人看问题距离真相很远，他眼中的现实是扭曲的，为什么？因为视角被束缚了。戴着墨镜看，看什么都是黑的；手里拿着锤子的人，看什么都是钉子，都想敲两下；哈哈镜里，什么人都不是直的。

我们的视角本身容易扭曲，所以我们需要借助思维，学会借助思维工具。毛泽东就说过，**眼力不够要借助望远镜和显微镜**，他认为马克思主义的方法就是我们的"望远镜"和"显微镜"。

看问题可以鸟瞰。什么是鸟瞰？高空俯视，你可以看到整体，避免盲人摸象的局限，可以看到全貌，看清整体。用"放大镜"可以看局部看细节，用"显微镜"可以看隐藏的部分，用"透视镜"可以看内部。采用的思维方法就是观察问题和分析问题的"放大镜"、"显微镜"和"透视镜"。借助这三种工具，就会看得比较精准，可以避免扭曲视角带来的误读。

5. 知识重要还是思维重要

日本著名的管理咨询专家大前研一，年轻时到美国报考麻省理工学院的博士，他考了100分，还有一个人的得分比他低得多，但那个人被录取了，他却没有被录取。大前研一非常的生气，认为这里面肯定有问题，就去找招生的导师。这位导师就告诉他：你虽然知道答案，但你却不知道怎么得出答案；另一个考生答案错了，但他知道怎么去推算这个答案。答案对了所以给了你100分，另一个同学答案错了所以得分不高，我们录取的是要知道如何推算答案的人。我们要的就是这种思维，要的就是这个过程，而不仅仅是最后的答案。

现在有的人非常重视分数，以为自己掌握了知识就行了。其实知识并不重要，现在知识更新的速度太快了，获取知识的这种条件也太便利了。最关键的不是我们拥有的知识，而是我们思维的能力，我们有没有独立思考、理性分析判断的能力，这个是最核心、最主要、最关键的，而且思维是可以改善的技术，就像运动员训练一样。

有一个叫作加德纳的学者提出了一个多元智能理论，认为每一个个体都拥有相互独立的八种智能，不能用单一的智商来衡量一个人的发展。比如说有的人擅长运动，有的人擅长音乐，有的人擅长语言，等等，这就是多元智能。每一项智能都不是固定不变的，**所有智能与我们的思维一样，经过训练之后，就像运动员用科学的方法训练之后，是可以提高的。**

　　大家可以尝试一下，这个思维可以改善，但是我们需要掌握一些方法工具，同时我们要长期地去实践。思维决定行动，你怎么想就会怎么做，你的行动决定了你的未来，其实是背后的思维决定着未来。思维是最核心的能力、最宝贵的能力，我们有了有效思维的能力，就可以更好地面对不确定的未来。

小 结

※ 思维的独立性

● 思维的独立性就是不盲从的自我思考能力；思维的批判性就是要善于从不同的角度去思考。

※ 思维的种类

● 思维按照形态可以分为抽象思维、动作思维和形象思维。

● 按照思维过程可以分为发散思维和集中思维。

● 按照思维方向可以分为正向思维和逆向思维。

● 按照思维对象大小可以分为宏观思维和微观思维。

● 仅靠眼睛看得到的是视力，看不到的是视野，我们每个人都有视力，但不是人人都有视野。

※ 思维的盲区

● 思维定式，就是思维固有的程序、规则和框架，是一种按常规思路分析问题、解决问题的思维方式。

● 思维的偏见：利益偏见、位置偏见、文化偏见。

● 视角越多，认识就可能越全面，就越容易帮助我们克服思维偏见。

● 所有智能与我们的思维一样，经过训练之后，就像运动员用科学的方法训练之后，是可以提高的。

你可以从别人那里汲取某些思想，但必须用你自己的方式加以思考，在你的模子里铸成你思想的沙型。

——兰姆

四、思维工具

思维工具对大家非常有帮助，一旦掌握一些思维工具，结合掌握的思维方法，就相当于得到了"望远镜""显微镜"，可以帮助我们看清很多问题。

思维工具目前比较流行、比较有代表性的大致有六种：**思维导图、六顶思考帽、水平垂直思考法、MECE 分析法、可视化思考法、集体思维方法**。这些思维工具，有的时候可能我们用了，但是不知道名称。一旦我们掌握了这些思维工具，学会运用这些方法，我们就会插上思维的翅膀，提升思维的质量。

思维导图

思维导图就是用图表来表现思想的方法，兼具发散性思维和整体性思维。

思维导图一般围绕一个主题进行，从头脑风暴开始发散，然后集中，进行分类汇总和归纳概括。比如我们想研究一个什么问题，先把这个问题画一个图表摆在中间，然后围绕这个问题开始思考到底应该讲哪些方面。这种方式非常符合思维规律，有助于深化提炼主题，而且能结构清晰地呈现出来。它是一种思维激发和思维整理的思维工具，对于厘清思路特别有用，有助于突出重点，有助于突破点、线、面的限制，能把点、线、面连成一体，形成一体化思考。因为思维导图非常有效，对于帮助思考具有很大的作用，以至于有的人把它称为终极思维工具。

思维导图可以用来干什么？可以创作，可以用来温习，可以做笔记，可以用来做判断、做选择，运用范围非常广泛。

比如春天适合植树，一个单位的领导要去植树，就让办公室主任安排植树活动。办公室主任知道领导很重视这次植树活动，就提前采购树苗，买了很多名贵的树苗，放在仓库里；买了特别好用的铁锹，别让领导挖坑时磨手；准备了使用方便的浇水桶，提前买了符合领导口味的饮料，考虑选择了植树的地点，以及准备了照相报道的相关环节，提前做好了各种各样的准备，可以说下了很大的功夫筹备，万事俱备、只欠东风，就等植树了。

到了植树的那一天，领导戴着雪白的手套，拿着顺手的铁锹，拎着方便浇水的桶，摄影师围着领导不停地照相，可是尴尬的一幕出现了，要栽种的树苗还在单位的仓库里。办公室主任围绕着如何服务领导考虑得特别细致，但恰恰把要种的树苗给忘了。第二天，这个可怜的办公室主任就被免职了。

这位办公室主任如果会用思维导图，可能这样的错误就能够避免了。做一件事情的时候，如果你把所有的要点列出来，就会避免遗漏。比如围绕植树，就可以列出植树的相关物资，如树苗、铁锹、水桶等；植树参加人员，如领导、嘉宾和员工等；植树时间，如出发时间、栽种时间、结束时间等；植树地点，如距离远近、栽种范围等；植树服务保障，如人员、物资运送，饮用水、纸巾、就餐安排等；植树宣传报道，如照相摄影、媒体联络等；上述之外的，可以列入其他。围绕植树画一个图，把上述各方面内容都排列在周围，很多事情就不会被遗忘，见图5—4。

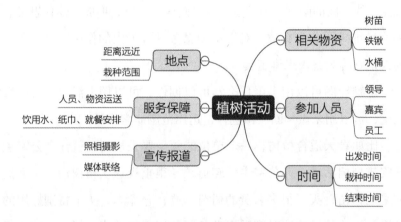

图5—4 植树活动思维导图

我们可以利用思维导图来帮助我们理清记忆，这是一种记忆的方法，也是一种思考的方法，还可以作为整理思路、分析问题的方法。总之，是一种非常有效的思维方法。

六顶思考帽

我们很多人就是一种单一思维、线性思维，往往就是想到一个点，其他的都想不到。采用什么方法可以突破这种思维的局限呢？

六顶思考帽对于突破单一思维局限非常有帮助，是一种多角度思考问题的方法。六顶思考帽就是**用六种颜色的帽子来代表六种不**

同的思维模式，是一个有助于全面思考问题的模型。它具有很强的
创新性，也具有建设性。比如我们评论别人的讲话时，不要笼统地
说讲得很好。你要从几个方面讲，如好在哪几个方面，是主题好、
故事好还是表达好；如果不好，具体是哪些方面，今后怎么改进，
从几个方面提出建议。

有的时候，我们受情绪的主宰，考虑问题容易混乱，更容易陷
入这种思维的盲区，大脑一片空白。我们怎么打破这种局面呢？你
就想象戴了几顶不同颜色的帽子，每次换一顶帽子戴，就换一种不
同的想法。通过换帽子，可以转换思路，有效地激发思考的内容，
见图 5—5。

图 5—5　六顶思考帽

白色思考帽重点关注事实。也就是说它的事实数据，关注它的
这种事实性是不是全面客观的，从事实的角度来分析。

绿色思考帽重点关注创意。是非常有创造性的，具有突发奇想
的（当然男人都不愿意戴这种颜色的帽子）。绿色代表创新、开放、

新奇的，有没有一些不同以往的、各种各样的好创意、好想法。

黄色思考帽重点关注优势。主要是从正面思考，从积极乐观的正面来看问题，尽量往好处想。

黑色思考帽重点关注不足。主要是从不足的、缺陷的、风险的、怀疑的、批判的角度分析，尽量是从坏处想。

红色思考帽重点关注情绪。主要是考虑主观的感受和外在的情绪。情绪会对人类的行为产生很大的影响，分析行为时必须要关注情绪的变动。

蓝色的思考帽重点关注理性。就是在思考时让自己更理性，先思考什么后思考什么，预设一个思考的规则，**调控自己的思维过程，让整个思维过程按照规则去想，能够更加合理高效**。

当我们面对一个问题不知道从哪些角度去想的时候，可以设想自己面前摆着六顶巨大的帽子，每顶帽子提供一个不同的思考角度，事实的、创意的、正面的、负面的、情绪的、理性的，当从六个不同的角度思考同一问题、同一事件后，我们思维的广度可以迅速拓展。有了思维的广度，思考就深入了。

水平垂直思考法

水平思考，就是一个整体概貌的了解；垂直思考，是对部分进行深度的分析。**水平垂直思考法就是宏观与微观相结合、整体全局与重点部分相结合的一种思维方法**。

1. 水平思考就是由大及小

水平思考法是从整体到局部、由大及小的思维方法。

例如，我们看一个人，先看这个人的综合，看整体、看全貌，然后再看这个人的某个部位有什么样的问题，或者有什么样的特征。这是由大及小认识一个人的思维方式。这种方式兼具整体和部分、宏观和微观，这种思维方式其实综合运用了辩证思维的几种方式。

2. 只有垂直思考没有水平思考：容易出错和瞎忙

一般情况下，由于日常生活主要忙于具体事务，容易只看到局部，盯着某个细节，一上来就陷入垂直思考但没有水平思考。

就像我们对人的第一印象，尤其是在找对象的时候，往往第一印象影响了对人的整体判断。这个第一印象就属于心理学上的首因效应，非常影响思维判断。如果完全被第一印象所左右，就犯了只有垂直思考没有水平思考的错误，用局部代替了整体。"捡了芝麻丢了西瓜"就属于这种问题。

还有忙于琐事，没有结果的忙碌是瞎忙。我们很多人都在瞎忙，看着挺忙碌、挺勤奋，但是没有效果，没有提升。为什么呢？因为没有抓住自己最核心、最关键、最重要的事情去忙。怎样才能克服这个问题呢？我们首先要对自己水平思考，然后再垂直思考。**水平思考就是对自己全面的、全方位的、综合性的、长远的思考；然后再考虑当下，我自身的具体的、个性的特点，我最希望做什么，最有条件做什么，最能做好什么，比较具体地来考虑。**所以说我们要学会把这两者结合起来。

3. 写文章："总分总"就是水平与垂直

写文章内在的逻辑关系是总分总。"总"是水平思考，是一个宏观的整体的全局描述。"分"是提出整体的、全局的之后，再进行局部的，一部分一部分去描述。最后的"总"是这些部分之间是什么关系，再回到总体的一个概括提炼。我们写文章，写得好的自然而然就符合这种规律。

整体的水平思考和深入分析的垂直思考结合起来，可以扩展视野，提高分析力。这一点很重要，但我们容易在具体工作或者具体事务中忘记它对我们的帮助。

MECE分析法

MECE（Mutually Exclusive Collectively Exhaustive）分析法是把一个主题分解成组成部分的分析方法，有**两大核心原则**：一是把主题分解成组成部分时，要抓住关键，不要遗漏，如果遗漏关键部分，就会影响对主题的理解和认识；二是分解后的各组成部分之间应该彼此独立，不能相互重复，如果相互重复，就会出现逻辑思路的混乱不清。**不遗漏、不重复既是核心原则，也是这种分析方法的精髓。**

1. 运用MECE分析法分解主题要注意不遗漏

例如，如果运用这种方法分析"成长"，首先可以从几个角度把成长的话题分为以下几个最主要的部分：**成长的动力、成长的方法、成长的途径、成长的力量**等。动力、方法、途径和力量既能代表成长的四个最主要的方面，同时这四个方面也没有互相重复。这种分析就符合 **MECE 分析法**，如图 5—6。

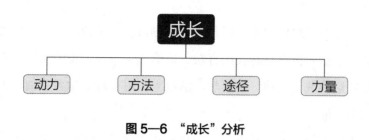

图5—6 "成长"分析

再如，如果分析"学习"，可以从以下几个方面对学习进行分解：**学习的动力、学习的意愿、学习的方法、学习的能力、学习的习惯、学习的效果**等，如图5—7。

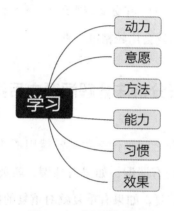

图5—7 "学习"分析

学习非常重要，因为每个人的成长，每个人的发展都需要学习提供源源不断的动力。

有的人学习效果好，有的人学习效果差，有的人事半功倍，有的人事倍功半，不同的人学习效果之所以有天壤之别，取决于他们的学习效率，以及采用的方法。有的方法适合别人但不一定适合自己，一定要找到适合自己的方法。

我们发现有的人十年前很一般，十年后却很了不起，靠的就是学习能力。就像邓亚萍打乒乓球，从打乒乓球的条件上来讲，身体条件、技术条件与综合潜力等，她都不是最好的，且教练对她的发展前景也不是特别看好。但是她特别勤奋、刻苦训练、注意思考，找到了最能发挥自身特长的方法，最终成了全球顶级的世界冠军。正是她这种敢于拼搏、不断学习的投入，退役后又拿到了剑桥大学的博士学位。

所有人都需要不断学习，一旦停止了学习，意味着离终点就不远了，所以我们终身都要具备这种学习能力，学习能力是非常关键的。

从以上有关学习的几个要点来看，从动力、意愿、能力、方法、习惯、效果等方面进行分解，就可以从不同的角度展开深入的分析。在分解之初，可能有重复、有交叉，把重复、交叉的合并，然后再概括，避免重复之后的概括就会比较精准一些。

2. 运用MECE分析法分解问题之后要注意各部分不重复

分解之后各部分之间是什么关系？就用不遗漏、不重复两个原则去衡量：**一是是否有遗漏，如果有遗漏，就要对遗漏的要点进行补充；二是是否有重复，如果有重复就对重复的部分进行合并。**

所有的演讲，所有的文章要按照这个规律进行分析：主题——主题下面需要分成几个关键的要素、关键的组成部分，这些要素和组成部分要符合不遗漏、不重复的原则。分解之后各要素和组成部分之间，要按照时间顺序、空间顺序或者重要程度顺序排列，先讲什么，后讲什么，各部分各要素之间符合逻辑关系。

分解问题的能力就是深入思考的能力。

例如，有的年轻人参加工作以后，看到问题就思考，不断分析，追问为什么，然后想办法改进。这样的年轻人获得的机会自然会比较多，不断得到升职加薪，走上很重要的岗位，并且拿的年薪非常高。与此相反，有些年轻人干了几十年之后工作没有太大长进，工作 30

年工作经验只有 3 年，一直在低层级岗位上徘徊不前。为什么会产生不同的发展结果？一个很重要的原因就是他们工作中思考问题和分解问题的能力不同。对一个问题认识准确靠什么？靠的是能否对这个问题进行分解。把大问题转化成小问题，再对每一个小问题进行深入的思考，这样对问题的理解就会比较全面、比较深入、比较系统，相对来讲更有可能真实和客观。这个分解问题的能力，就推动着问题不断解决和自身不断成长。

麦肯锡作为一家咨询机构，很多员工都是 MBA、MPA 等专业刚毕业的年轻人，这些人的工作经历并不是特别丰富，他们的积累也并不多，但他们为什么可以做咨询呢？靠的是什么？靠的是他们的 MECE 思维方法。麦肯锡之所以能成为行业龙头，主要靠形成的这种独特思维方法。

咨询涉及所有的行业领域，即使在一个行业有非常丰富的经验，换到另外一个行业怎样提供咨询呢？靠什么呢？不是靠经验，而是靠思维、靠能够准确地找出问题，准确地把握问题的这种能力，而这种能力就来自 MECE 思维方法的运用。

可视化思考法

1. 图画思维

可视化思考法其实和前面的思维导图、MECE 分析法有很多相通的地方，就是利用图画思维。在背古诗的时候，把诗中描写的内容，想象成一幅图画，就会有助于理解和记忆。毛泽东曾说过，要想知道梨子的滋味，必须要自己亲口尝一尝。这是强调实践，就是亲自去做一做。

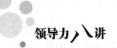

2. 六六法则

图画思维具有六六法则：观察的六种方式和展示的六种方式。

观察的六种方式： 就像前面讲的六项思考帽，这些是观察问题的六个角度，或者叫六个维度，见图5—8。

谁／什么？	在哪里？	什么时候？
WHO	WHERE	WHEN
有多少？	怎么样？	为什么？
HOW MANY	HOW	WHY

图5—8　观察的六种方式

我们可从观察的六种方式，想到六个问题、六个方面的要素，之后，可以用六种方式去展示，见图5—9。

① 用画像进行定性刻画；

② 用图表进行定量表达；
柱状图：比较事物的绝对数量
饼状图：比较事物所占的比例
曲线图：比较事物的发展趋势

③ 布局图表达空间中的位置；
说明"在哪里"的问题；
强调结构的重要性；
采用坐标系明确相对所在的位置

④ 时间轴说明"在什么时候"；
时间是单行道；
重复时间轴形成生命循环

⑤ 用流程图展示"怎么办"；

⑥ 用多变量图展示"为什么"；
考虑周详、标画清晰的多重变量图
是非常有用且具有洞察力的图表

图5—9　展示的六种方式

集体思维方法

1. 头脑风暴法

头脑风暴法又称智力激励法，是一种激发性思维方法。

头脑风暴时，团队成员要针对议题进行自由畅谈，不否定、不拒绝，集思广益，寻找各种可能性。

头脑风暴法的特点是：**充分激发团队成员的积极性和创造思维，非常适合形象思维和有创意的工作**。

2. 团队列名法

团队列名法也是一种集思广益、汇聚众智、启发思维的方法，可以弥补头脑风暴法的一些不足和缺陷。

头脑风暴或者小组讨论的时候，有的人特别爱说、特别能说，也特别会说，有时候整场讨论都被他一个人垄断了，让其他人插不上话。怎么避免这种情况？可采用先写后讲的方法，开会之后，**先不讨论，给每个人一定的时间，自己先把思考的要点写出来，然后逐一列出每个人所认为的主要想法，最后把最具有重叠性的想法保留下来，作为大家的共识**。

比如说讨论学习方法，我们先分五个小组，每个小组五个人。然后小组的每个人用十分钟写出对学习方法的理解，以及掌握了相关学习方法之后的提升效果等，自己单独写，写在一张纸上提炼出来。当每个人都写完以后，小组每人轮流发言，把自己的意见都讲出来。其中可能有三条是所有五个人都赞同的，把这三条意见作为大家的共识。其中两条意见可能有三个人赞同，也可把这两条列在前三条之后，作为得到较多赞同的意见。采用这种方式，最后**形成小组共同的观点和意见，其中有全部赞同的意见，也有得到较多赞同的意见**。

这样既可以避免个人声音独大，也可有效汇聚众人智慧。

小 结

● 思维工具目前比较流行、比较有代表性的，大致有六种：**思维导图、六顶思考帽、水平垂直思考法、MECE 分析法、可视化思考法、集体思维方法**。

● **思维导图**用图表来表现思想的方法，兼具发散性思维和整体性思维。

● **六顶思考帽**就是用六种颜色的帽子来代表六种不同的思维模式，是一个有助于全面思考问题的模型。

● **水平垂直思考法**就是宏观和微观相结合、整体全局和重点部分相结合的一种思维方法。

● **MECE 分析法**主要包括两步：第一步把主题分解成组成部分（抓关键、不要遗漏）；第二步确定各组成部分之间关系（彼此独立、不重复）。

● **可视化思考法**其实和前面的思维导图、MECE 分析法有很多相通的地方，就是利用图画思维。图画思维具有两个六个法则：观察的六个方式和展示的六种方式。

● **集体思维方法**包括：头脑风暴法、团队列名法。

不下决心培养思考习惯的人，便失去了生活中最大的乐趣。

——爱迪生

五、思维方法与工具的实践运用

人的身体如果养尊处优，身体机能就会下降；如果经常锻炼，身体机能就会增强。我们的思维功能也是一样，如果经常思考，尝试运用各种各样的思维方法、思维工具去思考实践，就会有越来越高的思维能力，也会逐步获得深刻、独到的思想观点。这就是思考实践的力量。

运用思维研究分析问题

1. 思考的基本元素

大多数的思考都是有目的的，针对问题，在思考过程中得出自己的观点，提出自己的看法。有时我们提出假设，对假设进行论证推论，如图5—10。对我们的判断，提出的观点，它所包含的意义，运用各种各样的概念（抽象思维就是运用概念）。例如，政府职能转变、审批制度改革、放管结合优化服务等都是概念。日常思考就是运用这些概念和理论，去处理所面对的大量信息和日常实践。

思考的基本元素			
目的 问题	观点 假设	推论 含义	概念 信息

图5—10　思考的基本元素

针对问题进行思维，所以思维一般是有目的性的。**我们在论证观点的时候往往采用假设的方式，运用概念和信息进行推论，这是它的特点。**其中假设就是尚未作为事实判明的情形和事情。

案例

他是醉鬼吗？

我们看到路边躺一个人，首先猜想的是这家伙可能是喝多了。俄罗斯冬天有很多冻死的人，有不少人是酒鬼。假如我们认同这样一种看法——躺在路边的人是醉鬼——就会选择远离他。

但除了醉鬼的假设外，还可能会有另外一个假设：正常人不会躺在这儿，躺在路边的这个人可能生病了，需要帮助。你就可能打999或者120给他提供帮助。

其实你在判断的时候是有假设的。第一个假设：这是一个醉鬼，只有醉鬼才躺在这儿；第二个假设：这是一个生病需要帮助的人。所以**我们思考问题的时候，潜意识里一定给出假设了。**

很多骗子的骗术也是如此。租个好车，穿着限量版的名牌衣服，有意无意地吹嘘自己的背景深厚。很多受骗的人就是根据这些外在的符号和信息假设骗子是有钱、有来头的人，而陷入骗局的。为什么呢？一般情况下，只有有钱人才会穿得这么体面，穷人一般很难穿得这么体面，再加上坐着豪车、出手阔绰。这样就自然地会假定这家伙一定有钱有背景，并且相信这个错误的假设，而不去求证相关信息是不是真的。

正确的做法是什么呢？

我们有了假设，不要盲目相信，要进行论证。通过查找资料进行分析，这个人是不是真的有钱，他的职位、他的公司、他的年收入、他的房产等情况如何，对他方方面面的信息进行详细的论证，就可能得出真实准确的判断。只有假设没有论证，就会容易上当受骗。

2. 做假设的能力，是思考力不可或缺的

生活中避免上当受骗要论证，写论文、写文章提出观点和看法，更要论证。

论证就是对观点的可靠性进行验证。**首先提出假设的观点，进而依据相关信息分类概括；然后能够用来支持自己的观点和看法。如果事实准确，各部分之间的关系符合逻辑，得出的观点能够站得住脚，就是一次有效的论证**。所有的论文其实都是围绕假设进行论证，最后得出观点的求解过程，或者说推理分析的过程。

例如，认为自己的朋友是一个优秀的人。怎么证明他很优秀呢？如果列出几条证明勤奋的理由，大家就会相信这个判断，如果没有理由论证，大家就不一定会相信。这位朋友是位特别勤奋的人，这么多年工作一直很勤奋很努力；是位好学上进的人，在干好工作的同时还在职攻读公共管理硕士学位；是位善于交流的人，与同事、同学、朋友关系都处理得很好；是位工作成效显著的人，从参加工作时的一个很低的岗位已经到了一个很不错的岗位，得到领导欣赏和同事支持。在这样一个优秀的判断下面，给出很多具体的支撑、

理由，这就是在做论证。

开会发言时，如果你摆明自己的观点看法，紧接着给出具体的、系统的论证，你的发言会更加令人信服。

3. 谨防偷梁换柱

写文章的时候，尤其是写论文的时候，一定要概念明确。如果混淆概念、偷梁换柱，大家的讨论没有一个共同的话语体系，不在一个共同的平台上，就容易出问题。

我们发言、写文章，如果前半段用这个概念，后半段用那个概念，就会让人产生误解。概念一定要一致明确，内涵要清楚。

4. 什么样的论据是真实可靠的？

乔布斯是商业奇才，也是演讲高手。他在斯坦福大学毕业典礼的经典演讲是关于自己成长过程的艰苦和对生命的体会。

> **案例**
>
> 乔布斯是一个私生子，上大学的时候连学校的宿舍都住不起，就蹭同学宿舍打地铺，还经常走很远的路到有免费饭菜的宗教场所去蹭一顿饱饭吃。他还到处捡可乐瓶子卖，去贴补自己微薄的生活费用。这些曾经的苦难让他更加成熟，丰富了他对生命的理解。他说人生中的这些经历是自己成长的磨刀石、垫脚石，也是自己成长的台阶。

乔布斯用自己的经历，自己的感受来做阐释说明，非常有感染力。因此，当我们有了宏观思维、整体视野的时候，也要学会用一些鲜活的细节、生动的个案来做支撑。

讲计划生育政策的变迁，讲二孩政策对人们生活的影响，就可以将生活中的故事作为论据。小切口，大视野。一个小小的事例，带给我们无尽的思索。

> **案例**
>
> 　　有一个小孩被起名字叫"八万"，为什么？因为国家计划生育政策进行了调整，自 2016 年 1 月 1 日起全面放开"二孩"政策。这个小孩恰好出生于 2016 年 1 月 1 日零点之后，给家里省了 8 万元，孩子的奶奶给刚出生的孙子就起了名字叫"八万"。而与这个孩子同一个产房出生的孩子，在 2015 年 12 月 31 日的最后 1 小时出生了，仅仅比"八万"早出生了两个小时，家里就被罚了 8 万元。

针对问题进行思维

不管面对什么样的问题，分析的时候都要运用思维，用思维分析问题，才能看清问题。

1. 什么是问题

问题就是现状和应有状态或期待目标之间的差异。

例如，你的手受伤了、骨折了，手原有的状态应该是健康的、灵活的，而现在偏离正常状态——这就是一种问题，是偏离了正常状态的问题。经过治疗康复之后，恢复了原状，问题就解决了。这类问题是**失序型问题**，针对失序型问题要着眼于问题的解决。

还有一种问题，不是偏离原有状态，而是希望原有状态得到更好改善，属于**发展型问题**。比如我现在体重是 80 公斤，我想减到 70 公斤，让体形更漂亮一些，这是我追求的一个目标，从现状向更好状态发展的目标，一个更加理想的目标。发展型问题要着眼于目标的实现，需要采取能够实现目标的具体措施。针对减肥这样的目标，如果每天跑步3公里，健步走3公里，俯卧撑200个，并且控制好饮食、休息好，这一系列的措施经过一段时间的坚持，目标就比较有可能实现。

2. 两类问题的不同侧重

偏离现状的失序型问题，关键在于如何尽快恢复原状；追求更高目标的发展型问题，关键是如何解决现状和理想状态之间的差距，如何实现发展目标的问题。

有些时候，失序型问题与发展型问题是交织在一起的，不是简单分割的。例如，有人说你现在脂肪肝指标略高，这是一个问题。在想办法解决脂肪肝指标略高的同时，也可给自己设定一个更加健康的发展目标。

3. 诊断分析复杂系统性问题

在面对问题的时候，只有准确诊断问题，才能有效解决问题。例如，一个发烧生病的人，如果医生不准确诊断病情就直接开药治疗，效果可想而知。因为导致生病发烧的原因是很多的，但症状表现有可能一样，病毒性的发烧还是肺炎性的发烧，不同的病因治疗措施可能差距非常大。

一般来说小问题、简单问题、单一问题、封闭问题比较好诊断，也更容易处理，但是社会中的很多问题是复杂问题，交织在一起的问题，所以当很多因素交织在一起的时候，这是复杂问题，就很难办了。

诊断问题时要先分解问题；再梳理问题内外部的相互关系。

首先我们要看整体和部分之间的关系，要把问题分解为多个小问题。整体是由部分组成的，但是整体大于部分，所以先从整体上来认识，然后再看各部分之间属于什么样的关系。

其次，问题也不是孤立的，分析问题的整体及其各部分之间的关系之后，**再看这个问题和它外部其他问题以及环境是一个什么样的关系，因为内部问题与外部问题会互相交织影响**。例如到海外投资，既要抓好自身系统内部建设，做到人员到位、资产到位、产品到位、管理到位，把方方面面的工作都做好，还要处理好外部的问题，如当地的投资环境、市场环境、竞争对手等，只有外部问题也把握到位，才可能成功站住脚跟。

4. 先决定问题和先决定对策都是错误的

中国房价调控从 2005 年之后开始，不停地调控，但越调越涨，调控政策被讥讽为"中央空调"。为什么调控效果一直不好呢？首先因为房价是一个涉及主体很多、变量很多的问题，是一个属于动态变化的复杂的系统性问题。单纯从抑制购房需求的角度着手，很难有效控制房价问题。例如影响房价变动的因素有土地供应数量和价格的问题、信贷政策的问题、宏观经济形势的问题、商品房和公租房的问题、商品房本身供应数量的问题、商品房兼具一般商品属性和投资商品属性的问题，等等，这些因素都在影响房价的变动。

针对这么异常复杂的问题，单纯考虑房价上涨这个问题，以及围绕控制房价决定对策，都是错误的。实践证明，这样做法带来的教训极为深刻。

5. 做的事是否正确

做事就是选择，关键在于选择做的事是否正确。决策做什么事

主要是如何选择的问题，而选择都是思维判断的问题。一旦把思维搞清楚了，很多问题都可以迎刃而解。

我们很多失误，如人生失误、政策失误，都是解决了错误的问题，找出的问题本身就是错误的，方向错了，那就一切都错了。我们看报道说医生给患者做手术，本来是右腿摔断了，手术中却把左腿给截肢了。医生无论手术技法再完美，手术过程再努力，都属于不但没有解决问题，反而造成了更大的问题。这个例子不是笑谈，的确有的医生干出过这种事。这样的例子就提醒我们，首先要看做的事是否正确，然后再考虑如何把事情做正确。

6. 界定问题比解决方法更重要

准确界定问题比问题解决方法更重要。这就是我们所说的战略是第一层次的问题，应该首先考虑战略；战术、细节、操作是第二层次的问题。在战略确定之后，再考虑战术问题。如果第一层次搞错了，第二层次的努力很可能都是白搭。很多人生选择，重大的问题搞错了，细节再完美也没有意义。

什么问题属于重大问题？对于个人来说，关于自身的职业发展，关于自身能不能不断提升。对于自己的定位和发展方向问题，显然很重要。还有选择人生伴侣，也是一个重大问题。重大问题出错了，会极大地影响个人发展与人生幸福。

重大问题不能出错，要慎重对待，而有些无关紧要的小事，不要耗费太多的精力。今天吃什么、穿什么，应该属于小事。有些人为今天穿什么、吃什么等方面的事情，花费了太多的时间。可取的态度是——大事不糊涂，小事不纠结。

对于重大的事情，要投入大量的时间，认真思考分析。而对于**一般的小的细节问题，可以洒脱一些、模糊一些、简单一些。**

7. 如何避免用错误的方法做正确的事

避免用错误的方法做正确的事，可以采用两层四步追问的方法：

第一层次：先确定是不是最应该做的事情。

第一步问：做的事是应该做的吗？

如果回答为否，就可以直接否决这个事。

如果回答为是，**就接着问第二步**：

是应该做的最关键的事吗？

如果回答为否，就要重新思考应该做的最关键的事情到底是什么，直到明确找到答案为止。如果能够回答为是，就接着进入第二层次。

第二层次：确定做事的方法是不是最适合的

第三步问：做事的方法正确吗？

如果回答为否，就应该重新寻找正确的做事方法，直到找到能够回答"是"为止。

第四步问：这个方法是最有效率最适合的方法吗？

如果回答为否，说明做事的方法虽然正确，但可能不是最有效率的方法，还可以进一步寻找最适合最有效的方法。

通过以上两层四步追问，就可以找到最需要做的事情，并且能够运用最有效率最合适的方法去做。

问题分析的步骤与方法

1. 问题的性质是什么？

面对问题的时候，首先要确认问题的性质。这是一个经常性问题，还是一个偶尔的意外；这是一个程序性问题，还是非程序性问题；这是一个体制和制度的问题，还是一个执行和操作的问题；这是人的问题，还是物的问题……

例如，有位领导让下属小王去买面包。小王跑到街上，找到面包店没有买却又回来了。给领导汇报说，你要长面包还是圆面包？领导说买圆面包。到面包店一看圆面包有全麦的，还有粗粮的，又回来问领导你要粗粮的还是全麦的？领导说要粗粮的。小王去了以后，过了一会儿又回来了，问领导粗粮面包要热的还是要凉的，带奶酪的还是不带奶酪的……

类似小王这样的下属估计很多单位都有，没有明确的指示就不知道怎么干了，平常也不留意领导的偏好。一个机灵的下属可能在去买之前就会向领导确认好需求和标准，如果有些无法确认，可以灵活处置多买几个种类供领导选择。

类似小王领导这样的也不少见，在安排工作时从一开始就应该把工作布置清楚，明确下属做事情的原则和标准。在提出明确要求之后，给下属发挥的空间，不做过多的限制和参与。

领导要做明确方向的事情，确立规则的事情，影响重大的事情，选人用人的事情。对于**经常性的事情，制定规则、明确要求之后，放手让下属去做就行了**。除了经常性问题之外，对于非常规性、非程序性、偶发性事情，前面没有先例的，可要求下属先向自己汇报。

例如，这条路走着走着拐了一个弯，这个弯出现方向性的问题了，是从这个弯拉回来，还是这个弯可以继续走，需要领导定夺。

我们要看是局部性的问题还是全面性的问题。如果是局部性问题，尤其是非关键重点的局部性问题，可以放手让下属去做，即使失误出点儿事，也不是大不了的事情。但如果是影响全局的关键局部和重要细节问题，那就要适度干预。即使授权下属处理，领导也应该监督检查、了解进展。

聚焦问题的三个视点

通过判断、界定好问题的性质，就好下手解决问题。大问题需要好好深入分析，小问题就相对简单。界定问题性质需要考虑三个视点。

第一个视点是重要度。要首先判断这是一个全局性的问题还是局部性的问题，是局部性的次要问题还是关键重点问题。要优先选择全局性的和关键性的重点问题去解决。

第二个视点是紧急度。有些问题不大，但情况紧急；有些问题关键，但是长期形成的，不能一蹴而就。对于紧急性的问题，一般要优先处理。

第三个视点是扩大趋势。有些问题目前虽然是小问题，但是如果不处理就会扩散成大问题。例如河堤上的小洞如果不尽快处理，很快就会冲成大口子，进而导致溃堤大祸。对于可能会迅速扩大蔓延的问题要优先处理。

分析问题时结合上述三个视点来考虑，可以较快地锁定需要优先处理解决的问题。

2. 问题的原因分析最为关键

解决问题，要找准原因。只有认真分析原因，才能找准原因。**准确找出了原因，应对的办法就会比较有效。**

在分析原因的时候，一定要基于事实，全面掌握状况。也就是说，原因分析不能偏离事实。如何掌握事实呢？要通过调查研究，经过认真全面的了解。

3. 问题解决要满足边界条件

很多问题往往处于大大小小的问题链和问题系统之中，必须找到问题的边界，因为只有满足边界条件的方案才能有效解决问题。例如，房地产调控之所以屡屡落空，主要是因为调控政策没有满足控制房价的边界条件。房价受货币政策影响，中央、地方财政关系影响，土地供应影响，土地制度影响，经济发展环境影响等，多个主体、多项变量都在动态地影响房价变动。针对这样一个开放的系统性问题，搞了一个封闭的解决思路，由于不能满足问题解决的边界条件，因此出了很多招却怎么也解决不了。

解决问题时要思考我们应对的问题是不是能满足边界条件。

例如，一分耕耘一分收获，这也是有边界条件的。种地，非常勤奋，但是买来的是假种子，最后的结局就是颗粒无收。在单位里，很多年轻人觉得很郁闷、很压抑，认为自己这么努力、这么优秀、这么勤奋、这么能干，怎么老是没有机会提拔。因为单位这个提拔的边界条件你掌握不了。因此，**要在能够掌控的边界条件范围之内做最大的努力。**

边界条件是不容易找出来的。这时，要认真思考分析，自己这个系统和自己所处的外部系统有什么关联，这个系统是一个什么样的系统。

4. 列清单、搭框架细分研究问题

深入地研究问题，需要对问题进行细分，并且采用列清单、搭框架的方式构建起整体性的问题结构图。**这个问题应该分成哪几个部分，这几个部分之间是什么关系，是否有重叠、有遗漏，这个问题的内涵和外延是什么，把这些想清楚了，这个问题基本上就分析透彻了。**

将一个问题分成几个大的子问题，对子问题再细分，就把一个很笼统、很复杂的问题，分成一个个能够破解的小问题。经过这样的分析，对问题的认识就会更加深入，对问题的梳理也可从无序走上有序，如图5—11。

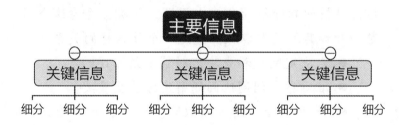

图5—11　问题细分的金字塔结构图

小结

※ 运用思维研究分析问题

● 思考的基本元素包括：目的、问题；观点、假设；推论、含义；概念、信息。

● 论证就是对观点的可靠性进行验证。首先提出假设的观点，进而依据相关信息分类概括，然后能够用来支持自己的观点和看法。

※ 针对问题进行思维

● 问题就是现状和应有状态或期待目标之间的差异。

● 问题包括两类：一类是偏离现状，要恢复原状；一类是发展的问题，是期待实现的理想状态，是如何解决现状和理想状态之间差距的问题。

● 对复杂问题，首先要看整体和部分之间的关系，要把问题分解为各个小问题；其次，再看这个问题和外部其他问题以及环境是一个什么样的关系。

● 先决定问题和先决定对策都是错误的。

● 准确界定问题比问题解决方法更重要。

● 避免用错误的方法做正确的事，可以采用两层四步追问的方法。

※ 问题分析的步骤与方法

● 面对问题的时候，首先要确认问题的性质。

● 界定问题性质需要考虑三个视点：重要度、紧急度、扩大趋势。

● 很多问题往往处于大大小小的问题链和问题系统之中，必须找到问题的边界，满足边界条件的方案才能有效解决问题。

● 深入地研究问题，需要对问题进行细分，并且采用列清单、搭框架的方式构建起整体性的问题结构图。

第六讲　党政思想领导力

· 樊　鹏 ·

● 面临复杂局面，领导者的何种能力最为关键？

● **执拗于使用复杂技术手段处置，还是专注思想理论，改变人的思维，寻找组织发展的新方向？**

● 思想，作为抽象之物，如何转化为克服组织危机、推动组织变革之"力"？

● **当代中国党政领导者，面临执政考验和发展挑战，展示了何种思想领导力？**

● 在中国政治体系中，要使思想领导力发挥效用，不可忽视哪些条件和局限？

内容概要 Content Summary

历史上，任何一个阶级，如果不推举出自己组织的运动和领导运动的政治领袖和先进代表，就不可能取得统治地位。

——列宁

导言：为什么要讲党政思想领导力？

领导力不能忽视行为条件和局限

领导力到底是什么？从概念上来说，领导力既然是一种"力"（power），那就应当是普遍的，其规律性的东西也应当是通约的，是不分领域的。就像我们在讨论科学理论时一样，当我们说"中国理论"的时候，这句话实际上是一个伪命题，从严格的科学意义上，它是不成立的。既然是科学理论，就像物理学一样，不管在哪里都应该成立。例如，关于原子弹的理论，只要理论的前提和条件得以满足，就能够制造并成功引爆原子弹。

领导力就是社会领域和组织系统的"原子弹"，但问题是，是否所有的组织都能够满足领导力这颗"原子弹"爆发的条件？这意味着，往往对事物存在条件的分析和判断，要高于事物本身。

领导力的普遍性规律和一般原则可以通过读书获得，可以在短短几分钟之内掌握，但是并不是所有人都可以在特定组织和特定时刻灵活恰当地发挥领导力、解决组织面临的问题。原因在于，我们虽然可以熟读领导力的各种"圣经"和"宝典"，但却没有能力对领导力发挥作用的各种条件和局限做出准确、清晰的判断。

事实上，领导力和领导力的运用并非不加任何条件的，相反，即使领导力的规律是普遍的，但在不同领域，领导力得以发挥效用的条件和局限是不同的。最直接的例子是，在商业组织内通行的一些领导力规则和原则，如果置换在行政组织内，往往并不能奏效，这背后受到行政领域内特殊的组织环境和人际关系规则的制约。

领导力不仅是针对组织内领导的一般规律和原则的分析，而且是有关事物发生条件和局限的科学有效判断。

探寻超越"技艺"的领导力

翻阅目前市场上流行的领导力研习教材和国内外有关书籍，有这样三个特点：第一，多针对商业组织的领导力，鲜有涉及党政领导力。第二，领导力内容繁多，但鲜有人讨论思想领导力。第三，落实领导力的一般原则时常被转化为如何使用复杂的技术手段处置组织问题。具体表现是，领导力被广泛视作一种"技艺"（art），将领导力等同于领导艺术，将领导力的内容简单等同于沟通、说服、执行、合作等社交技艺。

市场上有关于领导力的畅销书中，如我看到过一本讲领导力的10种能力，显然是把领导力作为了一种领导的艺术和技术了。另外有一本西方人编著的《领导沟通》一书，他讲领导力就是一种沟通能力，把领导力直接等同于跟组织系统内外各方面沟通的能力。

我这里所理解的领导力，不是基于"技艺"的领导力，而是一种"思想领导力"。

美国总统里根，被称为"伟大的沟通者"，他的一生展示了很多领导力技巧。如怎样更好地与人交流，怎样更有效地捕获别人的注意力，以便在群体中使大家都聚焦于他，驱使大家跟随他，等等。香港中文大学蔡子强教授写过一本小册子叫《新君主论》，在香港十分畅销，尤其受青年人欢迎，因为在这本书里，主要探讨了各种领袖人物——包括英国前首相撒切尔夫人、美国前总统里根等人，如何展示他们的领导才能，这其中领袖们讲故事的能力被蔡子强教授视为领袖人物超凡魅力的关键。比如里根在许多场合下，可以在很短的时间内让所有的人笑翻，这说明他是非常善于与人沟通的。《新君主论》这本书，为了映衬这些伟大领袖的超级领导力，也列举了许多庸才的故事作为反例。

但是，我并不认为是"沟通能力"使里根获得伟大总统的称号和成就。这些东西在一定意义上，显然是技术层面的。真正决定里根成长发展的，他可能不会告诉你，也没有哪个领导力的教科书里会明确讨论——当然我并不否定技术的重要性。在《冒险年代：胡佛自传》一书中，我深深赞叹美国进步时代的前总统胡佛在国家急难险重任务中管理公共事务和处理复杂局面的行政技术。

我想里根的领导力的背后，更加根本的不是"沟通"，而是他拥有持续创造、维系、巩固理念的能力，沟通仅仅是他"兜售"自己核心理念的手段。里根的优异特点在于，他能够顺应形势需要或利用形势的发展，创造出独特的理念，并借此将他的国家和他的人民凝聚起来，推动改革。当然，前提是他可以通过创新思维，率先带领他的核心团队去做事，以此引领全社会追随他的理念，从而成就一项伟大的事业——我把这个称为思想领导力。

今天看来，里根给美国留下很多的政治遗产，包括我们现在常说的"小政府、大社会"，当然这个理念也给美国，甚至全世界留下许多创伤，乃至新自由主义在世界范围内大行其道。但就当时的历史情境而言，里根提出了一个创新的理念，而且广为社会接受，最终在他的任内得到了相对有效的贯彻实施。至于沟通能力等领导力，都是基于理念和思想的优势作为前提，沟通能力是作为思想传播和广泛说服的辅助手段。

我这里所理解的领导力，主要基于对行政组织领导力的经验观察和一般概括。实际上，即使是基于商业组织经验的领导力，也是一直在发展变化的。以美国为例，从100年前重视泰勒管理思想的垄断寡头企业，到战后中小企业的兴起，再到大型跨国公司，这些不同时期的商业组织，对领导力的需求差异不言而喻。

今天，随着阿里巴巴、腾讯等大型新技术公司的兴起，新型商业组织的性质和特征发生了巨大变化，在这些组织中，难以想象还可以依靠传统集中决策和命令式的纵向执行系统来贯彻组织领导力。在传统组织中，如果遇到马云这样几乎天天在"异想天开"的人物，可能对于巩固和落实企业负责人的领导力是破坏性的。但是在今天的大型技术公司中，如果能够冒出和容纳无数个"马云"，可能真会石破天惊。

三个方面阐述我的"思想领导力"

第一，什么是思想领导力。先从理论层面解析一下，到底什么是思想领导力？如果说思想领导力不是一般的"技艺"，那么又是什么？思想领导力的核心是什么，以可观测的现象为衡量标准，哪些现象代表了思想领导力的力量？思想作为抽象之物，通过何种行动和步骤才可以转化为具体的、可以改变人和组织行为的"力"？

第二，**聚焦中国的党政领导力**。中国的改革发展背后，离不开先进的执政党，而先进的执政党则离不开一个有效的组织核心及其思想领导力。中国共产党决策层的思想领导力，是解释中国发展进步的重要变量。在这一部分，我从中央集权的政治体制、贤能政治的历史传统以及政道思维的特点出发，对中国的党政思想领导力进行了一个初步分析。

第三，**剖析党政思想领导力的条件和局限**。领导力作为一种规律和规则，或许是普适性的。但是使这种普适性的规律和规则得以发生、奏效的条件是具体的，不讲条件和局限，讨论领导力就是教条主义。尤其在中国的体制下，思想领导力并不是简单创造一个词汇、提出一个理念这样容易。思想领导力要发生作用，尤其是起到积极作用，需要很多条件，面临很多局限。许多思想的提出，是否能够有效转化为实践，关键就在于思想的提出者是否真正关照了现实，是否对各种可能的条件、局限做出了具体的观察，乃至对形势的发展做出了正确的判断。

一个能思想的人，才是一个力量无边的人。

——巴尔扎克

一、什么是思想领导力

思想领导力的核心是寻找和定义"任务"的能力

思想领导力是在同一般的组织能力的比较中凸显自身特点。比如一个行政官僚，领导把任务交给他，他办得特别好，显示他有极强的组织能力，可以找到一千种办法来落实领导交给的任务。但是这位官僚在有朝一日有幸被提升为地方主官后，却是政绩平平，没有多大成就。后来总结原因发现，他长期以来善于"执行"任务，并不善于"建立"任务——而后者对于一个地区的发展和施政才具有更为关键的意义。

这里要说的是，该做什么事情，往往比如何做好一件事情更重要。"纲举则目张"，划定"纲"的能力总是少部分人才具备，这就是思想领导力的实质。所有组织和资源都是围绕任务而来，没有任务，手段就找不到想要服务的核心。从来只有"战略性任务"，从来没有人谈"战略性手段"。

因此，思想领导力就是定义"任务"的能力。这里的"任务"除了一件具体的事情和一个清晰的目标外，最高层次的任务是观念的创造和价值的引领，用你的标准来影响你的团队、影响他人和其他群体，进而影响整个社会。你要建立一个任务，一定要化约为一个简单清晰的概念或理念，这个概念或理念，或十分新颖，可以唤起众人的行动；或站在道义的制高点，使你的小团队和组织成为担负革新使命的"仁义之师""创新之师"；或对现实和形势有着其他观念或理念所不能及的解释力，使每一个组织落实环节都犹如"庖丁解牛"。

思想领导力需要持续的抽象思维能力训练

如果说思想领导力的核心是寻找和定义"任务"的能力，那么对形势的正确判断决定了是否可以有效确定任务，在这个意义上，形势决定任务。基于此，对形势的认知和分析能力是思想领导力的第二个核心。

同一般所谈论的领导力有所不同，思想领导力所考虑最多的不是如何从技术层面支配组织成员或全面控制组织，而是对组织内部成员关系以及组织整体发展的形势进行有效判断。

这需要运用高度抽象的思维能力来理解组织内部的各种关系，并对过往形势给出令人信服的解释。正确判断建立在正确解释基础上。

为了达到对形势的正确判断，要求领导者有一定的历史文化积淀，就所要分析的现实现象和形势，必须在大脑中给出各种可供比较的历史经验模型。但更重要的，还要拥有对现实经验世界本身的观察和思考能力。面临复杂局面，领导者在对经验世界和形势发展做出深思熟虑后，有能力运用高度抽象思维能力，把复杂的现象世界化繁为简，乃至简化为基于一个或几个基本事实的一组逻辑推论关系。理念和观念的创新，恰恰发生在这个过程之后，创新理念和观念，本质就是对这组复杂关系的逻辑推论的求解。

必须指出的是，对形势的分析和判断能力，或者说对经验世界和关系世界的高度抽象能力，不是一蹴而就的，更不是灵感使然，而是需要一个领导力的持续训练。

思想领导力专注于抛弃绳索而非解开绳索

面对各种不确定性，思想领导力致力于创造理念，来谋求改变组织内成员的想法和观念，以此确立新的稳定的行为和组织规则。这意味着，思想领导力总是专注于未发生的可能性，而非同现实的各种不确定性进行"死磕"。

举个例子，比如我们面临一根绳索的束缚，这根绳索将人五花大绑。通常的事务主义者，他会研究怎样更有效、更快捷地去解开绳索。但是思想领导力要求你，在这个时候要在思想层面极力避免花费太多精力思考如何解开这根绳索，而是要尽量使你的思考方向远离那根绳索或抛弃那根绳索，转而专注于思考在五花大绑的情况下"我"能做些什么。当一个崭新的"任务"确立之后，在实施的环节，往往随着新的事态发展和外力的介入，早先的绳索在无意中已是迎刃而解了。例如，中国在改革开放初期，面临棘手的历史问题和复杂的社会情绪，邓小平引领人们把目光转向解放农村和发展新的商品经济等领域，他并不去触动原有的体制和问题，随着改革的发展，后来人们突然发现，一些原有的问题早就烟消云散了。

在这个意义上，思想领导力不是可以学来的，但是它可以给你一个思考的框架，去规范你往哪个方向去努力。

思想领导力是可以实践和兑现的创新思维

一个具备思想领导力的领导者，不仅需要有驱动创新的想法和理念，或者更流行的说法称为"创新思维"，而且是一个在众多思想者中前行的实践者。换句话说，他的思想能够有效、快速地得到实践。

这里说的"实践"，可以从体制机制层面来理解。思想领导力为组织提供的不仅是一套思想资源，而且在关键时刻，还需要提供一套更加有效的激励机制和落实机制，要让理念可以实践和"兑现"。理念和价值出来后，思考的重心必须建立在他者的角度上，如果使大多数成员能够认同你的想法，都愿意这样去做，去跟随你的这些标准，就必须建立持续稳健的激励机制，这些激励机制最后则会变成长期的制度。

思想领导力的魔力：众人自觉追随

思想领导力和一般的领导力相比，后者强调基于地位的权威保障，而前者并不太关乎领导者的地位或身份。思想领导力是基于一种相对比较平等的状态下产生的观念，旨在改变人们对事物的认识，从而改变人们的行动。思想领导力并不需要专注于执行，使用一种强制命令或手段迫使人们服从和执行，并不是思想领导力的内容。观念和理念本身，可以使每个参与其中的人都认为这个新观念值得去为之追随和付出。

改革开放初期，邓小平环顾四周，为中国发展寻找经验，最终找到新加坡的李光耀。为什么说李光耀是一个思想领导者呢？他在新加坡提出来一个非常著名的理念"社会秩序优先于个人自由"，这一理念渊源来自东亚政治文明。新加坡就是这么一个国家，它非常强调社会秩序，秩序被视为优先于个人自由的首善。在李光耀的理念下，新加坡成为"亚洲四小龙"实现了经济腾飞，李光耀为新加坡确定的价值被称为"儒家的亚洲价值"。在这一价值之后，新加坡执政集团顺理成章地确定了改革和发展的任务。

邓小平更是一位凸显思想领导力的伟大人物，他的一生提出了很多有影响力的思想。在很大程度上，正是邓小平的这些思想，定义了中国改革开放三十余年来的发展"任务"。例如，"社会主义市场经济"的概念。20世纪90年代初期，那个时候大家在想着国家怎么发展，又要开放市场，但是又不能丢掉社会主义，邓小平就创造了一个词叫"社会主义市场经济"，到现在中国的改革开放都还在沿着这条道路前行。但是，到底什么是社会主义市场经济？虽然各个时期人们对其内涵的认识并非一成不变，甚至引起极大争议，但这个理念一直在引领中国的改革，这也恰好说明这一思想理念的高度容纳性。或许有朝一日当人们不再执拗于这个概念的定义时，它应有的历史作用也就发挥完毕了。

邓小平还创造性地以"一国两制"思想解决香港、澳门回归的难题，尽管在邓小平之前的毛泽东和周恩来时代，就已经有"一国两制"思想雏形了，但真正把它变成一套行之有效的基本制度，是在邓小平时代完成的。邓小平曾说，我们的社会主义制度是中国特色的，这个特色里面有一个重要的组成部分，就是中央对香港、澳门、台湾问题的处理，这就是"一国两制"。邓小平还说，这个"一国两制"是中国提出来，是中国解决历史遗留问题的一个制度创举。换一个角度，它又何尝不是一种思想领导力的结晶呢？

思想领导力的魔力：理论使人自信

无论你从事何种工作，从属于何种群体或社团，你要做成一件具有公共性质的事情，有三样东西少不了：

第一，一个有意思的想法，或者说一个十分通俗易懂的"任务"。这是你做任何事情的基本起点。例如，美国总统特朗普在竞选时明确告诉美国选民：他要在墨西哥和美国之间建"一堵墙"。事后大家才明白过来，特朗普的这些说法看似十分荒诞，实际上他是借助一个十分通俗易懂，且十分具象化的说法，向社会传递一个明确的信号，他的任务是指向保守主义的，他要维护美国的利益，宁可违背自由主义、合作主义的价值。

第二，给予支持你的人一个可以实现的愿景。仍然以特朗普为例，他在竞选时提出的一系列荒诞不经的承诺，实际上背后都有一个个的潜台词，这就是每一个承诺都将为他所依靠的白人选民带来一个美好的愿景。当然，这其中有些愿景在传统政治价值看来是违反"政治正确"的原则，但是后来证明这样的承诺契合了美国社会时下白人保守主义和民粹主义的回潮。

第三，对你的价值、任务和愿景进行道德说服。这是所有步骤中最重要的环节。一旦确定了你要做的事情，要时刻提醒众人，你以及你的追随者，是站在了一个更高的道德与历史的制高点上的。古代有孟子见梁惠王，后者让孟子给他出主意，为什么他给予自己的人民许多利益，也允许子民各自经商逐利，为什么他们还不满意呢？孟子就讲"王何必曰利？"孟子的话，包含了中国统治哲学中最核心的义理。

又如，美国在全世界推行霸权，但它也最善于在全世界讲人权。即使是公然侵犯伊拉克，在中东地区包藏政治和经济祸心，在大的方面更是服务于美国全球霸权战略，但是美国人从来不讲那套，他们所有讲的东西都是维护人类的和平，维护正义，维护专制国家受压迫人民的权利，给伊拉克以政治自由——尽管后来发现美国的政治承诺是一个多么虚无缥缈的海市蜃楼，等待伊拉克人民的只有无尽的分裂、战争和苦难。

我们经常讲，理论很重要，为什么理论很重要？我给大家举个例子，比如说我们今天的物质水平都已经非常高了，可是我们今天中国人的自信，说实在的还真的不是太高，尤其是在跟美国人比的时候，很多人都认为我们跟美国差得很远。这是为什么？原因很简单，因为我们几乎所有人都在自觉不自觉中同美国对比物质经济和军事力量。

在我儿时印象中，我的祖父和父亲是十分自信的。他们年轻时都有过入伍从军的经历，三十余年前，父亲那一代人十分自豪，十分自信，他们一点儿都不觉得比美国差。为什么？因为他们的军旅生活所接受的教育和信息是：同美国人比纪律，比群众路线，比解放价值，美国军事经济再强大，都是维护少数资本家的利益，中国再落后，这个国家的人民所付出的每一滴汗水，都是为了解放工农普罗大众，解放全人类。比这些，每一个社会成员当然自信满满。

根据我的体会，这说明在那个时代，中国共产党在塑造社会观念方面有着极强的思想领导力。

为什么这么讲？因为当时有一套关于社会组织和政治发展的理论，这套理论是什么？我觉得是站在了历史跟道义的制高点上，在这套理论中间，私利没有位置——尽管有人认为这套理论拖累了社会效率，但是对此并没有看到十分令人信服的科学证据。

这套理论的核心就是发展"社会主义"。社会主义要解放全人类，它朝向的不是现在，而是未来，未来是共产主义。共产主义的基础是什么？公平、正义，人不是经济动物，如果你的统治学说、意识形态把人降低为经济动物、物质动物，那么他就会去攀比物质。从较长一段时期看，比物质是比不过美国的，虽然我们整体国力 GDP 排到全球第二，但是我们的人均 GDP 也仅仅是美国的 1/10。

理论为什么可以使人自信？一个重要的原因在于它可以使人站在一个更高的道义制高点上。

毛泽东在延安窑洞曾会见一些上海的工商界代表，当时全国形势已经发生很大的变化了，日军已经败了，国共就要开战了，大形势正在转变。那个时候上海的资本家来延安见毛主席，毛泽东在窑洞接见了他们，当时的毛泽东穿了一条破旧的棉裤坐在炕上，却依旧谈笑风生、指点江山。毛泽东何以如此自信？我想并不是因为他是一个领导人，他拥有巨大的权力。更主要的原因在于，那个时候中共领导层认为他们所领导的革命，站在了历史进步的一面，他们代表了中国的方向，代表了中国人民的未来。

有理论和没理论的差别是很显著的，王健林在一个场合说了一句话，把全社会都逗乐了："你可以先设定个小目标，先赚他 1 个亿。"当每一个城市中产以下的阶层，每天忙忙碌碌挣那点儿工资的时候，听到这句话真可谓哭笑不得。相比来说，马云可能更会讲话，更懂得理论说服的力量。他比王健林高明一点的地方，总是善于在价值层面去引导他的团队和社会公众，按照他规定的组织目标和任务去努力和发展。

马云无论做什么事情，确立什么项目或计划，好像很少谈论赚钱。

他告诉听众，建立淘宝学校不是要赚农民的钱，而是要改变农村和农民，让他们同城市文明连接起来；他建立"蚂蚁金服"，不是要搞虚拟融资，而是要克服传统银行垄断和低效，以更新的技术形式更好地服务草根大众融资；他建立"菜鸟"，不是要垄断物流链条、控制散户，而是要建立所谓"社会化物流协同平台"，更高效地组织社会。他建立"阿里云"乃至接管大批量地方政府"云计算"，不是要垄断社会大数据或接管政府职能，而是要更好地利用大数据，终结数据睡大觉的状态，服务社会。

不难理解，阿里巴巴在商业帝国扩张过程中，面向公众时，总是试图建立一个道德层面的说服力，进行自我证成(self-justification)。将来的大型技术公司，目标是要接管传统政府管理的公共职能，发挥更强大的公共性职责。如果没有公义理论和道德说服，何以令公众信服？

我们的生活就像旅行，思想是导游者；没有导游者，一切都会停止。目标会丧失，力量也会化为乌有。

——歌德

二、中国的党政思想领导力

思想领导力为中央集权国家提供治国理据

中国非常需要思想领导力，这是由国家的政治体制决定的。同西方自由民主和宪政民主政体不同，中国必须适宜国情建立强有力的中央集权制。

在西欧一些国家，历史上长期实行封建制。过去说中国是封建制，这是不对的。因为中国不是封建制，什么是封建？封建就是封邦建土，各行其是。秦始皇统一之前的中国是封建制。今天的美国也是一样的，社会分成军工利益集团、医药界利益集团，分成这个州，那个州，每个州都有很多联邦无法超越的特权。在这种情况下，这个国家最多的不是靠思想领导，它是靠多元的竞争，社会利益集团掌握社会组织权力，进而通过自由民主参与竞争政治权力。在这个系统中，社会各方面通过参与自由竞争实现自己的政治输入。

从宪法政治的角度看亦是如此。西方国家大谈宪法政治，其实宪法在这些国家是怎么制定出来的？是各路诸侯和军事集团、资本集团坐下来谈出来的，是没有中央权威的条件下，由各方面"拍桌子、敲板凳"弄出来的。大家谁也说服不了谁，谁也打不过谁的时候，怎么办？大家来商量一下，商量出一套规则来。所以在这样的国家，整个体制的运行，依靠的不是思想领导力，而是重大利益集团形成的政治契约、统治集团同社会成员达成的社会契约，这些东西在深层次规范着包括立法和行政在内的国家机器的运行。

但是中国不一样，中国是大一统的中央集权制，它跟西方自由民主、多元民主有极大的不同。历史上强有力的王朝政治吸取历史经验，从来不搞封邦建土，政治上最害怕、最担心的就是诸侯政治，因诸侯政治带来杀伐纷争，使天下难安。五代十国是中国历史上最惊心动魄的时代，中国的老百姓没有喜欢这种时代的。

但是，在一个长期稳固的中央集权的政权中，如何实现社会各方面的政治输入，在没有西方社会的契约制度结构中，如何实现广泛的社会合作？我想，最高统治集团的领导层的思想领导力是关键。在国家发展的历史节点上，统治集团需要提出一套可以使国家和社会有效组织起来的理念和观念。说到底，思想领导力就是一个国家的决策者能够提出核心治国理念，为治国理政提供理论依据。核心思想、价值理念与发展方向，规范着国家机器的运行。

中国的干部体系，在大部分历史时期都是垄断在中央手中。这包括对干部的任命权，干部绩效的考核权，以及干部晋升的决定权等。地方的发展方向也都由中央来定义，即组织发展"任务"的定义权。任何地方，所提出的地区发展规划，必须在中央提出的思想理论和发展理念之下。方向问题，不可以任由地方"诸侯"提出。如果地方大员向社会抛出一个理念，大旗一扛，站在了历史和道德的制高点上，连中央都难以企及。受到不同的观念和理念分歧引导，社会会出现巨大分化，处于弱势的政治集团就会利用民意进行竞争，挑战中央权威。这种情况下，中国的政治还有安全吗？

思想领导力更加契合传统"贤能政治"

中国政治体制的优势是不搞多党竞争，中国的各级党政干部也不像美国竞选市长那样实行轮流"坐庄"。

在古代，从隋唐以后，通过科举制，从广大的庶族地主家庭里面选出最优秀的士子进入领导干部队伍，人才素质和先进性非常重要。有人讲西式的民主是一种程序性的民主，哪怕他是一个笨蛋，只要被占多数的选票选出来，只要选举他的程序合法，当选者就有充分的正当性。这在中国不行，我们在很大程度上并没有崇信规则和程序的传统，相反，只有当规则和程序的运行彻底贯彻了正确的原则，恰当地彰显了实质性的公平正义，群众才会认可。

当代中国，仍然依靠这样一个由先进分子构成的执政团体。今天，中国的副省级以上中管干部数量约为 5000 名，他们是治理中国的核心政治精英集团。这 5000 人有一个共同特点，他们的履历非常完整。任何一个副省级干部，基本都是从基层一步一步走上来的。这在美国是不可能的，好莱坞影星施瓦辛格，可以摇身一变成为市长，成为一个城市，甚至国家的领导者。

有人称中国的政治体制为"贤能政治"，即英文的 meritocracy，这里的 merit，可以翻译为"禀赋"的意思。这个禀赋中一个重要方面就包含思想领导力。Meritocracy 就是一个具备思想领导力的执政集团。我们前面讲了，在中央集权的大一统国家，最高决策当局的思想领导力异常重要，但是这并不意味着只有最高当局的决策者垄断了思想领导力，整个官僚队伍都像机器人一样，仅仅负责高效实施。相反，中国的传统体制下，每一个地区的领导干部都对中央负有高度的政治责任，对地方人民负有生民、养民之行政责任。这两个责任是高度统一的，而统一的关键就是思想领导力。

这里所说的思想领导力，就是在以中央的执政方向和正确理论为根本遵循的前提下，因地制宜提出符合地区发展要求的核心理念和创新观念，推动改革发展。

我们中国社科院的各个研究所，每年都要数次下到全国各地开展国情调研，过去数年我也时常同地方干部接触。每个地方就其自身而言，都有一套自己比较独特的理念。例如，同样是"科学发展观"，不同省份的具体阐释和和理论发挥是有所差异的，这里就体现了地方当局党委政府主要领导的思想领导力。在党中央治国理政的核心理念下，地方决策领导和党宣部门要对中央的理论做出阐释，要提出地区发展的核心理念，这个过程中，当然要在中央确定的理论方向之下，但是也不可以忽视地区特情。归根结底，地方决策者的理论阐释和观念创新，既要体现中央意识、大局意识和核心意识，还要真正贴合地方具体省情、地情，能够容纳地方发展的要求。

思想领导力反映中国"政道思维"

中国党政思想领导力还反映在中国的政道思维。当代西方国家的治理，体现了一种政体思维的历史传统，设计精良的政体被当作政治学研究的核心问题，似乎只要建立了良好的政体，就可以实现所谓的良治。在这个背景下，西方的思想领导力更多集中在对于有效的组织方式的探寻。

相比于西方，中国是一种政道思维。按照政治学家王绍光教授的说法，政体思维与政道思维的不同在于：前者仅仅关注的是政治秩序的形式，即政治体制的形式；后者的着眼点则是政治秩序的实质，即政治体制运作的目标和方向。从政道的角度看，组织发展的关键在于，到底能够在多大程度上回应组织成员和社会公众的需求，而不是你到底建立了一个形式上多么漂亮的组织。

显然，政道思维和思想领导力密切相关。对于执政党来说，执政理念、路线、方向这些方面的优越性，对于组织的发展和治理的绩效有着更为关键的作用和意义，思想领导力表现的就是路线的极端重要性。

党政思想领导力的力量

1. 小康社会

思想领导力一定能要有传统文化的积淀，还要体现对现实经验的深入认知和发展形势的准确判断。"小康"一词最早出自中国古代典籍《礼记》，原意是指古代自然经济条件下比较宽裕的生活状态，这种状态摆脱了贫困，达到了温饱，但是尚未达到"天下为公"和"天下大同"的状态。

1979 年 12 月 6 日，邓小平在会见日本首相大平正芳时说："我们的'四个现代化'的概念，不是像你们那样的现代化的概念，而是'小康之家'。" 1984 年 3 月 25 日，邓小平在会见日本首相中曾根康弘时说："翻两番，国民生产总值人均达到八百美元，就是到本世纪末在中国建立一个小康社会。这个小康社会，叫做中国式的现代化。翻两番、小康社会、中国式的现代化，这些都是我们的新概念。"

这个新概念的提出，为我国的现代化建设提出了一个明确的奋斗目标，成为执政党的一项重要"任务"，见图6—1。

　　小康社会是中国改革开放的总设计师邓小平在规划中国社会发展蓝图时提出的重要概念，是关于中国的改革开放应该往哪个方向发展的重要理念，非常典型地展示了中国领导层的思想领导力。

图6—1　"小康社会"定义

　　显然，邓小平赋予了"小康"一个崭新的政治含义。改革开放初期，他提到我们发展的目标很简单，因为那个时候马上要分产到户了，1979年搞商品经济，要开放国门。他讲小康社会就是在温饱和富裕之间的一个中间状态，他这么一提，当时很多人觉得这个很有意思。但是事实上"小康"已经成为中国共产党作为中国长期执政党的一项重要组织"任务"。2002年党的十六大报告才把"全面建成小康社会"作为本世纪头20年的一个奋斗目标，这个就是从思想领导力变成了一种基本的国策，成为主导国家发展的重要理念。

　　按照这个规划要求，到2021年，即中国共产党建党100周年时，要实现全面建成小康社会，这是党中央提出的"两个一百年"目标的第一个目标，只有彻底实现了"全面建成小康社会"的目标，这"两个一百年"的第二个目标"实现中华民族伟大复兴"才有可能真正实现。

　　2016年秋，我去青海省调研，发现西部地区地方政府正在力推"精准扶贫"，把扶贫攻坚工作作为一项重大任务来抓。我们知道，扶贫攻坚是习近平总书记在党的十八大以来的一项重要工作。习近平和党中央高度重视扶贫工作，原因就在于，在党的二十大召开的时候（2022 年），中国共产党要向全国人民兑现它的庄严承诺：全面建成小康社会。我想说的是，改革开放总设计师邓小平提出来这套发展理念，其思想领导力的震撼就在这里，在他去世很多年之后，他定的这条理念以及紧随其后的"路线图"，仍在引领、推动中国向前发展。

2. "一国两制"

　　"一国两制"的成功实践，主要源自于改革开放总设计师邓小平提出的"一国两制"的伟大构想，是国家高层决策者思想领导力的生动案例。那时邓小平先生刚提出"一国两制"，很多人都认为"一国两制"是行不通的，但金庸先生曾经这样评价邓小平提出的"一国两制"："之前也没有过，这是一个创举。我当时就觉得，邓先生这个意见很大胆也很精彩。现在看来，一国两制是做到了的。"

· "一国两制" ·

　　"一国两制"，即"一个国家，两种制度"，是中国政府为实现国家和平统一而提出的基本国策，最初，"一国两制"是中华人民共和国前任领导人邓小平为了实现中国统一的目标而创造的方针，尤其是针对中华人民共和国政府在台湾问题上的主要方针，后来成为香港、澳门两个特别行政区所采用的制度。按照邓小平的论述，"一国两制"是指在一个中国的前提下，国家的主体坚持社会主义制度，香港、澳门、台湾保持原有的资本主义制度长期不变。

图6—2 "一国两制"定义

香港回归以来 20 年里，"一国两制"的实践取得丰硕成果，下一步如何更好地落实"一国两制"，确实是一个重大挑战。"一国两制"这套制度和这套理念可以更好地把香港与祖国凝聚起来，可以更好地把香港发展好，没有其他制度和理念，如果谁说我们不搞"一国两制"了，香港需要一套全新的思维，那可能真是痴人说梦。

3. "一带一路"

"一带一路"的理念提出后，可谓是惠及万邦。到 2016 年，已有 100 多个国家和国际组织参与其中，同 30 多个沿线国家签署了共建"一带一路"合作协议、同 20 多个国家开展国际产能合作，联合国等国际组织也态度积极，以亚投行、丝路基金为代表的金融合作不断深入，一批有影响力的标志性项目逐步落地。"一带一路"建设从无到有、由点及面，进度和成果超出预期。

> · **"一带一路"** ·
>
> "一带一路"（英文：The Belt and Road，缩写 B&R）是"丝绸之路经济带"和"21 世纪海上丝绸之路"的简称。
>
> 2013 年 9 月 7 日，国家主席习近平在哈萨克斯坦纳扎尔巴耶夫大学发表演讲时首次提出建设"丝绸之路经济带"，倡导"以点带面，从线到片，逐步形成区域大合作。"从此，"一带一路"的构想横空出世。

图 6—3 "一带一路"定义

改革开放到现在，应该说中国开始面临很多新的难题，作为一个出口导向型国家，全球经济衰退，出口驱动下降，国内产能过剩，同时存在着通胀和滞胀的双重压力。国际形势方面美国搞"亚太再平衡"围堵中国，南海又出现新情况。中国需要一个新的思路，可以一揽子地去推动解决这个关乎生存和发展的问题。

"一带一路"的政治倡议，智慧地借用了古代丝绸之路的历史符号，高举和平发展的旗帜。2000多年前，古老的丝绸之路把中国和世界联系在一起。如今，复兴丝绸之路，旨在重启、强化其联通作用，搭建起一座地区间便捷沟通的桥梁，当然也能为中国国内解决自身问题寻求一个恰当的战略和出口。

作为思想领导力的体现，"一带一路"和"小康社会"有一个共同点，都是基于历史的，不是凭空蹦出来的。通过一个源自人文历史的核心理念和概念，调动了历史积累的情感，凝聚了广泛的支持。历史的记忆和情感告诉各方：我们都可以获益，因为围绕"一带一路"倡议的系列思想给了所有参与的国家一个愿景：这个事情不只对中国好，对参与的各方都好。同时，这一理念又被赋予了新的内涵，它将充分依靠中国与有关国家既有的双多边机制，借助既有的、行之有效的区域合作平台，积极发展与沿线国家的经济合作伙伴关系，共同打造政治互信、经济融合、文化包容的利益共同体、命运共同体和责任共同体。

现在，也不得不说推动"一带一路"面临很大难题，国际上的局势没有我们预想得那么简单，美国在通过各种方式进行阻挠。但是不管怎么说，"一带一路"已经展示了以习近平总书记为核心的新一代中国领导人在处理国家重大发展事务上的强大的思想领导力。

假如没有"一带一路"类似的倡议的话，我们的国家行动对自己来说，就会缺少一个引领性的价值导向，对别人来说，就会缺少一个合理的道德说服。就像前些年我们在非洲的投资建设，本来是在做一件大好事，但是美国引导全世界控诉中国是在搞殖民，给我们戴了一顶"新殖民主义"的帽子。可是在"一带一路"这个理念下，我们国家行动的目标和任务，是推动政治互信、经济融合、文化包容，除了利益共同体，我们也学会了什么是命运共同体、责任共同体。讲命运，讲责任，这些国家和他们的人民，怎么会不把发展的希望寄托于中国的这个倡议之上？

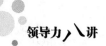

三、党政思想领导力的条件和局限

尽管本讲都在大谈特谈思想领导力，但是我并不是要说思想领导力是万能的。还是需要回到我开头所讲的，领导力作为一种规律和规则，或许是普适性的，但是使这种普适性的规律和原则得以发生、奏效的条件是具体的，不讲条件和局限，讨论领导力就易于陷入教条主义。

尤其在中国的体制下，思想领导力并不是涉及一个词汇、提出一个理念这样简单。思想领导力要发生作用，尤其是起到积极作用，需要很多条件，面临很多局限。许多思想的提出，是否能够有效转化为实践，关键就在于思想的提出者是否真正关照了现实，是否对各种可能的条件、局限做出了具体的观察，乃至对形势的发展作出了正确的判断。到底有哪些条件和局限，难以列举。但是可以反过来思考这个问题，有哪些条件和局限可能导致思想无法发挥作用，或发挥坏作用。

极高的政治风险：时刻提防犯下颠覆性错误

中国在大一统的体制环境，贤能政治和政道传统虽好，但也会面临极高的政治风险，就是决策者可能犯下"颠覆性错误"。

十八大之后，习近平总书记在一次重要会议上提出，我们的发展不能犯颠覆性错误。历史上国内外犯颠覆性错误的很多，这也是思想领导力里面最危险的一个东西。习近平总书记现在讲的不能犯颠覆性错误是什么？这是有前车之鉴的。

20世纪80年代戈尔巴乔夫在搞改革，提出来一个"新思维"，这个"新思维"，在当时看来，无疑展示了苏联领导人的强大思想领导力——在社会经济文化领域全面推进新思维改革。这个"新思维"的本质是什么？后来我们给他定性：资产阶级自由化。

许多人希望美国同样犯下颠覆性错误，但迄今为止，美国还没有出现特别严重的颠覆性错误。有人说美国建立了一个"否决政体"，三权分立和多元民主的制度环境下，国家权力的参与者相互否定，谁也别想做成一件轰轰烈烈的大事。可以说，很多决策都被利益集团绑架了。但是，美国有一个特点，它的执政团队就像企业的高管领导的团队那样，集体轮替，这是一套定时换血的机制，也容易使社会对政治权力的运行建立基本的预期。因此，这套机制下可能干不出什么大事，但是它的优点也很简单：不至于犯下很大的颠覆性错误。

但是中央集权体制下，统一集中是制度优势，经济和社会发展高效是看得见的制度成果，但是，最害怕的就是犯下颠覆性错误。

革命和改革开放的历史上，我们确实犯过这种错误。当时看来，确实有一套很好的思想在引领实践，也向人民展示了极好的理想和愿景，但是在实践层面，我们发现这些理念很快使国家进入了歧路，有时美好的愿望并未带来美好的结果。不过幸好，中国共产党最终能够依靠自身解决这些问题，展示了自我发现问题、自我纠错的能力。

不过，20世纪90年代之后，中国基本没有犯什么颠覆性错误，为什么？因为中国真的赶上好时候了，所有的颠覆性错误别人都帮我们犯了一遍。苏联解体对中国是一个极大的震撼，之后国内思想界发生重大变化，大家充分意识到稳定的政治秩序对中国发展的极端重要性。再往后几年，我们搞国企改制的时候，西方出了个"华盛顿共识"，拉丁美洲被彻底私有化，出现了"新民粹主义"，经济陷入长期衰退，使我们在改革过程中产生了极高的警惕。21世纪初，年青一代成长起来了，网络政治空间兴起，与此同时西亚北非又发生了"颜色革命"，又给中国一次重要警醒。所以，在各个历史关头，我们都很好地契合了历史机缘，居安思危，及时处理好了一些事情。

组织协调的成本：难以克服的"九龙治水"现象

中国行政体制的高度"碎片化"，这是影响党政思想领导力发挥的另一个极大的局限。

媒体常用"九龙治水"一词形容中国的党政决策体制。一个非常好的政策立意，中央三令五申，就是落实不了。这意味着，领导层可以发挥思想领导力，也可以汇集民智，拿出超凡的改革思路，但是要落实却不是特别容易，需要极高的协调成本。

中国的体制内存在着广泛的纵向和横向的分割。中国不仅由差异化极大的地区构成，俗称"块块"，不同地区有着不同的政策需求；同时又由不同的行政"系统"构成，俗称"条条"。例如，要推动卫生领域的改革，就涉及卫计委、人力资源和社会保障部、发改委、财政部等。假如中央提出来一个非常具备思想领导力的改革思路，要贯彻下去并非易事，因为这里思想领导力发挥效力的条件十分复杂：它需要决策者对不同系统进行难度极大的协调和沟通。

以三峡工程的实施为例。"高峡出平湖，当惊世界殊"，这是当年毛主席关于三峡改造工程的最早构想。20世纪末，中央把毛主席的这个伟大构想变成了一个具体的改革方案，但是这个决策的落实在体制内付出了很大的沟通成本。中央要协调电力、水利、农业、建设等不同行政系统，才能得以落实。例如，当时的水利部和电力部，要使他们达成共识就颇费周折，因为从部门和系统的职能来看，它们各有各的视角，各有各的逻辑。

对电力部来说，它的逻辑就是，不管三峡构想和工程带来多么大的潜在生态灾害，不管它对农业产生何种可能的影响，我们都只能尽力去控制，而不是否定三峡构想和取消工程。因为按照它们在20世纪90年代初期对中国用电量的趋势测算，随着市场经济发展和城镇化加速，20世纪末期中国的用电量会翻几番，当时的电力供应根本无法满足。尤其是华东长三角地区，会出现电力供应危机。如果不去未雨绸缪，电能将成为中国经济和发展的重大掣肘。

但是面对这个伟大的构想，水利部则从它的职能和视角出发，坚持的是另一套逻辑。他们的论证在于，三峡构想忽视了长江生态变化可能对农业产生的影响。这个影响涉及多少省份、多少人口的粮食安全，而这个更加关乎国家长远的安全稳定。

一元化与多样性：多元板块的具体需求

中国不仅是文化多样性的，而且经济也是多样性的。

改革开放历程中，中国形成了"七大经济圈"，即泛长三角经济圈、泛珠三角经济圈、环渤海经济圈、东北经济圈、海峡经济圈、中部经济圈和西北经济圈等，以经济圈为依托，中国探索形成了四大区域经济战略，包括东部率先、西部开发、中部崛起和东北振兴。

无论是经济圈还是区域经济，都是国家经济社会发展的重要"板块"。这些多元的板块，不仅发展背后所依赖的驱动各有特色，而且对发展理念也有不同需求。如果国家的发展理念和观念不能与时俱进，就难以反映这些板块和不同区域的多样化诉求。这就意味着，要使国家实现大发展，既要保持这些不同板块的积极性和个性特征，又要推动不同板块协同发展，这就需要依靠很强的思想领导力去加以引领、统合。同时，任何一个伟大构想，如果要真正激励地区积极性或调动地区资源投入，都必须在满足需求多样性和操作灵活性方面下功夫。

执行环节的扭曲：官僚队伍的应激性反应

思想领导力所涉及的思想，不是一般的思想，而是针对社会领域具体问题的，是指向行政改革的。这意味着每一个思想的提出，都预期通过思想来改造组织或调动组织，进而改变现实的资源分配和权力格局。然而，社会领域的改革，面临的对象是具有理性能力的个人，而不是实验室里的化学分子。在实验室做实验，可以通过科学的方法控制实验的进程和结果，但是在社会领域，要做到这一点十分困难。这是由于任何个体都有应激性反应能力，行政和政治领域不同行动者的应激能力更加显著。

我这里说的应激性，是指一切生物对外界各种刺激，如光、温度、声音、食物、化学物质、机械运动、地心引力等，所发生的生物本能的反应。应激性的结果是使生物适应环境，它是生物适应性的一种表现形式。

在任何政治体系中，决策者和官僚的关系都不是教科书上说的那种决策和执行的关系，如果是那样，官僚就真成"化学分子"了。实际情况往往是"上有政策，下有对策"，如果决策者提出的理念和政策符合官僚的预期，他们会配合执行；如果这些理念和政策不符合官僚的预期，他们会选择通过各种方式对既定规则施加影响，甚至会在制度之外确立一种新的规则——俗称"潜规则"或非正式规则（informal rules），以此阻碍这些理念和政策的落实。

中国改革开放初期，总设计师邓小平为了实现计划经济到商品经济的平稳价格转轨，俗称的"价格闯关"，创造性地提出了"价格双轨制"的构想——当然在他提出来到变成政策之前学术界已有大量讨论和参与。价格双轨制（double-track price system），是指同一产品计划内部分实行国家定价，计划外部分实行市场调节价的制度，理论上来讲，是同时实行计划调节和市场调节两种运行机制而形成的双轨价格。当时的价格双轨制，主要涉及工业生产资料价格以及粮食价格。即同一城市、同种工业生产资料同时存在计划内、计划外两种价格的状态，国家计划任务内的生产资料实行国家牌价，超计划生产部分和按国家规定的比例允许企业自销部分实行市场价格。

但是"价格双轨制"引发了严重的"官倒"现象。官僚执行层把这个创造性的理念转变为一种特殊的利己主义的执行形式。在国有制的企业中，承包规定的生产任务按照计划价，超产部分按照市场价。由于市场价普遍高于计划价，因此将计划内的产品改换成市场产品，可以获得溢价利益。"官倒"的出现，使人民群众对当时的改革产生了质疑。显然，当时提出"价格双轨制"的改革思路是一个创新之举，但对这项政策的执行和潜在风险缺少充足的论证，尤其没有预料到行政官僚队伍的应激性反应，严重扭曲了改革的初衷。

小 结

※ 什么是思想领导力？

- 不是执行任务，而是寻找任务、定义任务
- 一种关于抽象思维能力的持续训练
- 专注于抛弃绳索，而非解开绳索
- 一种可以实现和兑现的创新思维

※ 中国的党政思想领导力

- 中央集权国家的治国理据
- 更加契合传统的"贤能政治"
- "政道思维"，回应组织成员的需求

※ 解释中国发展进步的重要变量

- "小康社会"的"路线图"
- "一国两制"，一个挑战，一份硕果
- "一带一路"："共同体"的思维

※ 条件和局限

- 防范发生颠覆性错误
- "九龙治水"的现象如何克服？
- 一元化与多样性如何辩证统一？
- 执行环节的扭曲如何纠正？

第七讲 领导者的新媒体沟通

·黄楚新·

● 新媒体时代，公共部门面临什么样的挑战？

● **当人人都成为电视台，公众的角色有哪些变化？**

● 正面宣传的飞沫化、脸谱化，是无奈，还是顽疾？

● **当负面危机成为常态，我们该如何面对？**

● 如何让英雄摘下面具，成为隔壁小王？

● **如何讲好有人格的中国故事？**

● 纷繁复杂的舆情旋涡中，如何脱颖而出，抢到旗帜？

● **主场优势，主旋律的声音，如何体现才可爱？**

● 领导者的新媒体沟通，一本秘籍，一本公共危机处置者的生存手册。

内容概要 Content Summary

281　舆论引导的 "八大招数"

一、公共部门迎战新媒体：准备好了吗？

在新媒体时代，人人都有"麦克风"，个个都是"传播者"。新媒体给我们带来了各种机遇，同时也带来了巨大挑战。在机遇和挑战面前，面对新媒体，尤其是直面新媒体的公共部门，我们做好准备了吗？

领教新媒体江湖的威力

1."一盘大虾毁了一座城"

案例

2015年10月4日，来自四川的肖先生在位于青岛市乐陵路92号的"善德活海鲜烧烤家常菜"吃饭时遇到的宰客事件引发网友热议。吃饭前，他详细询问过菜价，向老板确认过大虾38元究竟是一份还是一只，肖先生称当时老板说的是38元一份。但吃完饭后，老板却称大虾价格为38元一只。此事在网络上曝光后，引起全国一片哗然。大家对青岛甚至对山东的好感度降低了不少。有人说，山东青岛的一盘大虾毁了一座城，一盘大虾甚至毁了山东省在中央电视台做的"好客山东"广告形象，十几亿元的广告费付诸东流。

山东青岛的这个案例的确值得引起很多反思。有人问，山东为什么会发生这种事情？当然有很多原因，但主要原因有：第一是青岛市有关部门的舆情应对比较迟缓；第二是通过社交媒体的发酵，当事人微博传播以后事态很快就得到了数以亿计的网民回应；第三是传统媒体的呼应，把这个事情炒来了。最重要的原因是什么？我认为是在第一时间应对比较迟缓。但是有些人说当时是假期，事件发生在 10 月 4 日，是在国庆黄金周期间。但是，据我所了解，目前很多地方都有应急小组，一些紧急事件发生后会在第一时间通过应急小组的处理，使事情得到妥善解决。但令人遗憾的是，青岛市有关部门包括工商、公安、旅游等部门都是"踢皮球"，踢来踢去，甚至派出所也来了，最后还是要顾客先出钱给店主支付这笔不合理的消费。此事一出，通过网民的话题传播，在网络上引起了很大的反响，最后再想"灭火"已经来不及了。这就是当今社交媒体的巨大影响力。

2. 主持人的视频，令央视尴尬

某位央视主持人在朋友聚会时言辞不当的视频一经流出，在互联网上引起轩然大波，也使这位主持人身处舆论旋涡之中。对于这件事，我注意到网民的观点主要分成两种类别：一种观点认为，今后我们聚会一定要倍加小心了，尤其是男士们聚会更不要在酒席上胡说八道。否则，如果有人将视频发到网上，后果很严重。因此，一些人谴责这个发视频的人不地道，原因是这是私人聚会，不应该把这个视频偷偷拍下来，然后发到网上；但另外一种观点认为，作为国家电视台的著名主持人，不管在任何场合都应该保持言行一致。

我赞同后面一种观点。作为知名主持人，不管在任何场合都应该言行一致。其实国外对知名主持人的言行要求也很严格。

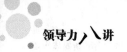

3. "无臂局长"：保护环境还是破坏规定？

福建某市的时任环保局局长在接受记者采访时竟然让属下帮着打伞，此事一经媒体曝出就引起了网民的极大关注。甚至一些网民称之为"无臂局长"。作为地方领导干部，应时刻牢记人民公仆的要求，保持公仆本色。

4. 领导干部铺红毯："网红"是这样炼成的

自党的十八大以来，中央颁布了"八项规定"以后，很多场合都不允许摆放地毯和花等装饰品了。可是，湖南某市在组织当地"植树节"的活动中，竟然还铺地毯，这与中央的"八项规定"完全是背道而驰。网民将铺着红地毯的场面拍下来发到网络后，引起了舆论的极大反响。最后这个活动的组织者，包括区妇联主任等领导都受到了相关处分。

面对舆情，公共部门的三大挑战

在新媒体时代，任何一个组织机构或领导干部在应对舆论时都面临很大的挑战，没有一个机构或领导敢说自己的单位保证不会在舆情方面出事。在新媒体时代，组织机构通常面临三大挑战，这三大挑战是什么呢？

1. 信息传播普及化
传播特权被消解，分享变得易如反掌

我们先看最新的两组数据。第一组是截至 2016 年 12 月底，我国的**网民数量已达到 7.31 亿**；尤其值得注意的是另外一组数据，就是**移动网民数量已经 6.95 亿**了。当今，智能手机十分普及，比如大家在听课的时候可以拍照，拍了以后发到朋友圈、微博上很快就可以与别人分享。从这个意义上说，大家既是听课者，也是课堂内容的传播者，可以把我们课程当中的上课情况第一时间报道给同事或者朋友去分享。进入新媒体时代后，智能手机的普及，让我们每个人都成了新闻事件的报道者。

人人有了话语权

当今，我们不仅是新闻事件的经历者，也是事件的报道者，每个人手上都有麦克风，每个人都有话语权。过去我们要传播，就要将新闻报道发到《人民日报》等媒体，但媒体是否采纳你的稿件，这是个问题。现在呢？我们传播内容不一定发到这些报刊，不一定去电视台播出。

例如，过去我路过中央电视台的时候经常会看到一个现象，很多外地的人来告状，背着自己的被子，拿着一大堆的材料反映各种问题。很多人在中央电视台的门口聚集，找《焦点访谈》，找《新闻联播》等栏目，要它们去报道他们反映的问题。可是现在这个队伍基本上看不到了。没有人来排队告状，是不是没有问题了？或者问题减少了？不是的。什么原因呢？因为网民有了自己的传播平台，通过自己的微博、微信就可以传播出去了。即使在微博当中自己的粉丝很少，但是可以通过"@"那些"大V"，通过他们的影响力进行传播，引起大家关注。因此，新媒体时代给了我们每一个人传播的便利性，我们每个人都具备这种传播能力。

"两微一端"迅速发展

近几年来，"两微一端"（即**微博、微信和新闻客户端**）发展非常迅速。每个人可能都下载了一些客户端或者关注了一些公众号。

这种"两微一端"的信息存在着三个变化。

第一就是信息量大。目前,我国微博用户数量已超 3 亿,微信公众号已超 1000 万,每天累计超过亿次的信息交互。

第二就是现在谣言比较泛滥。微信当中的谣言很泛滥。我们经常看到这些微信谣言,包括盛传的"吃隔夜菜后全家都得病死了"。还有的谣言是类似于哪个地方又丢失孩子了,其实仔细考证会发现事件为同一事件。很多类似的东西,耸人听闻。

第三就是自己想表达的信息假借名人之口。例如之前盛传的"哈佛大学的校训十条",但经过核实,哈佛大学的校训并非如此。这些都是那些教育机构把父母很担心的事,把中国教育的弊病提炼出来,假借哈佛大学发这个消息。

当然,也有做得挺好的公众号,比如"侠客岛",是《人民日报(海外版)》做的。还有包括"政知局"是关注时政新闻的一个公号,做得非常棒。

自媒体崛起,人人都是广播台

在新媒体时代,每一个人有了话语权之后,传统的权力中心被弱化了。过去我们一想到主流媒体的时候都会想到什么?《人民日报》,新华社或者中央电视台等媒体。可是现在,传统媒体的影响力已大不如从前了,同时,网络媒体的影响力不断加强,在网络中一些"大 V"说几句话或者发出几个字都会引起很大的反响,如去年微博上某影星所发的一条"我们"的博文。

案例

"我们"

大家看到，某影星在微博中仅仅发了两个字"我们"，其转发率竟然达100多万，评论达770多万，点赞达400万。一些媒体甚至用"我们"造了很多句，包括《人民日报》的微博都用"我们"造句。比如"我们是共产主义接班人"。

在新媒体时代，民众角色发生了如下转变：

第一，从接收者到质疑者。 在新媒体时代，民众的角色发生了很大的变化，过去民众都是被动的信息接受者。我们每天读报纸，看电视，听广播，都是被动地接受信息；新媒体时代，民众从信息接受者逐渐转变为信息质疑者，这对领导干部面对舆论环境时构成了全新的挑战。

第二，民众成为了问题的提出者。 在新媒体时代，这种被动接受信息的状况已经发生很大的变化。读者、听众、观众已经成为了用户，就是说每个人都是媒体的使用者和参与者。

现在很多人家里都有数字电视，甚至有些人家里已经装了网络电视。我们不是在简单地看电视，而是逐渐转为使用电视了。网络电视不仅仅是一个看电视节目的工具，网络电视中可以提供很多服务，比如预约挂号，炒股，各种民生信息服务等，就像我们使用电脑一样。所以，从信息的接受者，被动的信息接受者，成为了问题的积极提出者。

第三，民众成为了言行质疑者。 经常可以看到，中央或地方政府制定政策出来，在网站中一发布时常会有人提出质疑。例如，最近文化部开通了新浪微博，很多网民去围观、吐槽，包括一些人不理解禁播一些电视剧的原因等，都在批评政府有关部门。

当然网络舆情并不完全代表主流舆情。根据 2013 年《中国新媒体发展报告》中的数据显示，微博的舆情或者说主要的观点并不代表社会的主流观点，而且，微博的用户是"三低"（即文化低、收入低、年龄低）。这个报告一经发布，在网络中引起了很大的反响，一些人质疑报告的数据，并说，你看我们周围使用微博的都是本科、硕士，有些甚至是博士，我们是"被三低"了。

其实，我们的这些数据是从三个方面获取的。一是互联网信息中心的数据；二是中国社科院新闻与传播研究所的中国舆情实验室；三是合作伙伴缔元信公司（全称：北京缔元信互联网数据技术有限公司）。《北京晚报》2013 年 6 月 24 日在报纸头版头条刊登了这条新闻，题目就是"微博三分之一是谣言"，引起了社会的极大关注。2016 年我们又做了一个调查报告，其结果仍然是如此。

网络中有些表达是非理性的。因此，不管政府部门制定的政策好坏，在网络舆论环境中都会有人质疑，因此，领导干部要以坦然、宽容的心态和态度对待。因为每个人的角色已经发生变化了，过去是信息的简单的接受者，现在都是问题的提出者、质疑者。每个人都有了话语权。每个人都有权表达、参与、评论和质疑。

第四，民众成为了现实发难者。很多公务员觉得我们是为老百姓服务的，颁布的政策也很好的，为什么大众经常责难我们？不理解我们？这就是上述所言，在新媒体时代每个人话语权具有的新特征。

2. 网络舆论的多元化

当我们浏览微博时，尤其是早几年，会发觉有时候一些正面的报道很快就会被淹没在负面信息中。有人甚至说，如果在微博中不吐一下槽，好像都不好意思说自己上网。但是，这几年经过国家有关部门强有力的网络治理，情况已经有了很大改观。

网上舆论更加多元复杂，网络是社会情绪的"减压阀"

在网络中，网民参与热情非常高，凡是涉及公民权利的保护，公共权利的监督，公共秩序的维护，公共道德声张等这些重大涉公问题的时候，网民的参与度高。因为它牵涉到我们每个人的利益。

比如网上出现领导干部、警察、城管人员、执法人员、富人、工人、小商贩等敏感问题时，网络舆论就会铺天盖地。如果是城管与小商贩发生纠纷，在网络中有时无论是谁对谁错，基本上都会认为城管是过错方。警察如果跟市民发生纠纷，不管是谁错，也都会认为警察是为过错方。如果是公务员跟普通老百姓发生纠纷，也会认为是公务员为过错方。为什么？因为这也是社会矛盾的集中体现，社会矛盾的冲突反映到网络当中，也有一个出口，我们称之为"减压阀"。当社会情绪，矛盾很集中的时候需要有一个地方宣泄，网络就是很好的工具，前提是不触动国家规定的底线。

社会舆情"众声喧哗"

在网络中，各种利益集团的声音相互交织，尤其是早几年网络管理很松散的时候，更是如此。

2012年甬温高铁发生碰撞事件以后，当时舆情很复杂，最集中的就是把这么一个个案上升到对我国发展高铁的质疑，甚至上升到对我国发展速度的怀疑，对制度的攻击。从后来的舆情分析看，当时国外一些高铁公司想进入中国，所以它们就在网络中组织舆情攻击中国的高铁，妖魔化中国的高铁，最终达到让中国使用它们的高铁技术的目的。李克强总理被称为"高铁的推销员"。高铁是我国最重要的输出产品，最核心的产品。如果当时被妖魔化了，中国高铁走出国门就会成为空谈。

所以，网络舆情的复杂性有时超出我们的想象。

在新媒体时代，组织方式都是新媒体组织方式，很隐秘，不用通过过去那种"去大街上喊喇叭"组织了。在网络中，舆情很复杂，有些甚至是境外组织的，有些是代表某些利益集团的，有些是为解决个人诉求。

解读"群体"

法国哲学家庞勒写的《乌合之众》，是一本非常经典的著作。大家可以对照一下近几年我国发生的群体事件，对比一下有哪些共同的特征？为什么在群体事件中会有这种非理性的行为出现？庞勒在书中说，"群体是冲动、易变和急躁的，群体容易受暗示、轻信，群体情绪夸张、单纯，群体偏执保守，群体既可以表现出极低的道德水准，也可以表现出个体根本达不到的崇高"。

大家通过新闻可以看到，近几年很多地方发生哄抢事件。大卡车翻车以后，如果车上运的是水果，如苹果、梨等，会出现什么情况？现在高速路通过的地方，应该说百姓的温饱问题都解决了，水果基本上也都有得吃，但为什么发生卡车翻车后很多村民或者市民还去哄抢？可以看出，个体行为会因为从众心理而屈从于较低的群体道德水准。

以上这些状况，都导致政府治理难度的加大。与此同时，一些地方公共部门陈旧的传播方式也失去了吸引力和凝聚力。

3. 负面危机常态化

类似"青岛天价虾事件"目前是第一次发生，但肯定不是最后一次，类似事件以后可能还会发生。

"显微镜"下找问题，破窗效应显威力

在新媒体环境下，对于政府机构来说，就像法国思想家、社会学家福柯认为，在传统媒体时代，政府主要是通过信息不对称的方式实现成本更低，效率更高的社会治理。

有人说，在过去，好像负面信息根本就没有。事实上，不是没有，而是我们听不到，也看不到。在传统媒体时代，我们只要将一些主流媒体管理好后，只要它们不发负面信息，基本上全国的媒体都不会发什么负面信息，而且不会传播那么快。

可是，在新媒体时代，我们还能这么做吗？当然不能这么做，我们也做不到。新媒体掌握在每一个民众手中，每一个民众都有发声的渠道。在传统媒体时代，政府或者相关的机构是一览众山小，所有的信息都可以看到，民众在山脚，政府在山顶。所有的信息都在政府掌控中。然而，在新媒体时代，刚好倒过来了，形成了围观结构，政府是被赤裸裸地围观。所以，不管在执法当中、办事过程中，政府只要有哪怕一点儿小的错误，民众都可以用手机偷偷地录下来，有的甚至掐头去尾地把最刺激民众神经的话放到网络中，从而引起舆论大哗。

政府在被围观中，**破窗效应**非常明显，一些公共事件在负面的舆情得不到及时澄清的时候，容易形成"墙倒众人推"的局面。

什么导致了正面宣传飞沫化？

是什么原因形成了正面宣传的飞沫化？主要包括以下三个方面：

第一，刻板成见：社会问题情绪的转移，负面信息的持续强化，普遍的不信任感。我国改革开放后发展得很快，至今已经成为了世界第二大经济体。在飞速发展的过程中，各种问题也非常之多，比如拆迁问题，下岗问题，就业问题，等等。

其实负面新闻多是新闻传播的一种现象，新闻学当中有一句话很经典，"狗咬人不是新闻，人咬狗才是新闻"。为什么？因为"狗咬人"是很正常的现象，大家不会关注，可是如果说反过来说这种反常的新闻，"人咬狗"了才是新闻。

第二，媒体语境：话语权重新分配。过去，我们管理传统媒体十分严格。党要管党，党要管媒体。在党管媒体之下，我们的党报党刊主要以正面宣传为主，负面新闻不多。现在，由于自媒体的兴起，权利重新分配，我们每一个人都有这种表达的权利。

第三，组织自身：在传播方面，我们自身机构存在不足。存在自说自话，多套话；看到数字，看不到人；看到这个人，看不到他的风格，看不到品格。媒体在宣传一些正面人物的时候把他说得很高大上。比如说宣传警察，自己爱人生产的时候也不回来，妈妈去世的时候也不回家；很多网民就说这个是冷血动物吧。我们当下对"好人"的定义绝不能像过去那样，把他形容得十全十美。

所以，《人民日报》发的微博说得很好，官话、套话已经过时了，我们应该用符合时代的语言沟通，这也是当今执政理念的转变。在政府管理当中，一定不能用过去那种老套的管理办法，应该用新的方法，新的方式表达。

新闻信息传播脸谱化

信息传播中存在什么问题呢？

信息传播当中存在**新闻的模板化**，还有就是**缺乏新闻价值**。很多机关单位写新闻的时候，都是一个模板。××部门于××日××地方举行××大会，集团领导××参加大会，内容的话就是××领导主持了大会，××领导讲话，会议的气氛很隆重，××领导宣布会议开始，在热烈掌声中开始了热情的讲话，会议首先什么什么、其次接下来什么什么。这种信息没有什么新闻价值。

快读和悦读时代来临的新媒体时代，存在**严重的信息的过载，注意力稀缺等问题**。很多人都下载了数十个应用程序，结果打开手机后，发现很多下载的内容根本没有看。在信息过载的时代，我们如何抓住用户，或者说受众的注意力已成为我们传播过程中必须面对的重要问题。

在**快读和悦读的时代**。在这种情形下，很多人希望在最短的时间把最多的信息获取到，这就是快读。工作压力大，快读可使大家心情愉悦，赏心悦目。如果满篇都是文字的内容，大家看起来就索然无味。快读和悦读的时代要求信息的传播应该是短小精悍，图文并茂。

因此，如何采取相应的策略来应对？新媒体不是锦上添花，而是雪中送炭。我们应该拥抱新媒体带来的机遇。

二、领悟新媒体传播的"武功秘籍"

"青岛天价虾事件"之后，我看微博有这么一个信息，做得挺好。

案例

> 青岛三人5万元慰问"天价虾"游客，邀其再来青岛。昨天，一名青岛企业家来到四川广元，慰问了肖先生并带去慰问金5万元现金，同时邀请肖先生再到青岛。这位企业家表示，他非常热爱自己的城市，出了"天价虾"一事之后，他非常不安和难过，希望当面慰问肖先生。

如果这是政府策划的一个事件，可以说这是一个改善弥补青岛城市形象的高明举措；如果不是政府行为，我觉得这个青岛市民比政府应对策略更为高明。出了这个事情以后，青岛市民这么爱自己的城市，亲自跑到广元，不是通过银行转账、微信支付，而是亲自当面致歉，给了他5万元现金，邀其再来青岛旅游——市民这种行为也是修复青岛形象的一个很好的举措。

那么新媒体时代来了，我们如何运用新媒体？在新媒体时代我们如何进行传播呢？

话语引导的"三剑客"

话语的引导能不能达到传播期望的效果？话语的引导包括三个方面，被称为"三剑客"：第一是**能不能在人民心目当中构建起一种良好的形象**；第二是**能不能以价值观或者说时代的精神，人文的关怀，引起大家共鸣**；第三是**能不能用对话的方式达成公众的信**

赖。这种对话方式就是不能居高临下地对待网民，而应用对话的、平等的方式进行交流。

揭开英雄冰冷的面具

1.《舌尖上的中国 Ⅱ》

大家如果看过《舌尖上的中国Ⅱ》，会觉得这是一个成功的纪录片。就像总导演陈晓卿所说："我们拍的不是食物，而是人，食物只是切入口，人才是核心。"

这部片子跟一般的介绍饮食的片子不一样，如果说拍食物，就像生活频道里面拍的那些片子，告诉我们怎么做川菜，怎么做鲁菜，怎么做湘菜等，这只是介绍做食物的一个流程。这部片子中虽然主题是食物，但是注入了很多人文关怀的内容，比如说我们看到了厦门的一家人为失散多年的台湾亲友精心烹制福建的美食，带去见他；我们看到了贵州贫困山区的打工父母，把家乡的特色菜烹饪好了带到东莞去跟自己家人分享；看到了广州婆婆给自己待产的儿媳妇精心烹制靓汤。这当中融入了很多故事，非常感人。

这部片子被翻译成数十种外语，国外很多观众对该片很感兴趣。为什么？因为这里面很多普普通通的人，普普通通的事都与食物发生关联，注入了很多故事，这些故事打动我们。相反，如果仅仅拍一个有关食物的片子，没有什么人文关怀，肯定不是这种效果。在新媒体时代，我们只有在传播当中关注普通人的喜怒哀乐，才能够打动人。

2. 感动全国的普通人

浙江司机吴斌的事迹可能大家都知道。他是一名客车司机，在行驶途中，他心脏病突发却及时踩下刹车，保住了车上乘客的生命，而他却去世了。虽然说这是一个普普通通的事，也没有把他塑造成一个"高大上"的人物，可是他的事迹却打动了无数普通人，被称为"杭州最美司机""浙江最美司机"，甚至是"中国最美司机"。

被称为"黄衣哥"的广州男士，因为看到一个要摔下来的小孩，把他托举住，坚持了 1 个多小时，保住了小孩的生命安全，也被大家称赞为一个了不起的人物。

类似这些英雄人物，传播的时候不像过去的那些运动式的、"高大上"的包装，而是诉以情感，感动大家。如同前面我们所提到的，当我们看到"汶川地震"后，乞丐捐款的画面，触动了每一个人的心，震撼了我们的心灵。

尊重、关切、对话

在新媒体的环境下，我们如何用尊重关切的传播方式传播，同时让受众听得到、愿意听、听得懂和听得进。

很多商家的传播方式很丰富，不断推出很多各种所谓的"体"，如"忍住体""人人体""淘宝体""咆哮体"等，其目的就是要我们关注它们的传播，关注它们的产品，这些传播方式对我们也应有所启发。

南京市政府的微博"南京发布"就采用了一些新的表达方式来吸引网民。在"五四"青年节的时候，利用热播电视剧"甄嬛"体进行传播。在"五四"青年节，官方的发布可以很"官方"，比如：**今天是"五四"青年节，28 周岁以下的团员可放假半天，自行安排**。这种表述很官方。可是这条微博并没有这么写，而是用"甄嬛"

体的方式：**晨起，天气是极好的，天空蓝得可人。虽想着最高温度能有 30℃左右……今天青年节，俺想和女朋友出去玩！** 这就是表达了网民的发自内心的心声。这样的表达更能够让网民接受，更活泼，也更容易传播。

打造 "微内容"

在传播的时候我们还应打造 "微内容"。在生活节奏很快，生活压力很大的环境下，受众希望是快读和悦读。我们通过 "短平快" 的内容打动受众，有时候一张好的照片，一句简短的话都能打动网民，不一定要长篇大论。

微传播就是一种正在兴起的主流传播。在 2013 年 12 月底的时候，习近平总书记去北京庆丰包子铺吃包子的时候，并没有通过新华社、《人民日报》或者中央电视台首发这条消息，而是通过新浪网名为 "四海微传播" 的微博发布的。这条微博描述了习近平总书记去这个地方自己买单，自己端盘子，然后自己取包子。这些生动的画面，其传播效果在网络中影响非常大，至今还在发酵。引起这种广泛的传播效果，我认为就是简短精悍的话题传播形式，其影响范围广，影响效果好。微传播，即通过微博、微信的方式进行传播，已逐渐成为一种主流的传播方式。

有人格、有故事

形象传播也是如此。我们的传播需要通过**立体的、生动的、真**

实的形象进行，而不是把它故意设计成某种高大的形象，形象传播要做到**不抽象，不冷漠，不骄傲**。

形象传播要**有人格、有故事、有信仰**。比如李克强总理去湖北长江调查"东方之星"邮轮事故现场的照片，大家看后会觉得很感动。

2015 年 6 月 2 日清晨，李克强总理率领国务院紧急处理小组奔赴现场，在飞机上发布了对该事故的几点指示。通过照片可以看到，李克强总理不顾天在下雨，仍第一时间处理善后工作，因而这张图片更接近网民的心理认同。在现场就餐的一张照片也是如此。没有在豪华的宾馆用餐，而是在搭的棚子里吃盒饭。这种传播更加立体生动地展示了总理亲民的形象，传播效果更好。

三、舆论引导的 "八大招数"

当我们了解了传播环境、传播策略后，应该把握哪些原则呢？我总结了"八个要点"，也算是八招实用的技巧。

重视网络民意研判

为什么"青岛天价虾事件"能够影响如此之广？我觉得是开始的时候对这种舆情的误判，觉得好像一个网民的遭遇就是一个个体的事件而已，不会大到什么地方去。当天，青岛当地的物价部门、派出所等部门，对该网民表态：你先把就餐费给店主付了，然后我们再处理。想不到当事人第一时间通过微博把这事发了出去，之后引起舆论的强烈反应。

民意早期受到冷落，才会引起后期的强烈反弹。派出所处理此事时觉得这是物价局的事，物价局觉得是工商局的事，工商局认为处理不好是发改委定价的问题，等等，踢来踢去，最后还是没解决，网上的民意就变成了负能量，舆情爆发，再想平息这些舆情民意时就很难了。

所以，民意在任何一个环节当中如果被冷落，被搁置，都会导致舆情能量爆发式的增长。青岛这个事情就是很典型的社交媒体环境下舆情爆发的一个案例。

掌握主导权

在突发事件爆发的时候，政府要在第一时间发布新闻，掌握主动权。

1. 天津滨海新区爆炸事故

这一事故的舆情应对策略被称为"使政府的舆情应对水平倒退了20年"。

当事件爆发的时候，网络、自媒体等都分别在爆料。有些网民打开天津卫视观看信息，结果任何关于这次爆炸事件的信息都没有，《天津日报》、地面电视频道都是如此。

每个人都在发表自己对这个事件的看法，而天津市政府却没有在第一时间作出任何回应，没有掌握主动的话语权。这时候网络上就谣言四起了，各种版本的猜测频出。所以，我认为"被乱说不如自己说，晚点儿说不如早点儿说"，因为谣言传播永远比真相走得快，"被逼着说不如主动说""自己说不如叫专家说"。

2. "东方之星"沉船事故

2015年6月1日晚发生的"东方之星"事故，舆情应对就做的非常成功。该事件是6月1日晚上9点半发生的，国务院李克强总理第二天早上8点半就已经坐上飞机前往出事地点，在飞机上作出了五条指示。我注意到，其中有一条就是关于该事件信息发布的，他要求将"东方之星"的信息发布要做到"及时、准确、公开"，及时就是随时发布有关事件的进展信息，比如伤亡情况等。

对媒体公开要准确，不能有主观的判断。《湖北日报》在微博上道歉，就是因为不准确的信息发布，认为事故是风大引起的。在事故尚未定性之时就已经发布了，很不准确。"自己说不如专家说"。这次事件发生后，甚至安监局的领导也没有发表很多言论，而是通过中央电视台采访有关研究河流、海洋的专家学者，包括采访了我国研究河流、海洋安全的两个大学的教授，一个是上海海事大学的，另一个是大连海事大学的。他们是这方面的专家，说的话很有说服力。

传播的自主权掌握了以后，"东方之星"沉船事故的舆情很快得到平息，网络中的质疑声慢慢地小了。

天津滨海新区爆炸事故刚好相反。舆情回应各种漏洞百出，市政府发言人和天津港的发言人口径不一致等情况使该事件的舆情不断发酵。因此，这一事故的舆情应对被称为教科书式的典型失败案例。这其实是牵涉到媒体舆情的管理，政府的管理，危机的处理，都是和管理学紧密相关的内容。

勇于抢"旗帜"

中共十八大以来，习近平总书记非常重视我国网络的管理。他说："没有网络安全，就没有国家安全。"① 他把网络安全已经等同于国家安全，这是前所未有的高度。2014 年 8 月 18 日，通过中央深化改革领导小组发布了《关于推动传统媒体和新兴媒体融合发展的指导意见》，把新媒体发展融合提高到了国家战略的高度。

在网络管理中，过去比较松散。一些网络"大 V"在网络中时常发布谣言，每天在网络上发布各种不实信息。近年来，我国加大了网络治理的强度，加强了政府管理的力度，包括成立中央网络安全和信息化领导小组办公室（以下简称中央网信办）。

过去网络管理是多头管理，管理分散，包括工商总局、文化部、广电总局、工信部等大约十个部委来管。成立中央网信办以后，就把原来分属于文化部、工信部、国家广电总局，新闻出版总署等部

---

① 习近平总书记在 2014 年 2 月 27 日下午主持召开的"中央网络安全和信息化领导小组第一次会议"中指出，网络安全和信息化是事关国家安全和国家发展、事关广大人民群众工作生活的重大战略问题，要从国际国内大势出发，总体布局，统筹各方，创新发展，努力把我国建设成为网络强国。没有网络安全就没有国家安全，没有信息化就没有现代化。

委的相关职能集中在中央网信办管理。这样避免了过去分散管理的局面。同时，通过依法治国、依法治网的方式进行管理。例如，国家推行"如果在微博中传播的谣言转发和评论500次以上"就可以量罪。过去没有这种量化的规定，是定性的。通过量化的标准加上定性的标准，结合在一起对打击网络谣言是很有力的举措，所以在舆情战中我们要敢于抢旗帜，在网络治理当中要敢于亮剑。

社会问题非政治化

在舆情发展过程中，总会爆发出这样或那样问题。高明的管理者总会把这些问题以大化小，或者说把它们局部化，把有政治诉求的问题，缩小到区域性，当作局部性问题解决，而不是把它们上升到政治性、国家的高度。

包括现在频发的"医闹"问题也是如此。很多地方出现了"医闹"，有时候本来医生没有过错，但是一些患者及家属不分青红皂白地殴打医生。

那我们如何揭露这些事情呢？新浪网一个专题做得很好。分析"医闹"事件背后是一个大的产业链,有通风报信的,有组织有策划的,都有收入回报，等等。"医闹"有组织地对医院进行施压,迫使医院通过非正常程序解决问题。

清晰而频繁地沟通

第一，**尽早地讲**。好事不出门，坏事传千里。当一个负面新闻出现的时候，很快就会传遍，所以我们要尽早、及时公布负面的新闻或者其发生原因。我们藏也藏不了，瞒也瞒不住，应该尽早把这些信息发布出去，从而占领制高点。

第二，**持续地讲**。对公众不断地披露事件的进展。就像前面所说的"东方之星"沉船事故发生以后，将信息持续公布。持续就是反复地进行，1 个小时公布一次，进展如何，伤亡情况，等等。天津滨海新区爆炸事故自开始就没有任何消息，有消息也是局部的，这就很被动。

第三，**准确地讲**。要采取各种方式为公众提供信息，把民众最关心的问题列出来，不仅通过新闻发布会进行，而且通过网络媒体列举出来，专家是怎么回答这些问题的？政府是怎么看这些问题的？反复替公众进行答疑解惑。

结盟"网络意见领袖"

在网络新媒体时代，每个地方都有有影响力的"大 V"，我们不要把他们看成对立面，应该把他们争取为"统一战线"。

在 2015 年 5 月 18 日召开的中央统战工作会议中，习近平总书记发表了重要讲话。他说，要将三种人作为将来统战工作的重点团结对象，其中就包括了"新媒体中的代表性人士"。"新媒体中的代表性人士"就是网民所熟悉的"网络大 V"或"意见领袖"的另一种说法。

体制内与体制外的人士结合在一起，就可以促进统一战线。一旦有重大事件发生的时候，可以通过这些体制内外人士的发声，帮助我们妥善地应对网络舆情。因此，他们应该是我们的盟友，而不是我们的对立面。

必要的"切割"手段

现在负面信息比较多,有时网络舆情会引起很大的反响。为了应对这种舆论,不得不快刀斩乱麻地处理,或者说处分一些干部。

采取一些必要的"切割"手段,包括中央跟地方的"切割",地方跟基层的"切割",政府和不良领导干部的"切割"。通过这些手段在某种程度上可以维护政府机关的良好形象,当然也可以保护我们相关的干部。有的受处分干部的确很冤,好不容易培养起来的干部,可能因为某一事件、某一失误,被网络放大后,这个干部就被毁了,这对政府的管理成本来说也是很大的。所以我们应该采取一些必要的"切割"手段。

充分发挥"主场优势"

虽然在新媒体时代,人人都是"报道者",但政府掌握的信息往往比任何一个网民掌握的信息都要齐全。政府掌握的这些信息如何发布?什么时候发布?用什么技巧发布?这就需要传播技巧。在每个阶段满足民众对信息的需求,这是政府具有的优势,我们不要丧失这种优势。

在新媒体环境下,通过了解新媒体环境的复杂性多样性,通过掌握新媒体环境下的应对策略,掌握一些具体技巧或者原则,可以帮助提高政府的治理能力和媒体沟通能力。

小 结

※ 步入新媒体时代，政府有些部门有点跟不上节奏，面临三大挑战：

● 人人都是广播台，传播特权被消解，官方信息跌下神坛

● 社会舆情"众声喧哗"，网上舆论更加多元复杂

● 负面危机常态化

※ 领悟新媒体传播的"武功秘籍"

● 话语引导的"三剑客"

● 揭开英雄冰冷的面具

● 尊重、关切、对话

● 打造"微内容"

● 有人格有故事

※ 舆论引导的 "八大招数"

● 重视网络民意研判

● 掌握主导权

● 勇于抢"旗帜"

● 社会问题非政治化

● 清晰而频繁地沟通

● 结盟"网络意见领袖"

● 必要的"切割"手段

● 充分发挥"主场优势"

第八讲 危机时刻显能力——领导干部的应急领导力

· 栗燕杰 ·

● 哪些美国总统给我们留下了深刻印象？林肯——因为他处理了一场美国分家之危机！罗斯福——因为他决定参加"二战"，自此"二战"形势焕然一新。

● **领导干部的水平常态下看不出来什么，紧急状态下应急水平是衡量一个领导能力的重要标志。**

● 中国的危机突发、频发、高发，品类多样，如影随形，领导干部该怎么办？

● **关于应急，法律不是太少而是太多；机构不是太少而是太多，领导干部该怎么办？**

● 领导干部应对危机的四大原则是什么？

内容概要 Content Summary

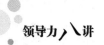

摸透了制造危机，就学到了预防危机。

——佚名

一、当灾难如影随形，应急意识应"随身携带"

大家的身份多样，今后也可能发生变化，但无论作为一个国家工作人员也好，或者你是一个别的单位组织的人员也好，都要时刻抱有应急意识。为什么？其背景是因为社会发展到今天，我们的城乡灾害事故、各种突发事件的严峻形势不容低估，或者可以说呈现上升势头，这是非常严重的。有四个基本类型：自然灾害、安全生产事故、公共卫生事件、社会安全事件。

这四类事件的严峻形势有两个表现：第一，紧急事件一旦发生，它的后果往往是一个单位、一个组织，甚至是一个地区一个行业所难以承受之重，这是说它的严重性；第二，它是不确定而又非常频发的，绝对不能抱有侥幸心理而掉以轻心。

自然灾害频发多发

汶川地震发生在 2008 年 5 月 12 日，共造成 69227 人死亡，

374643 人受伤，17923 人失踪，是中华人民共和国成立以来破坏力最大的地震，也是继唐山大地震之后伤亡最严重的一次地震。经国务院批准，自 2009 年起，每年 5 月 12 日为全国"防灾减灾日"。

安全生产的"黑色8月"

1."8·2"昆山工厂爆炸事故

2014 年 8 月 2 日，昆山中荣金属制品有限公司爆炸事故致 75 人死亡、180 多人受伤。该事件值得关注的地方有以下两点：

其一，爆炸原因特殊。外行人看来，中荣金属制品公司的爆炸非常奇怪，并非常见的起火导致爆炸，是粉尘导致的爆炸，特殊性很强。因此去灭火的时候，用常规的方式很难灭，这是其中一个原因。其二，昆山中荣金属制品公司的对面就是昆山的捷安特公司，因此发生事件第一时间捷安特公司员工一听到爆炸，在带领之下就立即跑出来参与救援。献血的献血，救人的救人。这种民间的互救，是应对突发事件和危机情况的重要组成部分，也是应急管理中应给予重视的。

2."8·12"天津滨海新区爆炸事故

8 月是一个很奇怪的月份，2015 年 8 月 12 日，天津滨海新区发生了一起更可怕的爆炸。它的危害也非常可怕，此类应急事件有这样一个特点，需要专业性的灾后应对措施。当时爆炸一发生，当地消防队赶赴现场，拿着大水龙头开始往外喷去灭火，喷的结果是引起二次爆炸，并且导致的后果非常惨重，公安消防现役牺牲 24 名，还有天津港的 75 个，公安民警 11 个，每一条生命背后都是一个家庭的悲剧，每一条生命的背后，都是很多人的哭声。希望大家由此知道，在和平时期，突发危机事件，是导致平民非正常死亡的主要原因。人命关天，更提醒各位重视应急管理。

在此，想跟各位分享两点认识：

危机与事故是和平时期非正常死亡的重要原因

在今天这样的和平时期，导致人员大规模非正常死亡最主要的原因是什么呢？就是各类的爆炸事故，各类的公共卫生事件，以及公共安全事件，这些是导致我们人口非正常死亡的最主要原因。如果我们不说地震，不说爆炸，日常还有类似的死亡原因吗？有，交通事故。世界卫生组织的数据显示，全世界每年因交通事故死亡人数约有 125 万，相当于平均每天 3500 人因交通事故死亡。从全世界的大数据来看，交通事故导致的死亡人数已超过了第一次世界大战和第二次世界大战死亡人数的总和，所以不要小看交通事故导致的死亡，这是现代社会带来死亡的重要原因。

救人者的生命安全要摆在第一位

我们在这里灌注一个观念：应急，特别是现场处置，去救人的时候，在灾害应对的时候，救人者的生命安全是摆在第一位的。为什么？如果施救者的生命安全都得不到保障，他怎么去救人？

一度个别舆论宣传不无走偏的嫌疑。老在媒体上宣传我们的医生多么的奋不顾身，在"非典"时期冒着被感染的危险去救人，我们的消防队员冒着生命危险去救人，我们的解放军三天三夜不睡觉，这种做法从消防员、从解放军角度，他们奋不顾身，可以树立榜样、树立精神，但是真在施救的时候，我们还是应当把施救者的生命健康安全摆在第一位。**消防队员、解放军战士、医护人员等施救者们可以不怕牺牲，但是不要让他们无谓地去牺牲。**因此我们经常讲在这种现场处置的时候，包括灾害应对的时候，要安全第一，在相关群体中，施救者的生命安全，要重于被救助对象的生命安全。

公共卫生事件防不胜防

1. 没有"非典"，不知道我们有多脆弱

"非典"是一个非常典型的公共卫生事件。其实中国的卫生事业发展，21世纪以后，甚至可以说改革开放以来的2003年的"非典"绝对是一个分水岭。如果没有"非典"我们不知道我们的农村那么脆弱，不知道我们发生了这样的瘟疫以后，当时的对抗能力那么薄弱，一些地方甚至只能靠最原始的村跟村之间挖沟的方式进行物理隔离。

2. 对抗"埃博拉"成就《时代周刊》风云人物

2014年的对抗埃博拉的医护人员，被列为《时代周刊》的风云人物，上了《时代周刊》的封面。

好莱坞灾难思想值得思考

公共卫生事件的严峻程度有很多值得我们学习的内容。比如《生化危机》的系列电影，对公共卫生事件的警惕，通过代入恐怖电影中反映得淋漓尽致。这种居安思危的好莱坞思想还是值得我们学习的，并且你会发现好莱坞大片里面，以这种领导需要应对的应急事件，应急领导力为主题的电影无论绝对数量还是占比都非常之高。这对于民众应急意识的培养，不无积极意义。

3. "毒跑道"戕害了多少孩子

北京市昌平区某小学曾在2015年七八月间进行室内装修，2016

年5月新建塑胶跑道和人工操场。从2016年6月起，该校部分家长陆续发现西校区学生出现流鼻血、头晕头疼和起皮疹等症状。

有家长担心，孩子们出现的症状与教室装修产生化学污染有关，并与学校多次沟通，希望能在9月1日前拆除西校区新建操场和教室木墙裙等污染源。

2016年8月26日，国家环境检测机构对该校教室空气进行了取样检测。报告显示，该校西校区共有29间教室进行检测，对照GB/T18883—2002《室内空气质量标准》，有6间教室甲醛含量超标，对照标准的0.10mg/m³，其中有5间教室检出量在0.20mg/m³以上。

该校东校区也有24间教室接受检测，有两间教室甲醛含量超标，三间教室甲苯含量超标，还有三间教室TVOC含量超标。

由此案例，想跟大家说两点：

第一个，应急管理跟常态管理是密切关联的，应急表面上看是偶然事件，我很喜欢的钱锺书讲过的这样一句话："天下就没有偶然，那不过是化了妆的、戴了面具的必然。"我不敢说这个规律永远存在，但我可以讲的是在应急领域这个规律是存在的，偶然的背后肯定是有必然的。

第二个，如何回应很重要。官僚作风要不得，高高在上要不得。

· 事故链 ·

在这里我想给大家讲一个很重要的观念，叫"事故链"。什么叫事故链？说一个事故、灾害的危害后果，比如前面案例中学校装修以后很多小孩流鼻血，它的结果不是某个特别因素的结果，它必须由一系列的过错、问题在一起，一堆的问题前后衔接，形成一个完整的闭环的事故链，这个事故才会发生。所以我们才有刚才那个论断，每一个偶然发生的事件背后都有着必然的原因，它不是某一个环节错了，而是错了一堆，才导致事故的最终发生。

例如，如果通风做得特别好，甲醛超标问题，很快被风吹走了，后果也不会太严重；或者如果教室内有空气净化设施，同时开足马力去吸，也不会发生这类事件。或者学校采购、装修时，采购的家具、装修的用料是完全质量合格、环保的，还是不会出现这种问题。所以一个事件的发生必然是发生一堆的事件才有这样一个"偶发事件"，这就是事故链。

社会安全事件层出不穷

1. 生命高于一切

在和平时期我们就要树立这个观念：重大自然灾害，重大的安全生产事故，重大的交通事故，公共卫生事件，等等，是和平时期带来人员非正常伤亡的最主要原因，因此要**以人为本**，要**生命安全至上**。

在现代和平时期，特别是发展到今天大众文化水平普遍提高、权利意识比较强，这种安全生产事故，公共卫生事件，这种自然灾害如果政府处理不当的话，往往会给我们的政府机关、领导干部带来巨大挑战，带来严重危机，甚至带来执政危机。当然这种事情不只是今天是这样，可谓自古有之。例如，东汉末年为什么会突然发生黄巾起义，重要原因是瘟疫传播，而应对瘟疫政府的措施不力，所以民间产生邪教，产生对抗政府的各种力量，包括思想方面和身体方面，人们团结在一起跟政府对抗。明朝末年也是，明朝的大饥荒，带来李自成的崛起。

那么今天我们也发现，上述突发事件情况，如果应对比较好，则对政府公信力的影响比较轻；而比如"毒跑道"事件、营养午餐与学校食堂卫生事件等如应对不好，则对于家长和学校的关系，对于家长和政府部门的关系，难免有所损害，甚至进一步带来官民关系的紧张，带来政府公信力的下降。

2. 反弹规律

从2007年的"厦门PX"事件，到江苏南通的"造纸厂"事件，以及天津等地的PX项目事件，直到2014年的杭州余杭"垃圾焚烧厂"事件，2015年连云港事件，结果都已众所周知。古人云：防民之口甚于防川。在现代社会汹汹民意更是压制不住。

这给大家一个什么启示呢？直到今天，依然有人对这个连云港核废料厂没有建成而扼腕叹息，说这个核废料处理厂绝对安全。通过这些事可以看出在常态管理时，领导干部一定要重视民意表达、公众参与的重要性，其实中国的这种建设项目，不管是核废料处理厂，还是垃圾焚烧厂，还是类似其他这种重大项目，不是当地老百姓讨论说我们建一个垃圾焚烧厂，而是自上而下的决策。当地大量干部、群众往往不知情，更遑论表达意见了。

许多地方的重大建设项目，普通的公务员，普通的百姓根本不知情，等到老百姓知晓大吃一惊、无法接受，就会产生事件。什么时候才爆发出来？是等到这样一个流程走到后端、末端的时候，才产生这样的问题。由此可见，这类事件领导力的表现，不要仅仅纠结于末端发生一定规模事件时如何处置上，更要注意前端、中端的预防和机制完善。正如《黄帝内经》所云："上医治未病、中医治欲病、下医治已病。"应急领导力不仅体现在危机处置，更体现在平时常态化管理之中。

新型事故灾害已摆上桌面

随着经济社会发展，随着全球化推进，新型事故灾害成为中国面临的新型风险与不确定因素。

1. 中国遭遇恐怖袭击的风险不容低估

中国面临的恐怖袭击形势可以用空前严峻来形容。中国本土和中国公民在海外遭遇恐怖袭击的风险比以前多多了。在国内，2014年昆明火车站的暴恐事件可谓触目惊心。[1]之后，国内的暴恐事件也引起了越来越多的重视。在境外，樊京辉在国外旅游时，被恐怖分子绑架，提出索要赎金的要求未得逞，最终被残忍杀害。[2]一叶落而天下知秋，此类事件是否还会再次发生？值得相关部门高度重视，

---

[1] 参见《昆明发生暴力恐怖袭击》，网址为：http://news.qq.com/zt2014/kunmingBlade/，最后访问日期：2017 年 3 月 24 日。

[2] 参见《外交部确认中国公民樊京辉被 IS 残忍杀害》，网址为：http://news.xinhuanet.com/world/2015-11/19/c_128445872.htm，最后访问日期：2017 年 3 月 21 日。

更值得普通民众提高警惕。

2. 生物灾害具有不确定性

生物灾害，生物入侵，这个也值得关注。中国早期就是生物入侵的受害国了，一不小心从外边引进的物种，带来本土物种的灭绝。

3. 事故灾害形势严峻

现在北京反恐的形式也是越来越严峻，地铁的安检也是越来越严格。北京地铁安检每年能检出一堆违禁品来，每年展览，各种各样稀奇古怪的东西都有。另外，甚至暴恐分子根本不用拎炸弹，只需要在地铁里喊两声有炸弹，在早晚高峰期，就可能产生非常可怕的踩踏事故，真有炸弹的话就更可怕了。希望在座的领导干部有这个意识，让我们的地铁更加安全一些，老百姓的逃生、自救、互救的意识和能力再提高一些。

我们讲到应急，领导的应急力包括日常应该具备的一些应急灾害本身的常识。例如，领导要知道，地震造成的死亡大都不是被震死的，而是被砸死的，或者说，是被建筑物倒塌导致的死亡。从日本的 1923 年关中大地震，到中国的汶川地震、玉树地震、芦山地震，导致死亡的最主要直接原因就是建筑物倒塌。与之类似，火灾导致死亡的，许多不是被烧死的，而是被毒死、被熏死，之后才被烧得不成样子。建筑物一旦发生燃烧，释放的烟、气是有毒的，如果不采取措施，根本跑不了几步，在烟里就已经倒下。在此要提醒一些女孩子，丝袜也能助纣为虐。丝袜的熔点特别低，温度稍一上升马上就熔化，黏在你的腿上，脱也脱不掉，使你迅速丧失逃生能力。

我们的公务人员，是否需要有应急所需各方面的专业知识，我想恐怕不现实，也做不到。但是，有两方面的意识，是非常必须的。

第一，要有各方面专业的意识。对领导干部而言，意识是高于能力的。有了这个意识，就会用正确的人，或应用专业外脑。

第二，要有快速检索相关方面知识的能力，并且要检索到正确的知识，而不是检索到错误的知识。

这就是我们给大家讲的最后一类非常规灾害、新型事故灾害。总之，我们这个应急的形势非常严峻，大家要有这样的灾害意识，才能够应对我们的灾害形势。

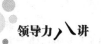

良好的秩序是一切的基础。

——伯克

二、并非无据可依：应急制度体系
初步建成

我们的应急制度体系已经初步建成。为什么标题特意加上"并非"两个字？也没有直接写"有据可依"呢？有两个考虑：第一，我们虽然有一些法律法规作为依据，但这个依据到今天来讲还不够健全，这是一个现实，我们要承认我们的法制，特别是应急法制还是不够健全。在我们全面推进依法治国的背景下，应急管理也要遵循依法应急的原则，但是依法的"法"有时候不够，有时候不无抵触，这是一个现实。第二，不要把没有依据当作挡箭牌，我们的很多领导干部经常讲这个话，一出什么问题就说法制不健全，没有法律依据。在应急领域不要乱讲这个话，并非没有法律依据，而是法律依据很多。光是法律、行政法规，就有近两百部。

应急体制的分割和缺陷

我们的应急体制上，存在着一个分割的问题。应急资源，存在着条条、块块、军队与地方之间的割裂。

2003 年"非典"发生之时，卫生部对于"非典"情况了解并不全面。为什么？因为很多医院并不归卫生部门来管，或者管理能力很低。当时，北京就有多种医院，不仅北京市的卫生部门管不过来，甚至卫生部也管不到。在此还有一个现象，即使是卫生部管得到的，真实情况也搞不清楚。为什么？因为上报数据信息不够准确。

信息上报的学问

"非典"发生初期，大家一定要知道，我们的各级政府，包括医院都是把数据尽可能往低报，这也是一个"中国现象"。在信息里，就是我们的人为灾害，跟人有关系的，往往会把灾害呈"缩小式"上报；而对自然灾害类事件，则可能会"放大式"上报。不管往多报，还是往少报，都是跟利益挂钩的，地震算自然灾害，报多了，国家有补偿；房子没有坍塌报塌了，按坍塌给你钱，给你灾后重建的钱；而人为事故、社会安全、公共安全、卫生安全类都往少报，因为要问责。上海大火、南丹矿难，一开始都往少报，实在遮不住了，才一步一步上浮死亡人数。

总之，我国应急的体制有待进一步理顺。

"一案三制"的应急体系

我国从 2007 年后就建立了"一案三制"的应急体系。"一案"就是应急预案；"三制"就是体制、机制和法制。这"一案三制"从无到有、逐步完善，成效可谓巨大。但从领导力角度看，也要意识到其问题、不足，这也是本部分的重点所在。

1. 应急预案形同虚设

我国的应急预案表面上看已经实现了横向到边（每个部门都有）、纵向到底，从国务院到各部委以及往下各省市县，镇和街道，社区，以及企业、学校、医院都有。但是我们的应急预案知晓率是很低的，操作性也不强。这表明我们的应急预案操作性、针对性都是比较缺乏的，需要改进我们的应急预案，通过演变增强它的实操性，并且要不断更新。不但要有一个单位、一个企业的应急预案，还要在此基础上制定形成特定岗位的《应急操作手册》。

什么叫《应急操作手册》？比如说出现了紧急情况，作为教育部门的一名普通公务人员就知道这个时候应该做什么，应该提醒领导做什么，这叫岗位的《应急操作手册》，要明确到岗位做什么，怎么做。

许多地方的问题是，应急预案根本形同虚设：执行人员做什么、怎么做一般还是习惯于听领导的，领导让你做什么就做什么，越是应急状态，这种依赖领导指挥的色彩就越明显，应急预案没有发挥应有的作用。

应急的特点是常规的举措无效或不好使，不少领导会出"昏招"。例如，当年有一个财经的记者，曾报道过国家某部部长存在一些违法违纪行为。该部新闻发言人讲，我们这个领导没有问题，举报为污蔑造谣，正联系报案。[①] 这种表态合适不合适？这反映出，新闻危机的应对不要过于盲从领导，而应遵从新闻本身的规律，否则的话你会跟着领导一起被捆上历史的耻辱柱。其他领域也一样，应急要遵从各领域自身规律，而非仅唯领导之命是从，这是非常重要的。

---

① 参见《国家能源局：举报刘铁男为污蔑正联系报案》，载新浪财经，网址为：http://finance.sina.com.cn/china/20121206/153613921187.shtml，最后访问日期：2017.3.24。

2. 应急法制体系缘何混乱？

今天全面推进依法治国，全面推进要求不但平时状态要依法，这种应急状态也要依宪依法。

那么我们有哪些法律依据呢？包括宪法规定紧急状态的情况，以及两部应急综合法——《国家安全法》和《突发事件应对法》。《突发事件应对法》的主要实施机构是我们各级政府办公厅，有的地方单独设应急办，有的在办公厅里面设一个应急办，其背后法律依据就是《突发事件应对法》。

2015 年还出台了非常重要的《国家安全法》，因此我们自上而下成立了一个国家安全的专门机构——中央国家安全委员会，各地方也有各自级别的安全委员会。突发事件应对法定的另外一套体系，就是刚才讲的应急办这个体系，从国务院的应急办到地方各级的应急办。我们还有一套防灾减灾系列的灾害应对法律法规，以及安全生产法律法规。

我们的应急体制还没有充分理顺，为什么这种情况下存在体系的混乱？存在体制上面的没有理顺，因为这是涉及部门之争的问题。应急和减灾的课题研究我都做过，在研究过程中发现，大家总是忍不住要讨论这个问题：是应急大还是减灾大的问题。我基本上混用这些词，提高大家的"应急领导"的能力，但讲课时，有时我会用应急的说法，也就是紧急状态，应急管理，有时候会用灾害的说法，用事件，安全生产事件，安全生产事故这种表述，为什么会形成这些词语的差别？背后重要原因是部门本位、部门利益。在民政部看来，应该叫"大减灾"，认为包括汶川地震，包括安全生产事件，都属于广义的灾害。而在应急办看来，应急属于上位概念。因此应急和减灾就存在着这样一个民政部门和应急管理部门关系的问题。还不止这些，安全生产作为一个单独的系列，与其他部门有大量交叉，比如地震灾害，跟它是完全可以适用突发事件的，当然也适用防震减灾法，法律交叉的问题。

因此领导干部要有一个观念：应急并不是无法可依，反而事实是有很多法律、法规，仅应对地震这一个领域我们就有七八部法律、行政法规，我们的法不是太少而是太多。因此，在高度重视法治的今天，在进行权力清单清理的时候，一定要把应急相关的权限措施梳理清楚，避免出现漏洞，避免到时候出现应对的问题。

3. 新媒体：新的新闻点

我们发现新闻媒体的应对在今天特别重要，当然我们也在这里多说一句话，就是应对媒体，包括我们的很多领导干部，过于注重传统媒体，对于新媒体，对于微博、微信和一些没有挂上媒体名义的网站重视程度不够，导致了现在新的媒体应对危机。

应该说，近年来，各级政府、领导干部对于传统媒体的重视程度非常高，并取得不少成效。虽然这样，在我们的新媒体，在微信上、微博上、朋友圈里，以及在一些以前名不见经传的网站上，是不是政府的负面言论还是不少？最近一个值得关注的现象是，一些以往不具有媒体属性的网站，成为很多信息源的起点和爆炸点。特别是最近，不管是魏则西事件，还是雷洋事件能够爆发，都跟"知乎"这个网站有很大的关系，而以前我们的政府机关说开新闻发布会也好，政府跟老百姓解释什么事情也好，有没有想着把"知乎"邀请过去？绝对不会，它们想着《人民日报》、新华社、《法制日报》等大的中央媒体，它们盯得最紧。但是现在新的新闻源已经产生，新的网站、媒体平台值得领导干部们给予关注。

4．高风险的城市、不设防的农村

应该说我们的应急管理现状非常不容乐观。为什么讲不容乐观？从客观上来讲，我们的能力是非常薄弱的，我们研究应急，首先要看承载体。我们的承载现状是高风险的城市和不设防的农村。城市有一个很大的特点，就是人才、财富的高度聚集，高度聚集意味着一旦遭遇攻击，其损失更加严重。北京每天乘坐地铁的人有一千多万人次，假如地铁出现一些重大的安全事件，后果不堪设想。因此城市特别容易遭受各类突发事件的伤害。

城市虽然高风险，但是城市至少是设防的。比如说我们住的楼都是符合了一定的防震、防火的标准，地铁好歹有安检。农村则更加可怕，因为农村不设防。例如，农村以往的房子，特别是自建房，基本上没有什么防震标准可言的，因此汶川地震为什么死那么多人，是因为很多农村的房子建设几乎完全没有抗震。

城市的雨，农村的风

中国的城市怕下雨。"水漫金山"的故事、"看海"的故事，在许多大城市屡屡发生。以至于有段时间，新闻媒体动辄报道"百年一遇"的暴雨，结果是年年发生，甚至一年发生几次。为什么怕雨？因为中国的城市普遍地面硬化，短时间的暴雨来不及排放。因此城市是非常怕雨的。

那农村为什么不怕雨你也可以理解了，因为农村的地面没有硬化，农村的河流和水溪真的是河溪，水随时随地可以往下流。城市除了台风极端情况，一般的小风造不成多大伤害。因为城市高楼建筑太多，已经把这个风给切割成碎片，使得它无法施虐，但在农村不一样，农村的风经常能够制造很大的危机，因为农村高楼建筑相对少一些，风一旦刮起来是非常可怕的。

公众安全意识过于淡漠与安全期望值过高的双重悖论

我们的老百姓有没有安全意识？有，最主要的体现就是防盗，几乎家家户户都安防盗门、防盗窗，但是防其他灾害和应急事件的意识非常淡薄。例如，万一发生火灾需要跳窗的时候怎么逃生等，装防盗窗以后自己把房子变成了"监狱"，万一着火，很难从窗口逃生，因此我们的安全意识是非常淡薄的。

一方面，我们的应急演练有点儿虚。比如发生火灾，那个灭火器你会使吗？楼道里那个，知不知道怎么把玻璃打开？把它取出来怎么灭火？喷在火苗上还是喷在火根上？站在上风位还是下风位？其实这些都需要训练、反复演练，让那些动作习惯成自然，成为本能反应。

另一方面，我们现在中国公众，对于因为突发事件（火灾、地震、交通事故）所造成的损失的容忍值是下降的。在和平时期我们对于死亡越来越难以容忍，这也是一个客观的现实。我们的安全期望值越来越高，这对应急管理也就提出越来越高的要求。

5."本店盐已售完"

"本店盐已售完"，它的背景是 2013 年日本福岛的核泄漏事件发生以后，据说对中国有影响，然后就流传一种说法，吃碘盐可以预防核辐射。此种无稽之谈迅速传播并有很多人相信，许多地方出现了抢购碘盐的现象，导致很多商店超市的盐被抢购一空，于是也导致了那几天一些盐业企业的股价飞涨，商务部还专门出台了《关于进一步做好食盐等重要商品市场供应工作的紧急通知》。抢盐风波看来荒诞，但也从一个侧面表明，一些老百姓不仅不知道怎么应对核辐射，防范应对的意识有了但能力没跟上，恐慌之下听风就是雨。

6. 应急管理，领导干部面临哪些坑？

我们的政府部门之间，地方、部门之间应该信息共享，而不应该信息误导。

条块分割带来的应急"死角"

应急体制没有理顺，就是我们的条块分割。比如卫生部门不能管到所有的医院，政府无法协调军队的问题，党政的关系，以及县长、市长、区长们还面临着很多垂直领导的部门。垂直领导给应急管理带来很大的障碍。比如工商，很多信息区县里拿不到，因为在省级这个层面上垂直到底。

应急法律制度不健全："前门有狼后门有虎"

应急的机制还有待完善，法律不够健全。法律不健全，我们把它称为"前门有狼后门有虎"。有时候我们的领导干部说，现在有"八项规定"，我们有种种"紧箍咒"，不让干这不让干那，于是很多领导很多公务员选择了不作为。一些地方特别明显，一些公务员本着选择无过就是有功的态度，我就什么都不干，你查不到我了吧。但也非如此。

"前门有狼"是指行为本身有法律制度、文件政策的要求，你得怎么干怎么干。"后门有虎"是指只要导致严重后果，我们的应急管理是结果导向，没有处理好就该追究你的责任。

20 世纪 70 年代的时候，发生过"渤海二号"的沉船事件，是当时问责的最高巅峰。那个事件发生以后，不仅石油部的部长被免职，而且波及主管石油事业的副总理。

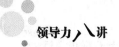

社会参与徒有其名：企业、社会组织的作用尚待发挥

在应急过程中，社会参与还不够充分，企业、社会组织的作用还没有充分发挥。

在此还要强调一点，就是专业救灾、专业应急的问题。

专业救灾有两个导向：第一，专业人员。第二，我们强调专业设备设施的作用。汶川地震，其实解放军战士、一般志愿者、普通大学生的救人效果都不算好。地震发生后建筑倒塌的情况下进行救援怎样才有效率？各类生命探测仪、吊装机、液压钳、重型抢险救援车、机动液压工作站等专业性装备，其重要性无论如何强调也不为过。从当下看，消防队伍的装备和专业素养优势，在救灾中还是比较突出的。社会组织的参与，不但要强调专业志愿者，还要强调配备专业设备。专业设备也不是谁拿上就能用，必须靠学习、培训。总之，救灾和应急一定要有专业性观念在里面，要靠专业人员，要用专业设备，开展专业化培训。

7. 基层应急管理的要素

基层应急管理的要素很多，包括专门工作机构、值班机制、专线电话、基层应急救援队伍、紧急避难场所等。这里主要就避难场所和专线电话两个方面展开。

紧急避难场所的建设

可以看一看你家附近有没有这种紧急避难场所。日本的紧急避难场所真的是可以生活的，而国内一些地方的紧急避难场所，甚至连洗手间都找不到一个。有些地方的公园里，挂一个牌子，就算是紧急避难场所了，真正有几千人上万人去避难，生活质量恐怕低到无法想象。

专线电话

如果单位有值班专线电话的制度，那么一定要有人在那里，这个电话不能掉以轻心。给大家举个例子，某景点发生过踩踏事件。有关上级去打值班电话，居然没有人接。据说是因为 12 月 31 日，该过元旦了，这几个值班人员说咱们吃夜宵吧。过元旦了，吃点儿东西是应该的，几人商议叫外卖还是出去吃，最后决定出去吃，觉得反正也不远，就走几步，于是就都出去吃夜宵了，结果就是眼睁睁看着踩踏事件发生，而值班电话却没有人接听。

居安思危，思则有备，有备无患。

——《左传》

三、领导干部如何实施应急管理？

四大原则

1. 合法行政、事急从权

在特别紧急的情况，法律执行可以适度地进行变通，这叫事急从权。比如孟子讲，"男女授受不亲"，但又接着讲，"嫂溺不援，是豺狼也"。换成现代语言，是如果看到有人掉到井里，一个女子掉到井里快淹死的时候，无论是谁，这个时候都要伸手拉一把，否则就禽兽不如了。因为这个时候救人是高于所谓的礼法的。在危机情况应对的时候，领导干部也要注意，固然要依法行政；而情况紧急时，也要"援之以手"。两者如何平衡，这恐怕就是领导的艺术，也是领导的风险吧。

2. 权力优位，救济受限

我们日常的行政管理是叫权利本位，要尊重老百姓的权利，但是在紧急情况下，我们要维护管理秩序是第一位的。比如 2014 年 12 月 31 日上海外滩踩踏事件发生的时候，不能再强调通行权了，首先恢复日常的管理秩序，要服从管理。

3. 比例原则、适度放宽

原则上采取措施应该要跟事件的危害程度成比例，但是公共卫生事件也好，自然灾害也好，有时候它们的风险是不确定的。举个最典型的例子，浙江经常刮台风，但是有时候那个台风到底过不过来不好说，比如7%的可能性会从这个村庄经过，要不要把村民全体疏散，若有些老太太坚决不走，最后也不能就让她们在屋里待着，因为要秩序优先。随后我们看到很感人的事件——人民解放军小战士背着老太太，老太太拍打着小战士不要走。这个时候就要硬背着走，因为万一发生台风基本上就没命了。

那么结果有时候你发现把人疏散以后，台风没有来，比如在厦门，根据天气预报可能有台风，也可能没有，百分之七八十的概率，这个时候要不要疏散群众？如果你是市长或者主管领导，拍不拍这个板？疏不疏散？对此，可以思路放宽，应当以保护生命安全优先考虑，疏散带来的损失只是疏散本身导致的停产、停业等财产损失，但是如果不疏散，万一台风来了，那个损失是不可估量的。所以这个时候可以适度地采取一些相对来说过度谨慎的措施。如果你谨慎不够的话，可能一旦出现风险是无法承担之重。"诸葛一生唯谨慎"，恐怕也是有类似的考虑因素。应急管理在必要的时候，或者在领导决断认为有必要的时候，可以采取一些过度审慎的保护措施，应该是可以的，也是可以被容忍的。

4. 信息公开、有所变通

我们在这里首先强调的是信息公开，这一点非常重要，因为大家要知道，在20世纪，唐山地震死多少人，当时属于国家秘密，是不公开的。中央后来对这个制度进行了改革，把这个信息从国家秘密里边剔除了。现在每发生一场自然灾害，都会公布死亡人数。比如最近几次灾害的发生，政府已经开始主动公布死亡者名单。

我们每一个公务员都能够对应急有所了解，我们领导干部的决策才会更加准确；我们每一个老百姓对应急、对相关灾害应对有基本的知识，我们的灾害的损失才会降到最小，我们政府采取的措施才能得到老百姓最大的理解和支持。这一观念希望能够深入人心，因此信息公开特别重要，并且我们今天做得还非常不够，这是我想强调的一点。

什么情况下可以有所变通？大家知道政府手里虽然掌握很多信息，但是政府不是万能的，还有很多信息没有。那怎么办？这个时候我想政府机关有时可以实事求是跟老百姓讲，有些情况我们不清楚，我们会尽快地去获取信息，并且从中国这种传统的管理模式去看，我们的政府一直是深入人心的，政府这种强有力的形象还是有保持的必要。

底线思维

1. 突发事件两要：要钱、要命

这个问题可以从两方面理解，第一，无论是自然灾害还是人为事故，都会带来巨大的人员生命安全和财产损失。第二，从突发应对来讲，我们也是必须花钱才能干好这个事情，我们要花大量的人力去解决问题，并且在平时，具有这样的应急思维，而不是等紧急状况来了我们再去处理，这样一个观念要树立。

2. 应急管理两保：保命、保责

作为应急管理要两保：第一，要保命，即使是英雄，你可能也是不想当的，比如说假如说明天要去抗洪了，有可能牺牲，给你一个英雄你干不干？我想很多人，如果有这个选择余地的话，还是要选择活下来。中国人有句老话，"好死不如赖活着"，要"留得青山在不怕没柴烧"。保命一定要排在第一位，生命至上，生命无价，是我们应急管理的第一个观念。

第二，在保命的前提之下保官，不要被"前门的狼"或者被"后门的虎"给吞噬，比如一些突发事件发生后，一个教师居然先跑出去，或者"让领导先走"。教师、医生、消防官兵、人民警察这些特殊职业的群体，都有一个救人的责任，在危机发生后，具有这种特殊责任的群体，要在保命的前提下，尽量对其他生命尽责。

3. 维权就是维稳

维权就是维稳，有备才能无患。我们现在的维稳过于强调维护秩序，其实效果反倒不好，甚至南辕北辙。对于一些重大建设项目，我们要承认并保护民众的知情权和言论自由，特别是在这个项目刚刚启动的时候，就让老百姓知情。如果项目开始后再被民众质疑，这个阶段无论是专家讲还是政府讲，都已经很难服众了。所以最初的阶段就要保护好老百姓的权益，特别是知情权和表达权，这样才能事后不出现什么问题。

树立流程管理思维

应急管理，并不仅仅是危机状态的处置和事后重建。应当以"预防为主、防治结合"的理念，树立起完整的、闭环式流程管理体系。

在平时的无事阶段，做好基础设施建设和相关改造；在即将发生危机事件的时候，则进行各种应急准备；危机事件到来之际，则做好应急监测、预警、预控等工作；危机事件已然发生，则做好应急处置、救援；危机事件结束，进行恢复重建、事后救助。最后还要进行调查评估，用于改善平时的预防，以及下次事件发生的准备、监测、处置等工作。

案例

"7·21"北京特大暴雨

2012年7月21日，北京持续降暴雨。这场被称为"7·21"特大暴雨的自然灾害，导致79人遇难，受灾面积达16000平方公里，受灾人口达190万。其中，广渠门桥下积水达4米深，某丁姓车主及其驾驶越野车被困水中，溺水罹难。

其实北京市2016年7月20日的雨并不比2012年小，但是2016年没有出现类似的事件，我想经验有这么四条：

第一，北京市很快进行立交桥的改造，这是基础的规划，不是等到暴雨下了才进行的。其实一切现实问题都是历史的根源，为什么北京的立交桥下会积水淹死人？在以前出现这种情况，是因为北京城市规划从经济角度，考虑到北京是丘陵地带，地势凸凹不平，为节省建设的成本，当时就有人提出，咱们在下凹的地方建立交桥，这样建桥的高度，相对高度会低很多，能够节省很多成本，因此北京就出现不少这种所谓的下凹式立交桥。政府从2011年起陆续对这类立交桥进行改造，加强附近的排水能力，本来是一台机器抽水，现在改成四台机器一起抽，效果就好多了。

第二，加大基础设施的改造力度。在"7·21"后，北京市已经针对 40 多座下凹式立交桥采取升级改造。由这些桥区泵站的产权单位——北京排水集团负责。包括莲花桥、安华桥这样的"老大难"积水点，其问题已得到化解。下凹式立交桥改造主要包括泵站机组、收水系统、排水系统、蓄水池等方面，通过这三种方式，能让泵站抵御五年一遇的降雨，也就是每小时 56 毫米的降雨。

第三，低洼处距离高度的标识——这是许多地方已采取的措施。在下凹式立交桥等敏感地带，设置积水警戒线、水位标尺，提示车主驶入下穿立交桥时观察警戒线，确保驾驶员在雨天注意前方积水情况和停车位置，避免发生危险。

第四，跟司机的素质提高也有关系。"7·21"后，驾驶员们普遍有了应急意识，一些车内的应急装备开始卖得很火。

政府要树立应急思维，在平时就要做好应急预防。在此特别强调：一定要完善相关的评估制度。

灾害事件处理以后，要进行调查评估，并且是一个全面的科学的评估。从事件为什么发生开始评估，以及怎么发生的，有哪些后果，以及我们采取的处置措施，效果怎么样，下一回怎么改进，进行一个完整的评估。下一次再出现类似的事件我们就可以真正做到有备无患，包括预防也会得到改进，这样就会形成领导应急的一个闭环式管理。

担心才是生存的意义

平时有面对紧急关头的思想准备。松下幸之助讲过一句话：平时要有应对紧急关头的思想准备。佛教也有一句话，生命就在你一呼一吸之间。想让你的生命有质量，你就随时准备着今天就是你的最后一天，用这种方式来生活，你生命的质量就会变得特别高。这种居安思危，平时就有应对紧急关头的准备，到紧急关头你才不会慌乱。

破除侥幸心理

危机应对需要领导者克服侥幸心理。事实上，前面的例子，2014 年爆炸了，2015 年还会有其他地方爆炸，毒跑道事件发生过一起之后，北京石景山某小学也发生了。

这表明，在现代社会，在大规模生产的背景下，不管医疗安全事件还是毒跑道事件，它们绝不会只是个案，只要一个发生，就有可能是一片，包括我们的用药安全。比如有的地方注射疫苗出现异常反应，肯定不会只有一起，一发就是一片，因为它是成批生产的，出问题不会只有一个。

危机应对需要创新

危机应对需要创新，这方面一些企业的参与具有十分重要的作用。灾害保险，以及公益广告也应强调相关问题的重要性，同时还要重视商业的参与和作用的发挥。

在灾害应急的时候，一些企业为救灾形成了一支非常有力的交通保障补充力量。包括高德地图、百度地图、腾讯地图等，这些公司做的手机软件完全可以提示哪个路段要封掉、要断掉，对危机应对发挥了巨大的作用。

小 结

※ 打造最安全的城市！

● **从大安全观到总体国家安全观：**安全交通、安全生产、社会安全、自然安全、卫生安全、金融安全……

● **"一案三制"的应急体系：**体制、机制、法制、预案。

※ 领导干部如何实施应急管理？

● **四大原则：**合法行政、事急从权；权力优位，救济受限；比例原则、适度放宽；信息公开、有所变通。

● **底线思维：**突发事件两要：要钱、要命；应急管理两保：保命、保官；维权就是维稳；有备才能无患。